学术名家文丛

马啸原学术文选

马啸原　著

雲南大學出版社
雲南人民出版社

作者简介

马啸原，1930 年生，昆明人。1960 年毕业于中国人民大学国际政治系，同年分配至云南大学工作。1987 年 3 月晋升为教授。曾先后担任云南大学政治学行政管理学系主任、校学术委员会副主任、校务委员会委员等职。1996 年被云南省教育厅聘任为督学，同年被教育部聘任为全国高校政治学学科教学指导委员会委员。

1988 年作为国家公派的第一批高级访问学者赴西德汉诺威大学进行学术交流，1991 年应英国邀请赴沃尔夫汉普顿大学进行学术访问，1997 年应美国欧柏林大学邀请赴该校进行交流和讲学。

“文化大革命”前从事马克思主义基本理论教学研究工作，“文化大革命”后因邓小平同志提出“补课”要求，我校需要建立政治学专业，改而从事政治学、西方政治思想、西方政治制度的教学研究工作，并于 1982 年率先在云南大学开设西方政治思想史和西方政治制度史课程。

主要著作有《西方政治思想史纲》（面向 21 世纪课程教材）、《西方政治制度史》（面向 21 世纪课程教材）、《近代西方政治思想》、《国际共产主义运动史简明读本》、《科学社会主义思想史》、

《民主社会主义研究》、《民主政治建设研究》、《边疆少数民族地区政治发展与政治稳定》等，其中，《西方政治制度史》（面向21世纪课程教材）一书曾获教育部全国高校优秀教材一等奖。发表各种论文和文章50余篇。

1992年被评为云南省有突出贡献专家，1994年享受国务院政府特殊津贴。

总 序

中共云南省委书记 李纪恒

“盖文章，经国之大业，不朽之盛事。”一部承载责任与使命的好作品，必将是一部千古不朽的立言典范，也必将是一部历久弥新的传世教科书。千百年来特别是明代以来，许多贤人君子和名人大家在广袤的云岭大地耕耘、思考和写作，留下了闪光的足迹和丰厚的作品，足以飨及后进，启迪晚辈。在搜集、遴选和整理云南明代以来学术大家、学术名家著作的基础上，由云南宣传部门牵头推出了《云南文库》，这一丛书的面世诚为云南学术研究和出版界之盛事。

编纂《云南文库》是传承云南地域文明、提高云南文化自觉的有益尝试。“七彩云南”这片神奇的土地孕育了对中国乃至世界文明都有重要影响的古人类，造就了云南文化的丰厚积淀，从而构成了博大精深的云南文化艺术宝库。作为中华文化圈、印度文化圈和东南亚文化圈的交汇地，云南自古以来都不缺乏学贯中西的大师和博古通今的大家，从来都不缺乏魅力四射的光辉著作和壮美奇绝的文化遗存。其中，许多学术作品都凝聚了深邃的思想和超凡的智慧，体现了鲜明的地域特色和民族特色，彰显了有云南自身特点的知识谱系和学术传统。今天，我们将历史长河中的明珠拾起，用心记载云南学术史上的灿烂篇章，正是为了守护云南优秀的地域文化，为了汲取进一步繁荣发展云南哲学社会科学的养分和动力，进而筑牢云南文化自信的根基。

编纂《云南文库》是树立云南文化品牌、增强云南文化影响力的重要举措。云南文化是中华文化的有机组成部分，其悠久的历史文化、多彩的民族文化、独特的生态文化、包容的宗教文化，已经成为文化百花园中一枝流光溢彩、香飘四海的奇葩。千百年来，云南学者中英奇瑰伟之士以及众多寓居云南的外省学者念兹在兹，深植于云南沃土，扎根于传统文化，不懈探索、勤奋撰述，留下了一批经得住历史和实践检验的珍贵成果。特别是抗战时期，随着西南联合大学和相关研究机构的到来，昆明一时风云际会，云集了大批我国现代学术史上开宗立派的学术大师和著名专家，云南成为当时中国学术中心之一，诞生了大批学术经典。新中国成立后，云南学术研究取得很大进展，研究队伍空前壮大，学科建设卓有成效，学术成果日益丰硕，推出了一批享誉国内外的学术精品。近年来，《云南史料丛刊》《云南丛书》等一批历史文献和地方文献丛书相继刊印，云南文化的影响力和竞争力不断增强。今天，我们隆重推出《云南文库》，就是要为更多的人了解云南、熟悉云南、研究云南搭建一个平台和载体，为云南的经济社会发展、文化建设、文史学术研究等提供有益的历史借鉴，为在更广领域传播云南文化、打造云南品牌、增强云南软实力创造更好条件。

编纂《云南文库》是保障人民群众的基本文化权益的有效途径。文化建设的根本就是要用健康高雅的艺术、用智慧明辨的思想、用善良温厚的德行启迪人、引导人。编纂《云南文库》一个重要目的是丰富人民群众的精神文化生活、增进人民群众的幸福感。此次收入《云南文库》的著作，涉及哲学、历史、文学、语言、艺术、民族、宗教、政治、军事、外交等诸多方面，包含着丰富的自然、社会和人生哲理知识，体现了高度的人文关怀。阅读这些著作，有助于培育读者自尊自信、理性平和、积极向上的心态，有助于引导人们去发现、享用、珍惜世界和人生之美，能使大众的精神世界得以滋养和美化、人格得以陶冶和熏陶、心灵得以安顿和抚慰、情感得以丰富和升华，从而更好地满足人民群众多层次、多方面、多样性的审美需求。

编纂《云南文库》是推动云南跨越发展的必然要求。云南早在1996年就提出了建设“民族文化大省”的目标，是全国最早提出建设民族文化大省的省份之一。2000年，我省正式确立了“建设绿色经济强省、民族文化大省和中国连接东南亚南亚的国际大通道”的三大目标，把文化事业和文化产业的发展纳入了全省经济社会发展战略的范畴。2009年召开的中共云南省委八届八次全委会，作出了把云南建设成为“绿色经济强省、民族文化强省、中国面向西南开放的桥头堡”的重大决策，把云南文化建设推向了一个新的阶段。2011年11月，云南省第九次党代会进一步明确了科学发展、和谐发展、跨越发展的发展主题，要求更加自觉、更加主动地推动文化大发展大繁荣。当前，云南人民正豪情满怀地沿着建设民族文化强省的道路阔步前行，具有云南特色的文化模式已经也必将进一步焕发动人而耀眼的光芒。我们将以打造《云南文库》等一批社科品牌和文化精品为契机，继承优良传统，发挥优势，突出特色，以面向现代化、面向世界、面向未来的宏大眼光，锐意进取，积极开展学术研究，努力创造出无愧于时代、无愧于人民、无愧于历史的优秀学术成果和文化产品，更好地弘扬以高远、开放、包容的高原情怀和坚定、担当、务实的大山品质为主要内容的云南精神。

《云南文库》最终得以发行，首先是众位先贤心血和智慧的结晶。在此，我们要对创造了云南学术精品并因此而为中华文化做出杰出贡献的学者们表示崇高的敬意！在《云南文库》的编纂过程中，相关编纂单位、出版单位和参加整理的学者，以高度的责任感和使命感，兢兢业业地做好编校和出版工作，正是有了他们的辛勤劳动和精心工作，才有如今的翰墨流芳。在此，我要诚恳地道一声，大家辛苦了！《云南文库》从构想走向现实，离不开众多读者和社会各界人士的支持，我也一并向你们表示诚挚的谢意！同时，衷心希望同志们一如既往地为云南文化建设献智献策，欢迎更多的同仁志士参与到云南文化建设的伟大事业中来！

谨为序。

目　录
Contents

西方人性、理性观念的发展逻辑探究

人性、理性观念是近代西方人道主义理论的基石，是近现代西方政治、伦理、经济、文化思想的出发点和归宿。探究人性、理性观念的发展逻辑，以及人性、理性、个人主义、自由主义的内在联系，是全面认识和理解西方各种社会思潮的钥匙，亦为当代“人学”所应思考和研究的主要问题之一。

一

理性观念是人性观念的发展。在人性和理性观念基础上建立的较系统的人道主义理论，虽形成于近代，但其基本观点却滥觞于古代，只是那时思想比较零散，缺乏较为深入的理论阐释。

如“求生乃人之本能，自保系人之天性”这一观点的明确提出和阐释虽在近代，但有关这一观点的许多思想在古希腊就已经有一些思想家提出了。伊壁鸠鲁说过：“获得相对于别人而使自己得到安全的任何手段，都是自然的善。有些人设法使自己有名望，觉得这样他们就可以在与别人相对对立中得到安全。那么，如果这种人生活安全了，他们就得到了自然的善；可是如果不安全，他们就没有达到本性所要求的、他们最初所寻求的目的。”① 求生必求自保，自保必求安全，安全乃自保的首要条件，因此，凡能增加安全的各种因素，都与人性相符，因而都是自然的善。名望、财

① 《古希腊罗马哲学》，商务印书馆 1982 年版，第 343 - 344 页。

富等均能增进安全，有益自保，所以都是善，都与道德相符，这是西方古代思想家早已提出的观点。

西方的古代思想家并未停留于上述观点。从上述观点出发，又演绎出许多层次更高的伦理思想和其他社会思想。例如，伊壁鸠鲁又说，“当一个人处在对天上的事物、对地下的事物，简言之对无限宇宙中的事物所畏惧的状态中，防备（意为阻碍——笔者）别人得到安全，对于他并没有什么好处的”。反之，只有“当相对于周围的人已经得到了大体上的安全时，就是在一种有充分力量支持并有物质的顺境的基础上，以真正的方式产生了离开人群的、安静的私人生活的安全”①。再如伊壁鸠鲁所说的：“正直的人是一切人之最不为不安所苦者，不正直的人永远为不安所苦。”② 以及德谟克利特所谓：“应该拒绝一切无益的享乐。”③ “快乐和不适构成了那‘应该做或不应该做的事’的标准。”④ 等等，都是求生、自保观念的引申，从这一基本观念出发，不仅演绎出西方的伦理学，而且以此为基础，形成了西方的政治学、经济学和各种社会学说。

求生、自保虽系人之本性，但并非只是人类独一无二固有的本性，一切动物皆有此本性，但人的求生与自保以及由此引发的安全、享乐等情感，与其他动物的求生自保的本能，不仅有层次的差异，而且有性质的不同。近代英国思想家约翰·穆勒在回答人们对功利主义的攻击时，便特别强调了此种差异性。他指出，人有高级的官能，其他生物并无高级官能，人有自尊心，其他生物并无自尊心，因此，结论是：“作一个不满足的人总比作一个满足的猪要好些，作一个不满足的苏格拉底，总比作一个满足的傻子要好些。”⑤

① 《古希腊罗马哲学》，商务印书馆1982年版，第344页。
② 同上书，第345页。
③ 同上书，第109页。
④ 同上书，第107页。
⑤ 《西方伦理学名著选辑》下卷，商务印书馆1987年版，第245页。

二

人的求生与自保为何比其他生物的要求层次更高，且有质的差别？原因是人有“理性”，其他生物并无理性。这是西方思想家的一个十分重要的观点。“理性”一词，在英文中为Reason，原义为行为、动机的理由、原因、根据，由此引申为理智、合理，讲道理的、合乎逻辑的，能辨别是非优劣的，等等。人有理性，动物无理性，人懂道理，能辨是非，动物不可理喻，这是人与动物的根本区别，是西方思想家很早就已提出的论点。苏格拉底提出了人与动物的区别在于人有智慧、有知识，并从而提出了“美德及知识”“自知己之无知”和“认识自己”等命题。他的学生柏拉图转述他的思想，说人的灵魂中有三种因素：理性、激情和欲望，理性产生智慧，激情产生勇敢，欲望产生需要。以理性为指导能使三者和谐，并从而产生节制、正义和各种美德。如果丧失理性，激情和欲望占据主导，则必然导致心灵的混乱和迷失，并从而产生怯懦、无知、纵欲、不正义等种种邪恶。① 后来，柏拉图的学生亚里士多德则在提出“人是政治的动物”的同时，明确提出了“人是理性的动物”的命题。②

亚里士多德的这一思想，为斯多葛派所接受和进一步阐发。斯多葛派认为，人是宇宙的一部分，作为宇宙一部分的人，与宇宙的本性是同一的，这一本性就是理性，因此，顺应自然就是顺应理性，顺应自然法，也是顺应理性。他们说：“我们个人的本性就是宇宙自然的一部分，合乎自然的方式生活就是至善，就是说至善是合乎个人本性以及宇宙的自然，不应作任何人类普遍法则习惯上所禁止的事。这种普遍法则相等于弥漫于一切事物中的正确的理性，这种普遍法则与主宰万物规定万物的神并无二致。”③ 既然自然法就是理性，而理性就是神，因此生活在社会中的人，包括所有的公民、异邦人、奴隶，便都有着同样的起源和命运，甚至可以说

① 柏拉图：《理想国》，商务印书馆1981年版，第173－174页。

② 亚里士多德：《政治学》，商务印书馆1981年版，第37－38页。

③ 《西方伦理学名著选辑》上卷，商务印书馆1987年版，第215－216页。

是同一父亲的子女，因此，就人是理性动物这一点说，所有的人都是一致的，因而都应当是平等的。所以古代的西方，虽不承认人有社会地位和政治权利的平等，但却承认人有理性的平等。

斯多葛派还认为，人都有自保的本能，这种本能表现为“自爱”，而理性使人的自爱本能不断扩大，扩大到包括爱家庭、爱朋友、爱同胞，乃至爱人类，因此人类社会应该是一个互助互爱的团体，是一个“世界邦国”（universal state），其中只有一种合乎于所有人的法律，属源于理性的自然法，所有的人，包括奴隶、异邦人在内都应享有同样的权利。他们的上述观点为后来的一些罗马法学家和早期基督教所汲取和继承。

在神权统治一切的中世纪，阿奎那仍继续承袭了亚里士多德“人是理性动物”的这一观点。他认为人有理性，可以通过理性发展并获得知识。知识的传授是以理性为前提的，教育是“只有人才掌握的能力，这种能力使他得以把自己的全部思想内容告诉另一个人”①。

阿奎那还说，人由于有理性，懂得孤独生活无法自保，无法战胜其他动物，也无法满足人生的各种需要，因此，“当我们考虑到人生的一切必不可少的事项时，我们就显然看出，人天然是一个社会和政治的动物，注定要比其他一切动物过更多的合群生活”②。既然合群共处是人类生存之所必需，因而国家的建立便成为必然，所以国家亦是基于理性的产物。

三

文艺复兴以后，西方思想家进一步阐明了理性的基础是人性，理性的核心是维护个人利益，有理性的人懂得自身利益及利害之所在，无理性的人不懂得自身利益及利害之所在。最早对这一问题进行阐释的是斯宾诺莎，他提出，人的共同本性是自我保存、趋利避害。他说：“每个个体应竭力以保其身，不顾一切，只有自己，这是自然的最高的律法与权利。”③

① 《阿奎那政治著作选》，商务印书馆 1991 年版，第 44 页。
② 同上。
③ 斯宾诺莎：《神学政治论》，商务印书馆 1963 年版，第 212 页。

他认为，对人来说，人性的第一条普遍规律是：凡对人有利的，他必不会等闲视之，他必要去夺取，除非是希望得到更大的好处，或是出于害怕更大的祸患。反之，人也不会忍受祸患，除非是为了避免更大的祸患，或希望获得更大的好处。据此，斯宾诺莎以人性为基础，进一步阐述了理性的基本原则："两利相权取其大，两害相权取其轻。我说人权衡取其大，权衡取其轻，是有深意的，因为这不一定说他判断得正确。这条规律是深入人心，应该列为永恒的真理与公理之一。"①

斯宾诺莎提出，理性不要求做违反自然的事，符合自然的便是符合理性的，所以理性所要求的东西，就是人人都爱自己，都寻求自己的利益，寻求在总体上对自己真正有益的东西。"人类的理智的规律，其目的只在求人的真正利益与保存。"② 寻求自身的利益是为了自保、安全，是出于自爱，是人类的自然天性，因而也便是人类道德的基础。

斯宾诺莎指出，有人认为，"人人莫不寻求自己的利益"这一原则是"祸乱的根源"。他反驳说，恰恰相反，这一原则正是道德与信义的基础。因为人类为了自我保存，就绝不能与外界断绝，如与外界隔绝，自己的"知性"便无法完善。所以，人要保存自己，要完善自己，就必须向外界寻求对自己有利的东西，在外界的万事万物中，对自己最重要的就是"人"，所以爱己必须爱人，这是理性的必然要求。他说："《圣经》在很多的段落中很清楚地告诉人，为了顺从上帝，人人应该做什么；这件应做的事全部总结为爱人。所以，不能否认，凡听上帝的命令，爱人如己的人，按律法来说是真顺从，真幸福；而恨别人，置他人于不顾的人，是叛逆顽梗。"③ 斯宾诺莎是一个唯物主义者，但为了逃避教会的迫害，他常常不得不借用《圣经》来发挥自己的思想。他又说："情爱，即爱人。"④

斯宾诺莎还进一步指出，人要保持自己的存在，最有价值的事，莫过于与他人和谐一致，大家都去谋求"全体的公共福利"。所以"每个人对于别人都是一个神"这句谚语，在欧洲几乎成为人们的口碑。由此可以看

① 斯宾诺莎：《神学政治论》，商务印书馆 1963 年版，第 215 页。
② 同上书，第 213 页。
③ 同上书，第 195 页。
④ 同上书，第 199 页。

出，凡受理性指导的人，真正谋求自保的人，莫不力求与他人安善相处，并努力谋求公共福利，从而也便成为有道德的人。他对自己有正确的认识，既不骄傲，也不自卑，他不忌妒别人，也不无理怨恨别人，所以自我保存的努力乃是德性的首要的唯一的基础。“所以，一个人愈努力并且愈能够保持他的存在，则他便愈有德性，而且，只要他忽略了保持他自己的存在，他便是软弱无能。”①

如上所述，西方思想家认为，求生自保虽系人的天性，但也是一切生物的天性，人与其他生物的根本区别，不在于求生自保，主要在于人有理性，理性虽以求生自保为基础，但理性是求生自保的明确意识，是求生自保的本能的升华。所谓理性者，即懂得自身真正的利益之所在。真正的利益，即局部利益与整体利益、当前利益与长远利益的总体权衡。而所谓利益，归根结底乃是指那些有利于生存和自保的东西，并由此而发展成为能增进人类快乐和幸福的东西。18 世纪的启蒙思想家们注重实际经验，斥责神权统治，反对盲目信仰，提倡独立思考，把一切都拿到“理性法庭”的面前重新审查，说到底，就是用人的眼光、要求，即以是否合乎人的实际利益为标准来重新检查社会的各种思潮和制度，从而推倒了神权和上帝，否定了王权和贵族，为资产阶级革命作了思想和舆论的充分准备。

四

18 世纪法国思想家爱尔维修等人明确提出的“利益原则”，是理性主义发展的合乎逻辑的结论。这一结论又为 19 世纪的英国功利主义奠定了理论基础。

求生虽是人的本能，但人不会满足于求生。随着社会经济、政治、文化的发展，人必然由求生进而要求“乐生”，由趋利避害进而要求“趋乐避苦”。趋乐避苦的观点虽在古希腊晚期便被许多思想家提出来了，但由于受到社会经济发展水平的限制，古代思想家倡导的“乐”，更多注重于

① 斯宾诺莎：《伦理学》，商务印书馆 1981 年版，第 172 页。

精神方面，如伊壁鸠鲁所谓的“灵魂的无纷扰和肉体的无痛苦”，斯多葛派则倡导减少“外在”的物质的欲求，增加内在的心灵的宁静。

到了近代，由于社会经济的发展与社会物质的日渐丰富，“快乐”一词的内涵，便逐渐由精神转为物质，由灵魂转向肉体。爱尔维修便是把“肉体感受性”视为人类各种思想、感情、活动的唯一原因，并由此提出了“利益原则”。他认为，由于人能够感觉肉体的快乐和痛苦，因而总是寻求前者、逃避后者，这种经常的寻求与逃避，是“肉体感受性”的直接结果，为人人所共有。“为了穿衣，为了打扮自己的情妇或妻子，使他们得到快乐，为了养活自己的家属，最后为了享受和身体需要联系的快乐，工匠和农夫才思想、想象、劳动，因此肉体的感受性乃是人的唯一动力。”①

爱尔维修说，由于人既吃素，又吃荤，但人是生而软弱的，缺乏自卫能力的，他们只有联合起来，才能攻打杀戮动物，既可以吃它们的肉，又可以防止它们损害可以养活人类的果实和庄稼。因此，公民之间才订立契约，制定法律，结合成为社会与国家。这种结合，乃是以公民的需要为基础的，亦是“肉体感受性”的直接结果。

爱尔维修还说，人为什么爱名誉、地位？为什么要追求权力？因名誉、地位、权力可以使他们获得快乐，他们可以利用权力发号施令，让其他的人为他的快乐和幸福而工作。人为什么爱财富？因为财富可以使人们免于饥饿和痛苦，可以满足人们的种种需要，可以使人们快乐，所以财富在许多民族的心目中，都成为幸福的同义语。“人们需要保障，而财富则提供保障。”②

爱尔维修认为，趋乐避苦既是人们活动的目的，也是人们的实际利益所在。凡是对人们有利的就是能增进人们快乐的，凡是引起人们痛苦的就是对人们不利的，所以利益原则是支配人们思想和行为的唯一准则。“无论在任何时候，任何地方，无论在道德问题上，还是在认识问题上，都是个人利益支配着个人的判断，公共利益支配着国家的判断，因此无论从公

① 《从文艺复兴到19世纪资产阶级哲学家政治思想家关于人道主义人性论言论选辑》，商务印书馆1966年版，第468页。

② 同上书，第489页。

众方面说，还是从个人方面说，表示赞扬的总是喜爱和感激，表示轻蔑的总是厌恶和报复。”①

五

以理性主义为基础的个人主义和以个人主义为核心的自由主义是17世纪产生的。个人主义与自由主义也是人性、理性观念发展的合乎逻辑的结果。

17世纪荷兰思想家斯宾诺莎强调“不顾一切，只有自己”的人性的同时，便曾提出，一方面由于人们常受感情和欲望的支配，努力保存自己之所爱和消灭自己之所恨，“他有绝大之权尽其可能以求之，以为己用。或用武力，或用狡黠，或用吁求，或用其他方法。因此之故，凡阻碍达到其目的者，都可以视之为他的敌人”②。另一方面，生存、自保虽是人的天赋权利，但这权利是由“力量”决定的，“例如，鱼是天造地设地在水中游泳，大鱼吞小鱼；因此之故，鱼在水中快乐，大鱼有最大之权吞食小鱼”③。这些论点便是个人主义的最初阐释。

被马克思称为“自由主义始祖”的洛克，把个人主义与资产阶级的政治要求结合起来，率先提出了自由主义的基本原则、分权理论、代议制理论、民主政治理论等。那时候盛行的政治原则是：“管得越少的政府便是越好的政府。”（The best goverment is the one that govern the least.）18世纪的古典政治经济学与19世纪的功利主义理论，都是以这些思想和原则为基础的。这些思想和原则的基本价值要求就是要充分满足个人利益。例如边沁提出，社会利益的基础是个人利益，个人利益的总和构成了社会利益，而社会是“虚构的”，是“抽象的”，只有个人才是具体的、实际的。他说：“社会是一种虚构的团体，由被认作其成员的个人所组成。那么，

① 《十八世纪法国哲学》，商务印书馆1979年版，第459页。

② 斯宾诺莎：《神学政治论》，商务印书馆1963年版，第213页。

③ 同上书，第212页。

社会利益又是什么呢？它就是组成社会之所有单个成员的利益之总和。”①因此，边沁的功利主义就是要求凡事都要考虑个人利益，必须把个人利益当作一切行动的出发点。所以恩格斯批判说，边沁“把私人利益当做公共利益的基础；边沁在人类的爱无非是文明的利己主义这一论点……中宣称，个人利益和公共利益是同一的”，“他使主语从属于谓语，使整体从属于部分，因而把一切都颠倒了。最初他说公共利益和私人利益是不可分的，后来他只片面地谈论赤裸裸的私人利益”②。

19 世纪是西方个人主义与自由主义发展的鼎盛时期，其结果便是社会出现了巨大的两极分化。社会财富越来越积聚于少数垄断资本家的手中，一方面是资本家财富的增涨，另一方面是劳动者贫困的增涨。呻吟于社会底层的广大劳动者反抗的呼声日益强烈，阶级矛盾日趋激化。加之，自由放任政策引发的生产失控和经济危机，不断冲击着资本主义制度。面对威胁资本主义生存的各种社会矛盾，于是便产生了要求国家干预社会经济生活、调节社会各种矛盾的强烈呼声，应运而生的便是以主张国家干涉为特征的新自由主义的出现。1880 年英国思想家格林发表的《政治义务原理》标志着新自由主义的诞生。

格林提出，人是自我意识着和思维着的个体，这种自我不能脱离他人而存在。一个人只有把自己与其他人一致起来，在满足自我、实现自我的同时，也满足其他自我，个人的价值才能得以实现。他强调个人乃社会的个人，个人离开社会就失去了自己的本质，而公共福利是社会进步的标志，是个人和社会存在的基础，一个人在追求自我利益和自我价值时，必须考虑公共福利。他倡导的这种新的自由主义，曾一度被西方视为社会主义，因为他否定了传统的极端个人主义。实际上，格林并不是社会主义者，他虽然反对极端个人主义，但并不主张集体主义，而是倡导一种新的理性的个人主义。

传统的极端个人主义认为个人高于集体、社会和国家，反对社会和国家对个人自由的任何干预，认为一切价值都是个人体验和实现的，个人本

① 《从文艺复兴到 19 世纪资产阶级哲学家政治思想家关于人道主义人性论言论选辑》，商务印书馆 1966 年版，第 583 页。

② 《马克思恩格斯全集》第 1 卷，人民出版社 1956 年版，第 675 页。

身仅是目的，具有最高价值。这种个人主义发展的结果，必然造成了个人与他人、个人与社会的尖锐冲突，造成个人自由对他人自由的践踏，亦使个人自由处于不安全无保障的状态。理性的个人主义力求纠正过度强调个人自由的偏向，他们认为个人与社会是息息相关的，个人的完善有赖于社会的发展与进步，个人的权利有赖于国家的维护，个人的自由和利益的实现有赖于国家提供必要的条件，因此每个人在追逐个人利益的同时，都应当对其他社会成员承担必要的义务，每个公民都应当为国家的强盛、社会的和谐和公共福利尽其应尽的责任。在政治方面，新自由主义倡导福利主义和国家干预，提出用积极国家取代消极国家的主张，即国家不应仅仅消极地为个人的自由权利提供安全保障，而应积极地为个人的自由发展创造更加有利的环境和条件。因此国家应协调社会经济，防止两极分化，为消除贫困、饥饿、伤残、疾病、愚昧提供帮助。新自由主义的主张，为里奇、布雷德利、博赞克特、霍布豪斯、霍布森、巴克及凯因斯等人进一步倡导和阐释，并成为20世纪30年代后美、英等国政策的基石。

六

对西方人性、理性的发展逻辑研究，不能不引起笔者的许多思考：

（1）求生、自保的意识，以及由此引发的趋利避害、趋乐避苦及人们对自身利益和价值目标的追求，是一个不可否认的客观实际，不应统统加以“资产阶级思想”的帽子，全盘否定。恩格斯就曾说过，人类的历史就是每一个人各自追求自身利益和目的的历史。他说：“人们通过每一个人追求他自己的、自觉期望的目的而创造自己的历史，却不管这种历史的结局如何，而这许多按不同方向活动的愿望及其对外部世界的各种各样影响所产生的结果，就是历史。”①

（2）西方理性观念有其合理因素，马克思甚至把理性看作是批判的武器。他在《〈黑格尔法哲学批判〉导言》中说，在德国反封建的斗争中，

① 《马克思恩格斯选集》第4卷，人民出版社1972年版，第243－244页。

“批判并不是理性的激情，而是激情的理性。它不是解剖刀，而是武器”①。社会应当倡导理性，并倡导由此推演而来的各种理性的伦理观念：勤奋、自立、自尊、节欲、和睦、和平、助人为乐等等。社会应当反对非理性，反对情欲横流、冲动、暴力和极端的自私自利、损人利己。

（3）关于个人与社会和国家的紧密关系，西方从19世纪下半期开始大力宣传教育，不少思想家写过许多著作阐释这一问题。经过一个多世纪的努力，使西方人的公民意识（包括权利义务意识、社会责任意识、社会公利意识、社会生态意识、自觉纳税意识等）均得到了普遍提高，对缓和西方社会矛盾、稳定西方社会秩序、提高西方社会的文明层次起到极大的作用。我国人口素质相对低下，不仅表现为人们文化技术素质的低下，特别表现为人们“文明素质”和“公民素质”的低下。因此，在努力提高全民科学文化素质的同时，必须努力提高全民的文明素质和公民素质。关键就是要让人民群众真正懂得个人与他人、个人与集体、社会和国家的真正关系，树立正确的权利、义务、责任和公益公利观念。在这方面，研究并借鉴西方的某些思想和做法，借他山之璞，攻连城之璧，不无裨益。

（原载于《思想战线》1996年第1期）

① 《马克思恩格斯选集》第1卷，人民出版社1972年版，第3－4页。

近代西方思想家对自由的认识和追求

自由有丰富的内涵。人们从要求摆脱奴隶羁绊到要求消灭资本压迫，从探索内心自由到追求行动自由，从要求个人自由到要求社会自由，从倡导经济自由进而倡导政治自由，经历了一个漫长的认识过程。特别是在近代，西方许多思想家从实际出发，对自由作了不少富有启示的解释，研究他们的认识成果，有助于我们对自由的进一步探索。

近代西方思想家的自由理论，是在反封建、反神权的斗争中提出来的。资产阶级为了发展经济，冲破封建束缚团结广大群众一起战斗，他们倡导自由，为自由大声呐喊。17 世纪英国资产阶级革命时期，被恩格斯称为第一个为弑君辩护的思想家约翰·密尔顿，首先把自由作为政治口号提出来。密尔顿是英国资产阶级革命时期的英勇战士，为了传播革命思想，他反对英国专制政府的书报检查制度，提出出版自由是辨别是非善恶的保障，驳斥了“出版自由导致邪恶流传”的观点。随着英国资产阶级革命的胜利和法国大革命风暴的即将来临，许多思想家更加意识到自由对反封建斗争的重大意义，对自由的思考也逐渐深入，他们在哲学领域对自由进行了探讨，然后又把自由引进道德、政治、信仰、思想言论等各个领域，对自由与必然、自由与道德、自由与法律、自由与信仰、自由与思想言论等问题均作了论述，形成了比较完整的自由理论。

一、自由与必然

哲学探讨的自由和政治学探讨的自由是两个既有区别又有联系的概

念。哲学所要探讨的是自由的本质，而政治学所要探讨的是自由在社会政治生活中的表现，后者不能脱离前者，后者是从前者引申出来的。西方资产阶级思想家对自由认识的深化，首先表现在他们对自由和必然的关系进行了考察，从而揭示了自由的本质即自由与必然的辩证关系。

和密尔顿几乎同时代的尼德兰思想家斯宾诺莎，较早地从唯物主义观点出发，对自由和必然的关系进行了论述。他指出，必然是产生自由的原因。他说，世界是一个客观存在的自然实体，人是这个自然实体的一部分，自然实体按照自己的规律运动着，作为自然实体一部分的人，也必然要受自然实体规律的制约和支配。他指出："人们相信他们自由，只是因为他们自己意识着自己的行为，而毫不认识决定他们行为的原因。"[①] 这个原因就是自然实体，人们只有对自然实体有所认识，才能获得自由。斯宾诺莎还指出，人们没有随意支配自然实体的绝对的自由意志，他说："意志不能说是自由因"，因为自然"并不依据意志的自由而活动"[②]。

英国杰出的唯物主义思想家霍布斯则分析说，所谓自由是指没有阻碍的状态，所谓阻碍是指妨害主体运动的各种限制。他指出，不论任何事物，如果由于受束缚或包围，只能在一定的空间内运动，我们就称它为没有越出这空间的自由。当一个生物被墙壁禁锢，或被锁链束缚时，我们就称它为不能自由地活动。但是，当阻碍来自事物本身，如一块静止的石头或一个卧病在床的人，我们不说它是"缺乏运动的自由"，而只说它是"缺乏运动的力量"。

根据上述前提，霍布斯推论说，所谓自由，对于人们来说，"指的是在力量和智慧所能办到的事物中可以不受阻碍地做他们愿意做的事情的人"[③]。因此世界上不存在绝对自由，自由和必然是"相容的"。霍布斯指出，例如水顺着河谷往下流，非但有自由，也有必然性存在其中。他认为，人们的意志、欲望、意向常常是由一系列原因决定的，人们的意志也常常是按照必然性来进行判断的，但是只要不受外界的其他阻碍，便仍然

① 斯宾诺莎：《伦理学》，商务印书馆 1981 年版，第 95 页。

② 同上书，第 29 页。

③ 《从文艺复兴到 19 世纪资产阶级哲学家政治思想家有关人道主义人性论言论选辑》，商务印书馆 1966 年版，第 242 页。

是自由的，而且正因为有必然性，所以才有人的自由。

除斯宾诺莎与霍布斯等人外，对自由与必然的关系作过较深入阐述的自然是黑格尔了。黑格尔认为，任何一个个体都是一个有限的东西，都有一定的界限，人们要获得自由，就必须认识这种界限，自觉地限制自己。他说："一个人要想成为真正的人，就必须是一个特定的存在，为达此目的，他必须限制自己。"① 又说："必然性只有在它尚未被理解时才是盲目的。"②

二、自由与道德

从文艺复兴时期开始，许多思想家就意识到自由和道德的矛盾，他们都相继提出自由首先必须接受道德的节制，提出了纵欲不是自由的命题。

这一命题最早是但丁、伐拉等人提出来的，他们都反复强调要用道德、理性驯服人们的情欲才能使人们获得自由，但是由于他们对自由和必然的关系缺乏真正的认识，因而都还不能对这一命题在理论上进行较深入的论述。最初对这一命题较深入论述的是斯宾诺莎，他指出，既然必然性是产生自由的前提，那么人的主观意志便要受到客观规律的制约，因而意志的自由便必须以理智的认识为前提。他说："意志与理智是同一的。"③ 他认为人们必须用理智克制情欲，按照自身利益行动，才算获得自由。他还说："真正的奴隶是那种受快乐操纵的人。他们既不知道自身利益是什么，也不为自己的利益采取行动，只有完全听从理智指导的人才是自由的人。"④

和斯宾诺莎同时代的密尔顿对这一问题也有过论述，继后，18世纪的一些启蒙思想家也都强调自由应受道德和理性的限制，但对这一问题分析得深刻而全面的是黑格尔。

① 黑格尔：《小逻辑》，商务印书馆1962年版，第204、205页。
② 同上书，第307页。
③ 斯宾诺莎：《伦理学》，商务印书馆1981年版，第82页。
④ 斯宾诺莎：《神学政治论》，商务印书馆1963年版，第218页。

黑格尔认为，既然自由是对必然的认识，那么自由不是天然的状态，自由需要知识、修养和自我克制。他说："'自由'要靠知识和意志无穷的训练，才可以找出和获得。所以天然状态不外乎是无法和凶暴的状况，没有驯服的天然冲动的状态，不人道的行为和感情的状态。"① 这种天然状态，是一种兽性的本能状态，不是人们真正的自由状态。

从自由对必然的依赖关系中，黑格尔提出世界上不存在不受限制的绝对自由的"普遍的意志"，因为"普遍的意志，只有在单一性的自身之中，才是一种现实的意志"②。而单一性的自身却要受到身外各种因素和条件的限制。因此，对个人来说，绝对自由的普遍意志只能意味着到处碰壁，只能导致狂暴，甚至导致毁灭。

三、自由与法律

当自由从哲学和伦理学的领域进入政治领域的时候，几乎所有著名的西方思想家都异口同声地指出，自由只能是做国家法律所许可的一切事情的权利，自由只能是依法行动。

英国资产阶级革命时期激进的哲学家和政治思想家洛克在《政府论》中批判了菲尔麦对自由的歪曲，并首先明确指出自由必须受法律的限制。他说："自由并非像罗伯特·菲尔麦爵士所告诉我们的那样：'各人乐意怎样做就怎样做，高兴怎样生活就怎样生活'，而不受任何法律约束的那种自由。"③ 洛克指出，即使原始的自然状态，它虽是一种"完备无缺的自由状态"，也决不是一种放任的、随心所欲的状态。随着人们从自然状态进入社会状态，在建立国家、制定法律之后，自由便只能是"在他所受约束的法律许可范围内，随其所欲地处置或安排他的人身、行动、财富和他全部财产的自由"④。此外，他还补充说，自由只能是在法律许可或保护的

① 黑格尔：《历史哲学》，商务印书馆 1963 年版，第 801 页。
② 黑格尔：《精神现象学》，荷夫迈斯特本，第 418 页。
③ 洛克：《政府论》下篇，商务印书馆 1983 年版，第 16 页。
④ 同上书，第 36 页。

范围内，使人不受另一个人的“任意意志”的支配，可以遵循自己意志行动的自由。

继洛克之后，孟德斯鸠在《论法的精神》一书中也明确地提出：“政治自由并不是愿意做什么就做什么。在一个国家，也就是说，在一个有法律的社会里，自由仅仅是：一个人能够做他应该做的事情，而不被强迫去做他不应该做的事情。”① 什么是人们应该做的事情？孟德斯鸠认为，这就是法律所许可而不禁止人们去做的事情。

为什么在一个国家里自由只能是依法行动的自由？洛克和孟德斯鸠等人对此作了许多论述：

首先，由于权利是平等的，因此个人的自由必须以不侵害他人的自由为前提，否则便会出现互相侵害的“战争状态”或无政府状态，便会引起社会的混乱，使人们的自由无法实现。

其次，法律是理性的原则，是公民意愿的体现，遵循法律，就是遵循自己的意愿和理智，不会使人丧失自由。

洛克说，人的自由和野兽的自由有根本区别，野兽的自由是无理性的，人的自由则是以理性为指导的。而法律则是按照理性原则制定的，是体现理性和维护公民正当利益的，所以“法律按其真正含义而言与其说是限制还不如说是指导一个自由而有智慧的人去追求他的正当利益”②。

把国家看成“神圣观念”的黑格尔，更加强调公民服从法律的必要。他指出，法律本身便是公民意志的体现，因此，“只有服从法律，意志才有自由，因为它所服从的是它自己——它是独立的，所以也是自由的”③。他甚至认为，当人们自觉地服从国家法律的时候，自由和必然间的矛盾便消失了，因为国家那种“合理的”东西作为实体的东西，它是必然的；当我们承认它的法律，并且把它当作我们自己存在的实体来服从它，我们就是自由的。此外，政治自由的目的是安全，只有服从法律，人们才能获得安全。

① 孟德斯鸠：《论法的精神》上，商务印书馆 1961 年版，第 154 页。
② 洛克：《政府论》下篇，商务印书馆 1983 年版，第 36 页。
③ 黑格尔：《历史哲学》，商务印书馆 1963 年版，第 79 页。

洛克进一步提出："哪里没有法律，那里就没有自由。"[①] 这是因为自由意味着不受他人的束缚和强暴，而哪里没有法律，哪里就不能有这种自由。他还说，所谓自由，决不可能是人们爱怎样就怎样的那种自由，当其他任何人的一时高兴可以支配或侵犯另一个人的时候，谁能有自由可言呢？

四、自由与信仰

中世纪的欧洲，人们在信仰上是没有任何自由的，任何人都必须信仰天主教。宗教改革后，新旧教派虽然同样遵奉一个上帝，承认一本《圣经》，但为了教会权力的归属和宗教仪式等问题，新旧教派在许多国家连续进行了几十年的战争。新旧教派互相残杀，教派内部对离经叛道或怀疑信仰的人也都残杀，但"异端"却未能杀灭，并且随着社会的发展和科学的昌明而日益增多了。

无数残酷的事实逐渐迫使人们认识到，信仰是无法强制的，只有实行信仰自由和提倡教派之间的互相宽容才能缓和社会矛盾，解决宗教纠纷，求得社会安定。这不仅对资本主义的经济发展是必须的，而且对整个人类社会的发展也都同样是必要的。

文艺复兴时期，一些思想家虽然提出了人们有按照个人意志选择生活道路的自由，但还没有人明确提出信仰自由的问题。到了被黑格尔称为"用头脑立地"的启蒙时代，许多思想家开始对教会、神学、宗教迷信发起了直截了当的猛烈抨击，并明确提出了信仰自由和宗教宽容的主张。

孟德斯鸠在对宗教的猛烈批判中提出，用强制手段逼迫人们信教是极残暴的制度。他指出，宗教裁判所对异教徒或不信教者的镇压，都是对无辜者的迫害。他说，采用刑法和威胁并不能使人们相信什么东西，只能使人们的心灵变得更加残酷，"刑法除了破坏而外是没有其他效果的"[②]。

① 洛克：《政府论》下篇，商务印书馆 1983 年版，第 36 页。

② 孟德斯鸠：《论法的精神》下，商务印书馆 1963 年版，第 168 页。

"要变更宗教的话，诱导比刑罚更为有力"①。在《论法的精神》一书中，他谴责葡萄牙里斯本宗教法庭烧死一个 18 岁的犹太女子的罪行时，借这个女子的口说："真理的性格在于它能够制服人们的心和精神，而不像你们所了解的那样软弱无力，需要用酷刑来强迫我们接受它。"②

孟德斯鸠还提出，不仅应当容许人们有选择信仰的自由，而且各种教派之间也应当相互宽容。他说，如果一国的法律可以容忍好几种宗教同时并存的话，那么法律也就必须要求这些宗教彼此互相容忍。

爱尔维修则断言，各种伟大的才能和美德在西班牙、葡萄牙这些宗教势力炙手可热的地方几乎是听不到的。因为信仰的极不自由和宗教的不能宽容压灭了天才，造成了无知，无知又产生了怯懦和懈怠，同时也产生了残忍。

美国杰出的政治家、《独立宣言》的起草人杰弗逊，第一次把宗教信仰自由用法律的形式固定下来，他于 1779 年为弗吉尼亚州制定了宗教自由法案，并终身引为自豪。他认为，信仰纯粹是个人的事情，国家不应干涉，人们之间也不应干涉。他说："我的邻居说有二十个上帝也好，说没有上帝也好，都于我无损。这既没有偷走我口袋里的财物，也没有折断我的腿。"③ 他认为宗教的目的既然是要使人变好，那么强制信仰只能使人口是心非，变得更坏，它只能使人坚持错误，却决不能使他们悔改，只有信仰自由才会使人变得诚实，使社会风气变得敦厚。

五、自由与思想言论

资产阶级要进行反封建的斗争，要挣脱神权和王权的严酷统治，他们必须启导人们的理智，唤醒人们反封建的革命意识，制造革命舆论，传播革命主张，因此，随着资产阶级革命的来临，资产阶级思想家自然要倡导

① 孟德斯鸠：《论法的精神》下，商务印书馆 1963 年版，第 168 页。

② 同上书，第 170 页。

③《资产阶级政治家关于人权、自由、平等、博爱言论选录》，世界知识出版社 1963 年版，第 59 页。

思想和言论的自由了。

斯宾诺莎认为，既然每一个人都应该是他自己思想的主人，那么民主的政府不应当剥夺人民自由思想和自由发表意见的权利。斯宾诺莎列举了许多理由来说明上述观点：

首先，他说人们订立社会契约、建立国家政府的时候，每个人只放弃了自然状态下自由行动和自由报复的权利，仍然保留了自由思想和自由发表意见的权利，这些都是不可转让的天赋权利。其次，斯宾诺莎认为，人们建立国家的目的是为了保障自己能够按照理性的自由原则生活。他说："政治的真正目的是自由。"① 又说："政治的目的绝不是把人从理性的动物变成畜牲或傀儡，而是使人有保障地发展他们的身心，没有约束地运用他们的理智。"② 这就需要允许人们有思想和言论的自由。第三，服从不在于外表的动作，而在于服从者的内心状态。斯宾诺莎认为，凡全心全意服从另一个人命令的人，是最驯顺地接受另一个人统治的人，"因此之故，最坚强的统治是属于能左右国民之心的统治者"③。强暴的统治能使人缄默，但却无法夺去人民内心的思想自由，而缄默比之于让人们吐露心里的话，对统治者来说却更加危险。

继斯宾诺莎之后，许多思想家都曾对思想和言论自由进行过大声疾呼。在资产阶级统治建立以后，19 世纪初期，功利主义的思想家们，从资产阶级统治的稳固和使国家不再蜕变为封建专制政权着想，仍继续主张思想和言论自由，英国著名的功利主义者约翰·密尔写作的《论自由》一书，对言论自由问题也进行了比较系统的论述。

密尔指出，真理常被暴力所压灭。人们常常认为真理永远战胜迫害，这是一种"乐观的错误"，历史上有不少迫害行为压灭真理的事例，"即使不是永远压灭，也使真理倒退若干世纪"④。密尔还提出，在通常的情况下，人们的真理大都是"半部真理"，即正确的意见中常有某些不足，而错误的意见中却也包含着部分真理。因此，只有借助于对立意见的冲突才

① 斯宾诺莎：《神学政治论》，商务印书馆 1963 年版，第 272 页。

② 同上。

③ 同上书，第 227 页。

④ 密尔：《论自由》，商务印书馆 1979 年版，第 29、30、36 页。

能使遗漏的真理有机会得到弥补。他说，可怕的祸患不在于部分真理之间的猛烈冲突，而在于半部真理的平静压熄。密尔认为，意见的分歧、争论的冲突，在人类的认识还未达到远比今天更能认识真理的一切方面之前，并非坏事而倒是好事。

列宁曾指出："马克思主义这一革命的无产阶级思想体系赢得了世界历史性的意义，是因为它并没有抛弃资产阶级时代最宝贵的成就，相反地却吸收和改造了人类思想和文化发展中一切有价值的东西。"① 在吸收西方思想家自由理论有价值的因素的基础上，马克思主义的经典作家对自由及其所受的自然和社会的制约性作了进一步的论述：

（1）马克思主义认为，人类应当实现的最崇高的社会自由和个人自由是充分发展个人和全人类的聪明才智。理想的社会应当向每一个人提供充分展现自己才能的物质条件和社会环境，消灭迫使人们奴隶般服从的分工情形，消灭体力劳动和脑力劳动的对立，使劳动不仅是谋生的手段而成为生活的第一需要。这样，人才能成为"自由的人"。

（2）马克思主义认为，社会自由和个人自由要受到生产关系和生产力的制约，当生产关系还处于私有制的条件下，或者当生产力发展水平还处于较低层次的情况下，人们不能获得充分的社会和个人自由。

（3）马克思主义认为，社会自由和个人自由还要受到政治制度和人们精神文明状态的巨大制约，但社会主义应当实现更高层次的自由，社会主义国家应当通过法律充分保障公民的自由权利，应当使人们获得更多的个人自由。为了使人们普遍地获得更多的个人自由而不互相妨碍，广大人民必须有知识、有道德、讲文明。随着社会主义物质文明和精神文明建设的发展，社会主义将成为拥有更高层次人民自由的民主国家。

（原载于《思想战线》1989 年第 4 期）

① 列宁：《论无产阶级文化》，载《列宁全集》第 31 卷，人民出版社 1958 年版，第 288 页。

论政治的道德化和道德的政治化

本文认为政治与道德有其不同的内涵，从属于不同的领域，但二者又相互联系，无法截然分割。历史上政治的道德化比之于政治的宗教化是一种进步，但也存在一系列弊病，阻碍了社会发展和政治开明。而道德的政治化则是用政治否定道德，使人们容易形成双重人格，带来严重的社会后果。避免政治道德化与道德政治化的弊病是政治学在理论和实践上应解决的重大课题。

正确认识政治与道德的关系，避免重蹈政治道德化与道德政治化的历史覆辙，是政治学在理论上和实践上应当解决的重大课题，是教育广大干部和人民树立公民责任心和进行共产主义道德修养的需要，是社会主义精神文明建设的要求。

一、政治的道德化及其弊端

政治的道德化指政治为道德所包容或取代，道德不仅被视为政治的载体和基础，而且被视为政治的目的，道德规范被上升为政治原则，政治采用了道德的形式，或者说披上了道德的外衣，政治国家依靠道德规范来维护，政策律令依靠道德宣传来推行，社会秩序依靠家庭人伦秩序来稳定。统治者借助道德来说明和论证其统治的合理性、合法性与必要性。

在古代，由于时代和知识的局限，人们不能对国家的权力基础和来源以及国家的本质作出正确的解释，“君权天授”或“君权神授”的观点长期统治着人们的思想。在我国，最早人们都认为政治权力受命于天，受命于神（这与政治权力的取得和丧失由若干极其复杂的社会因素所决定，而人们对这些因素缺乏认识，特别是对偶然因素缺乏认识有直接关系）。用天命和神鬼来解释政治权力的来源和国家的本质，视国家为天和神在人世管理百姓的代理机构，并借助于天和神的神秘的威慑力量来维护自身的政治统治。

但是，随着生产力的发展，文化的提高，民智的开发，上天和神鬼的威慑力量越来越显得软弱，于是才进而借助于道德，在天命和神鬼的威慑力量之外又加上了道德的约束。强调上天和神鬼都是道德的化身，“天道无亲，唯德是辅”。道德的约束和天神的威慑一样，对统治者和被统治者都有一定的效力，特别在无法可依、有法不依的时代。天和神要求统治者“尊天崇祖”“敬德慎罚”“明德慎刑”，这对统治阶级稳定和维护其统治很有好处。统治阶级虽然宣扬“普天之下，莫非王土；率土之滨，莫非王臣”，但他们并不希望国王过于放荡不羁，随心所欲，为所欲为。为了稳定阶级的统治，必须使国王受到一定的约束，但能约束国王的，除天命和神鬼外，道德的约束更可靠而有效，道德的约束比神鬼的威慑更富于理性，更富于说服力和约束力，更能影响和制服人们的行为和思想，特别是它更能为知识文化层次较高的民众所接受，因而它对阶级统治的维护更为有效。上天和神鬼终究是一种外在的难以捉摸和证实的威慑，道德的约束既是一种内在的、自我的精神压力，又是一种外在的、可以直接认识和感知的社会压力，它比之于对神鬼的盲目迷信确是一大社会进步，难怪孔子讲仁义道德而不语“怪力乱神”。

西方的情况亦大体如此，只是在理论上似乎更系统和周详。古希腊早期的思想家同样认为政权是天神宙斯的恩赐，智者派的普罗泰哥拉说过，宙斯派赫尔美斯给世人送来了“礼敬”和“公正”作为统治城邦的原则，避免人们相互侵害，于是才建立了城邦国家。后来柏拉图又用道德和正义来解释政治，他说，人们生来便天生地分为三等：治国者、卫国者和劳动者，分别代表三种品德：智慧、勇敢和贪欲，并提出在一个理想的国度中，治国者应当是德高望重的哲学家，哲学家具有完美的德行和高超的智慧，洞察“正义”的精髓，只有他才能按照“正义”这个最高的道德准则去治理国家，使三个等级各司其职、各安其分，从而“正义”才能得以实现。

坚持“吾爱吾师，吾犹爱真理”的亚里士多德，虽然对柏拉图《理想国》中的许多主张进行了无情的批评，但却继承了柏拉图政治道德化的观点。他说：“城邦以正义为原则，由正义衍生的礼法，可凭以判断人间的是非曲直，正义恰正是树立社会秩序的基础。”① 亚里士多德进一步提出，一切社会团体的建立，其目的总是完成某种“善业”，国家是一种最高和范围最广的社会团体，因此它所追求的目的应当是最高而又最广涵的“善业”。所谓最高最广涵的善业，具体说就是国家的目的在于使城邦中的每个公民都能具备适量的财富、强健的体魄和高尚的道德。在三种善业中，高尚的道德，即“灵魂诸善”最为重要。他说，国家是为了使人们过“优良的生活”而存在，而优良的生活即“道德的生活”，这正是人区别于其他动物的特征。灵魂诸善越多越好，外物和躯体诸善则应适可而止。他说：“最高善的灵魂也一定比我们最富饶的财产或最健壮的躯体更可珍贵。”②

亚里士多德的这种观点被希腊化时期的斯多葛派推向极端，认为人生追求的目的不是身躯的快乐，而是德行，“德行即快乐”。在政治上亦只问道德目标，不谈物质财富，不谈物质生活。他们倡导人们过苦行僧似的道德生活，虚无恬静，清心寡欲，把一切对物质的欲望和追求都看作是非道德的行为。

中世纪的欧洲，是神权统治的欧洲，政教合一，基督教的信条和戒律是人们必须遵守的唯一准则。这个时期，道德融化于宗教，宗教包容了政治，是宗教道德化和政治宗教化的时期，道德便是宗教，宗教便是政治，最重要的道德规范和政治原则是对上帝的虔诚信仰。政权的取得是上帝的恩赐，政权的丧失是上帝的惩罚，一切重大的政治活动、政治斗争、军事斗争及其成败，都是上帝的安排。遵守《圣经》的训示，虔信上帝，是最重要的德行。背离《圣经》训示，怀疑上帝的存在，便是“异端”，异端是最大的不道德。

① 亚里士多德：《政治学》，商务印书馆 1965 年版，第 9 页。

② 同上书，第 341 页。

封建社会比之于奴隶社会自然是一大进步，但神权政治，即政治的宗教化比之于政治的道德化则是一种退步。正如有的同志指出，王权借神而强化，又借神而极端残暴。王权越是神化，离开现实便越远，从而更加肆无忌惮。神化的结果常常失去调节政策的余地，因此这是一种历史的反动。这也是欧洲特有的现象，它彻底否定理性，倡导迷信盲从，推行愚民政策，极大地阻碍着社会的进步。政治的道德化比之于政治的宗教化是一种进步，在一定历史时期，对社会的安定、经济的繁荣起过重大作用，自然，它也存在着一系列的弊病，这些弊病也阻碍了社会的发展和政治的开明。

（一）用人治代替法治

人治即所谓“贤人政治”，是政治道德化的必然产物。在中国古代儒、法两家的争论中，人治指依靠道德高尚的圣君贤臣通过道德感化的方式来治理国家，法治则指统治者主要依靠强制性的法律制裁来治理国家。在西方古希腊时期柏拉图和亚里士多德的争论中，人治不仅指依靠道德高尚的人用道德感化的方式治理国家，人治还指君主政体或寡头政体；法治则指完全依靠不受人的感情支配的法律来治理国家，法治还指民主政体或共和政体。既然政治完全披上了道德的外衣，道德被视为政治的目的和基础，而道德极高尚完美的人又只是极少数人乃至个别的人，因此，由德行高尚的人来进行统治的体制便只能是君主制或寡头制。在我国，圣君贤臣是道德化的人格体现，国家权力“唯有德者居之”，君主专制便成为理所当然的政治体制，而且也只有作为道德人格体现的圣贤才能“以德治民”“以德化民”。所以人治是政治道德化的必然结果。

（二）道德规范高于法律原则

政治的道德化并非完全取消法律，法律也是有的，但却是道德高于法律，或者对某些人讲道德，对某些人用法律。正如人治并非完全没有法律制度一样，只是虽有法律制度，但不起作用或者起不了很大作用。圣君贤臣既然是道德的化身，因此归根结底，还只能是他们说了算。把道德视为政治基础的孔子提出：“道之以政，齐之以刑，民免而无耻；道之以德，齐之以礼，有耻且格。”（《论语·为政》）“政者，正也。子帅以正，孰敢不正。”（《论语·颜渊》）这里强调的只是道德的示范作用，却抹杀了法律的导向作用和教育作用。在西方，主张由哲学家担任国王的柏拉图也认为，由一个明智的哲学家靠知识和德行来统治，胜于依靠法律来统治。

依靠道德进行统治的结果是取消了政治行为的一般性规范，没有一个适用于一切人包括统治者在内的通用的行为准则，惩罚因人而异，对不同的人采用不同的行为标准，例如对上层只是强调劝说、诱导、自我修养而轻刑罚；对下层群众往往是重刑罚而轻诱导，即所谓“刑不上大夫，礼不下庶人”。在西方，柏拉图亦认为，人分三等，第一等的哲学家，他们是“优秀人物”，不应受法律的约束，法律主要是对付第三等公民的。

强调“以德治民”“以德化民”并不会减轻刑戮惩治的分量，只不过是在道德名义的掩盖下来运用刑律。同时，作为道德人格体现的统治者全凭个人的好恶和喜怒进行统治，感情的统治带有极大的随意性，而且往往没有节制，因而在道德名义下使用的刑律，亦往往严酷而暴虐。

（三）用人伦秩序取代政治秩序，用人伦情感取代政治原则

“家国一体”是我国长期形成的伦理观念之一，家是国的根基，国是家的扩大，由家庭中的父子关系引申出君臣关系，由家族中的“孝悌”引申出政治上的忠君。以血缘为基础的人伦关系延伸为以阶级为基础的统治与被统治之间的各种等级关系，故“君君、臣臣、父父、子子”便是“礼”，是最重要的道德规范。按照伦理原则，人们必须“事君以敬，事父以孝”（《国语》）。“君，天也”（《左传》宣公四年），“大者天也，其次君臣”（《左传》宣公四年）。根据《盘庚》的解释，属谨天命、遵顺先王为“德”，“君无二命”“臣无二心”是伦理的标准、道德的要求。西方亦有类似的理论，主张把人分为三个等级的柏拉图认为，第二、三等级必须服从第一等级的统治，三个等级各司其职、各守本分便是“正义”，这是道德的最高原则，不安分是违背“正义”原则的，是极不道德的行为。我国的封建统治者亦大力提倡“安分”，所谓“天有十日，人有十等，下所以事上，上所以共神也”（《左传》昭公七年）。因此，政治道德化的时代是等级森严的时代，人际之间从属于不同等级，是无平等可言的。

人伦关系以血缘关系为基础，并通达宗法等级进一步引申出人伦秩

序。人伦秩序本来是家庭父母子女及亲友之间的长幼辈分关系、政治道德化的结果，这种关系既然由家庭延伸至国家，因而家族秩序便被扩大为政治秩序，家庭管理的方式亦被转用为行政管理方式，父权制的治理模式通行于一切政治机构。道德情感、亲属情谊以及故旧友人的关系与政治关系相纠缠，政治原则常被伦理情感所取代。人们所谓的“人情主义”是政治道德化的必然结果。

（四）任人唯亲而非任人唯贤，或把任人唯贤建立在任人唯亲的基础上

既然伦理情感高于政治原则，在人才的任用问题上，必然是任人唯亲，这是政治道德化的人治体制下的必然现象。在政治道德化的时代，人才的选拔必然以亲疏为主要准绳。虽有竞争，但竞争是不平等、不公正的，要看出身、门第和与当权者的关系。在我国政治道德化的时代，人才选拔主要以血缘和人伦情感为基础，这与我国“家国一体”的观念和由家及国的社会结构是相适应的。因而尽管高讲仁义道德的思想家也都主张“唯贤是举”，但在现实政治生活中，任人唯亲仍然是普遍现象，而且“举贤不避亲”亦常成为任人唯亲的托辞。

在政治道德化的时代，真正的人才常常受到压制，特别是那些高瞻远瞩、思想认识水平超越于一般人认识之上的人，更不能为统治者所宽容。因为他们常常揭示社会的弊病，触动政治的疮疤，因而大多命途多舛，历尽坎坷，极难伸展个人的抱负和才干。

二、从道德与政治的彻底分离走向道德的政治化

西欧的文艺复兴是一场伟大的思想解放运动，“这是一次人类从来没有经历过的最伟大、进步的变革，是一次需要巨人而且产生了巨人——在思维能力、热情和性格方面，在多才多艺和学识渊博方面的巨人的时代”①。文艺复兴时期的市民思想家借整理、翻译、阐述古代著作的名义，

① 《马克思恩格斯选集》第3卷，人民出版社1972年版，第445页。

重新提出了古希腊思想家曾经倡导过的赞美人、尊重人、爱惜人的思想，逐步形成了人道主义这个对近代有重大影响的观念的理论。他们赞美人的智慧，歌颂人的尊严，肯定人的价值，用理性对抗迷信，用人性对抗神性，解放了人们的思想，开阔了人们的眼界，终于促进了政治与道德的分离。

文艺复兴时期著名的思想家马基雅弗利是第一个倡导非道德政治观的思想家，也是第一个使伦理与政治彻底分离的思想家。他不再从《圣经》出发或以道德伦理为依据去讨论和研究政治问题，而完全是以历史和现实的经验教训为依据来研究政治问题。他把政治看作是一门实践的科学，彻底切断了政治与道德和神学宗教的联系，在他的政治著作中，没有《圣经》的引证，不谈上帝的启示，抛弃道德的说教，只引证和借鉴历史与现实的实际。社会是由人组成的，他认为最大的社会实际便是“人性”，他以此作为研究政治的出发点，认为人性凶恶但又怯懦，欲望无穷而能力有限，因此总是不满足，永无休止地追求自己所不能得到的东西，不珍惜已有的幸福，对已有的幸福总是感到厌倦。他提出，为了对付人类的这种邪恶本性，建立强有力的君主专制政体是十分必要的。他主张，君主在政治上只应考虑有效或有害，不必考虑仁慈、善良、道德之类的东西，不必受道德规范的约束，为了达到治世的目的，可以不择一切手段，既要学狐狸的狡诈，又要学狮子的凶残，不必顾忌道德与非道德，正当与非正当，正义与非正义。马基雅弗利这种政治与道德截然分离的主张，适应了早期资产阶级建立和巩固政权的需要，适应了当时市民阶级反对封建教会、封建贵族的需要，在一定历史时期，有极大的进步意义。用邪恶对付邪恶，本无正义与非正义可言，但马基雅弗利的这种主张，在政治与道德的关系上，又从一个极端步入了另一个极端，即由政治的道德化转入了道德的政治化，为后来一些反动的政治家、法西斯主义者及政治野心家、阴谋家们所汲取。

道德的政治化是用政治否定道德，把政治视为唯一目的，为了达到政治的成功，一切非道德的手段和办法都被认为是可以采取的。在统治方式上，亦只讲暴力、惩罚而不谈劝说、教化。

由于政治是强力的，道德是非强力的，政治是外在的，道德是内心的，因此处于道德政治化时期的人们便极容易形成双重人格，即造成外在的政治人格和内在的道德人格的彻底分离。正如马基雅弗利对君主们的劝告，在心怀狠毒、狡诈的同时，表面仍显出慈悲、忠实、仁爱的样子。一般群众在政治的压力下，无吐露内心思想的自由，也极容易形成口头上的赞成拥护，内心里的憎恨反对。这种情况也便给予了政治野心家和阴谋家可乘之机，由于在人才的选拔上，德才兼备的“德”仅仅被解释为是否遵循政治原则，个人的道德品行被完全忽视了。

道德既是约束个人的行为规范，也是调节人与人之间的正常关系及各种社会活动（包括政治活动）的行为规范。道德为政治取代或否定的结果是，家庭关系、朋友关系和其他人际关系亦必然被政治化，家庭伦理、真诚情谊都为政治原则所取代。社会上的人与人之间的关系变成了政治依附或政治斗争的关系，家庭的爱心被抛弃，真诚的友情被出卖，社会充满各种矛盾和激烈的斗争，变得冷酷无情。

道德被政治化，道德感情越淡漠的人便越容易获得重用。政治既可以取代道德，亦可以否定法律，在政治需要的借口下，法制经常受到冲击，必然失去其权威性。同时，由于一切行为均被视为政治行为，一切言论均被视为政治言论，一切错误均被视为政治错误，个人理性的萌发、道德良心的反思便极易被视为政治异端，在缺乏法制准绳的情况下，常遭极其暴虐的非人待遇，人们无任何自由权利可言，其结果是形式上的“异口同声”和实际上的“万马齐喑”。西方一位哲学家斯宾诺莎说，服从不在于外表的动作，而在于服从者的内心状态，“因此之故，最坚强的统治者是属于能左右国民之心的统治者”①。他说，政治上的专制能使人缄默，但却无法夺去人们内心的思想自由。而缄默比之于让人们吐露心里的话，对社会更加危险。

道德政治化还有一个严重的后果，就是道德良心、道德修养的被否定，必然造成社会道德水平的极大降低，对传统美德的抛弃，人欲横流，损人利己主义的泛滥是这一后果的表现。道德良心的作用在于自我约束，道德修养的目的在于培育人们知耻、慎独、自尊、自爱的精神和思想，在

① 斯宾诺莎：《神学政治论》，商务印书馆1963年版，第227页。

于升华个人的灵魂，这是政治所无法取代的。

三、政治与道德的区别和联系

政治与道德是两个不同的范畴，有其不同的内涵，从属于不同的领域，但二者又相互联系，无法截然分割，甚至是相辅相成的。混淆两者的区别，否定两者的相对独立性，会导致许多社会弊病的产生；否定二者的联系，把二者对立起来，便又从一个极端走向另一个极端，同样十分危险。

首先，政治涉及的是阶级与阶级、阶级与国家的关系，从马克思主义的观点看，政治是阶级的行为，政治的核心是政权，政治问题是围绕政权的建立、组织、巩固、发展所展开的。道德是个人的行为规范和活动准则，道德问题主要涉及的是个人修养、个人与家庭的关系、个人与社会的关系。个人虽然是阶级的成员，但个人不能等同于阶级；社会虽然是国家的载体，但社会不能等同于国家。

在很长的历史时期内，人们不能区别社会与国家，从而亦导致道德与政治的混淆。直到近代，美国独立战争时期著名的思想家潘恩，才对国家与社会的区别作出了比较明确的解释。他指出，社会起源于人们追求幸福的需要，政治产生于对人们邪恶的制止，社会的目的在于使人们一体同心，从而“积极地”增进公众的幸福；建立政府的目的在于制止人们的恶行，从而“消极地”增进公众的幸福，即保证人们的安全。从马克思主义的观点看，“社会——不管其形式如何——究竟是什么呢？是人们交互作用的产物”①。社会是以共同的物质生产活动为基础的人们相互交往、相互合作的联合体，社会随人类的产生而产生，在阶级出现后，社会虽然带有阶级性，但它包容一切阶级，人首先是“社会的动物”，然后才是“政治的动物”。社会与人类共存亡，国家与阶级共存亡，社会及其道德规范均产生于阶级和国家出现之前，并将继续存在于国家和阶级消亡之后。

---

① 《马克思恩格斯选集》第4卷，人民出版社1972年版，第320页。

在阶级社会中，道德虽被打上阶级的印记，并作为阶级的道德而存在，但带有阶级性的道德仍不能等同于带有阶级性的政治。道德修养，道德良心，归根结底是发自个人内心的要求，它基于人们对道德规范的感知、是非善恶的认识及个人行为的自我评价能力，它是一种自觉的约束，是一种“慎独”的功夫。政治虽然也与个人的政治信念、个人对政治理论的认识有密切联系，但政治归根结底是与政权，国家的法律、法令结合在一起的，政治是外在的，是带有强制性的。

但是由于个人是社会的成员，社会是国家的载体，作为调节个人与社会关系的道德规范，便不能不与国家和政治发生极为密切的联系。特别应当指出的是，社会主义政治的目的，乃在于要建立人类历史上一种更加合理的社会制度，使人们在物质文明和精神文明方面都能得到极大的发展，因此在社会主义制度下，道德与政治的关系就更加密切，二者有其内在的互补性，是相辅相成的。社会主义政治不否定道德（包括我国传统的各种美德），道德亦不能取代社会主义的政治原则和法律制度。正如一般个人的行为不一定是政治问题，多数群众的行为则必然成为政治问题一样，普通个人的道德行为不一定对政治产生影响，多数群众的道德行为形成的社会风气必然对政治产生重大影响。

而且道德作为社会上层建筑的一部分，它不能不受经济基础的制约并反作用于经济基础，并且不能不与上层建筑中的其他部分发生共振。因而经济的繁荣、生产的发展，可以为社会良好道德风气的培育提供条件；而良好道德风气的形成，则有利于社会的安定、国家的稳固、政治的昌明，并能促进社会经济的健康发展。邪恶腐败的道德风气，必然导致社会的混乱，动摇国家的基础，阻碍生产力的发展。许多历史学家认为古罗马并非灭亡于政治的错误与军事的失败，而是灭亡于社会道德风气的败坏。实际上，岂止古罗马如此，历史上许多国家的灭亡，许多社会的更替，不都与社会道德风气的败坏有着直接的联系吗？还应当补充一句：普通个人的道德行为不一定带政治性，国家官员的道德行为却必然带政治性，因为他们是代表阶级来管理国家和进行阶级统治的。因此，在进行经济体制和政治体制改革的同时，必须努力提倡和发扬我国传统的各种美德，必须努力培育良好的社会道德风气。社会风气是由千百万人的道德行为构成的，是以个人行为做基础的，培育道德风气必须以培育个人私德为起点。应当再一次倡导新形势下的共产党人的道德修养，共产党人、国家干部应当在道德修养上成为表率。在干部的选拔任用上，应当有道德品行的严格要求，除了考虑他们的年龄、知识、才干之外，还应当考察他们的为人，是否表里如一、光明正大、公正廉洁、诚实守信。只有发挥干部的表率作用，才能影响广大群众。同时要利用行政和法律等各种手段，严厉惩治那些道德腐败的恶行。

在学校中，一定要把德育放在首位。要对教师的品德有严格要求，他们必须真正为人师表，他们应当首先教学生做人，然后才是给学生传送知识和才干，教学生做事，道德的培育应当高于知识的灌输。我们的舆论界亦应不遗余力地揭恶扬善，帮助广大人民群众和干部树立道德荣誉心。道德腐败的分子不仅应当受到行政和法律手段的惩治，还应受到社会舆论的谴责。社会不能没有道德法庭，社会应当建立道德法庭。人首先应当成为有道德的人——知耻、自尊、自爱、自立——然后才可以成为有益于社会、有益于人民的人。

（原载于《思想战线》1994年第3期）

试论历史发展的曲折性

马克思主义认为，生产关系一定要适应生产力性质的规律是人类历史发展的普遍规律。根据这一规律，当一种新的生产关系建立后，在一定时期，它和生产力的发展水平是适应的，但当生产力发展到一定阶段，原来适合生产力的生产关系，便逐渐成为阻碍生产力发展的桎梏，这样，生产力和生产关系之间的矛盾就日益激化，于是客观上必然出现改变生产关系以适应生产力向前发展的要求，革命就要爆发，旧的生产关系就必然要被抛弃，而代之以适合生产力发展水平的新的生产关系。但是马克思主义在揭示历史发展的一般规律的同时，从来没有把历史看成一幅呆滞刻板的图画。马克思主义的经典作家反复指出，历史的发展不是一成不变的数学公式，不是简单的一次方程，“历史活动不是涅瓦大街的人行道”①，“历史常常是跳跃式地和曲折地前进的”②，“历史的发展是曲折的，迂迴的”③，有时甚至可能倒退和重演。

从中外的历史中可以看到：在西方，奴隶制时期经济文化获得高度发展的希腊和罗马，直到公元9世纪以后才进入封建社会。而封建时代的欧洲，经济文化的发展较之奴隶制时代反而衰落、倒退。反之，奴隶制时期经济文化并不十分发达的中国，却较早地进入了封建社会并在经济文化方面取得了辉煌的成就。之后，欧洲的资本主义在生产力极为低下、自然经济占统治地位的封建庄园经济中萌芽并获得了迅速的发展。而在中国，虽然早已出现了许多人口密集的大城市并具备了相当规模的商品经济，但资

① 《列宁全集》第28卷，人民出版社1956年版，第49页。
② 《马克思恩格斯选集》第2卷，人民出版社1972年版，第122页。
③ 《列宁全集》第27卷，人民出版社1958年版，第149页。

本主义却得不到充分的发展。资产阶级革命在西方胜利以后，随着工业革命的发生，一些在封建时代经济文化不发达的国家往往一跃成为世界强国，但很快又被后起的新兴国家所超过。封建时代曾雄踞东方的中国，在近代遭到了一向被自己蔑视为“外夷”的西方国家侵略，但这种侵略反过来又在客观上促进了中国人民的觉醒。社会主义革命的历史也同样是曲折的。从理论上讲，社会主义革命应当在工业比较发达的国家首先取得胜利，但结果却在工业比较落后的资本主义国家首先胜利了。正如斯大林指出的：“革命将在哪里开始呢？资本战线首先会在哪里，会在哪个国家内被突破呢？从前，通常都是这样回答：在工业比较发达的地方，在无产阶级占多数的地方，在文化水平较高的地方，在民主成分较多的地方。列宁主义的革命论反驳说：不，不一定在工业比较发达等等的地方。突破资本战线的国家，也许是资本主义比较不发达的国家，而其他资本主义比较发达的国家却仍然留在资本主义范围内。”①

历史的发展为什么会显示出如此曲折迂回的情况？对历史发展的这种曲折性应怎样正确认识？什么原因在加速和延缓着各民族国家的社会变革，并造成了这种历史发展的曲折性？这是需要在理论上进行认真探讨的重大问题。

按照马克思主义的观点，历史是在多种因素相互交织、相互作用的过程中向前发展的。如果说，生产力和生产关系的矛盾造成了一种生产方式取代另一种生产方式的必然趋势，那么是否可以这样说：上层建筑对经济基础的反作用以及某些偶然因素，则是加速和延缓社会变革，推动和拖延历史进程，以致造成历史迂回曲折前进的主要原因。恩格斯晚年时，有一个叫巴尔特的人，曾著文歪曲马克思主义的唯物史观，说马恩的观点是：在历史发展过程中起作用的唯一因素是经济运动。针对这种观点，恩格斯指出，根据唯物史观，历史过程中的决定性因素“归根结底”是现实生活的生产和再生产，但是，如果有人加以歪曲，说经济因素是历史发展的唯一决定性因素，那么他就把这个命题变成毫无内容的、抽象的、荒诞无稽的空话。“经济状况是基础，但是对历史斗争的进程发生影响并且在许多

① 《斯大林全集》第6卷，人民出版社1956年版，第86页。

情况下主要是决定着这一斗争的形式的，还有上层建筑的各种因素。”[①] 恩格斯还指出，人们创造自己的历史，但是第一，人们是在十分确定的前提条件下进行创造的。其中，经济的前提和条件归根结底是决定性的，“但是政治等等的前提条件，甚至那些存在于人们头脑中的传统，也起着一定的作用，虽然不是决定性的作用”[②]。第二，人们自己创造着自己的历史，但是他们至今创造的这个历史，甚至在某个特定有限的社会范围内，也没有遵循着一个共同的意志，没有按照一个共同的计划来行动过，他们的意志是错综交叉着的，“最终的结果总是从许多单个的意志的互相冲突中产生出来的，而其中每一个意志，又是由许多特殊的生活条件，才成为他所成为的那样”[③]。

生产力和生产关系的矛盾运动虽然是促成新旧方式的更替和社会革命发生的根本原因，但是革命在哪些国发首先爆发，新旧生产方式的更替在哪些国家首先完成，哪些国家在革命后将成为先进国家，哪些国家仍将留在落后的阶段上等等问题，则一方面取决于上层建筑（主要是政治因素和思想因素）对经济基础的反作用，另一方面，许多偶然因素对历史发展也有着重大影响，它们加速或延缓着历史发展的进程，使历史显现出光怪陆离、变幻莫测的状况。

一、政治因素对历史发展的影响

在历史发展过程中，经济运动在为自身的发展开辟道路的同时，首先受到它自己所造成的具有相对独立性的政策因素的影响，特别是国家权力的影响。统治者的明智与愚昧，政治的开明与黑暗，政策的正确与错误，常常成为加速或延缓历史发展进程的重要原因。历史上的每一次大革命的风暴，每一个历史阶段的更替，无不是由于统治阶级的腐败所促成的，尽管这些变革已经有了自己的经济前提。

① 《马克思恩格斯选集》第4卷，人民出版社1972年版，第477－478页。
② 同上。
③ 同上。

中国商代奴隶制国家的迅速崩溃，其直接原因，正是由于以殷纣为首的奴隶主贵族阶级统治的腐朽残暴而导致了奴隶和下层平民的反抗。在西方，罗马帝国统治阶级的腐朽和权力争斗，也是促成大规模奴隶起义和蛮族入侵的主要原因。近代欧洲的资产阶级革命之所以首先在尼德兰和英国爆发，则是由西班牙对尼德兰的残酷压迫和斯图亚特王朝对英国的专制统治促成的。至于法国的资产阶级大革命，则以路易十四的专横、路易十五的糜烂、路易十六的腐败为其直接原因。在帝国主义时代，沙俄专制统治的腐败、残暴、黑暗，促成了1905年革命和1917年二月革命的爆发，而二月革命后，由于资产阶级临时政府继续执行沙俄的战争政策，背离人民群众“和平与面包”的要求，从而促成了十月革命的爆发。

列宁指出，促使社会变革、导致革命时机成熟的条件是：①多数群众认识到革命的必要性，并且抱有为革命牺牲的决心；②统治阶级遭到政治危机，这种危机甚至把最落后的群众卷入政治运动。即统治阶级已经不能“照旧不变”地维持自己的统治，而被统治阶级由于贫困和灾难超乎寻常地加剧，也不愿“照旧不变”地生活下去的时候，革命才会爆发并能取得胜利。其中统治阶级的腐败和危机是基本的原因。人民群众总是在忍无可忍的情况下，才会奋起反抗旧的社会制度，追求新的生活。欧洲1848年革命失败后，资本主义经济有了恢复和发展，工人的生活也有了局部的改善。针对这种情况，马克思指出：“在这种普遍繁荣的情况下，即在资产阶级社会的生产力在资产阶级生产关系范围内以一般可能的速度蓬勃发展的时候，还谈不到什么真正的革命。”①

恩格斯在全面论述国家权力对经济发展的反作用时指出，这种反作用有三种情况：①它可以沿着经济发展的同一方向起作用，在这种情况下，就会促使经济繁荣；②它可以沿着经济发展的相反方向起作用，在这种情况下，它经过一定的时间就要走向崩溃；③它可以阻止经济发展沿着某些方向走，而推动它沿着另一方向走，这第三种情况归根结底和第二种情况相似。“但是很明显，在第二和第三种情况下，政治权力能给经济发展造

---

① 《马克思恩格斯全集》第7卷，人民出版社1959年版，第513－514页。

成巨大的损害，并能引起大量的人力和物力的浪费。”① 剥削阶级的国家权力，建立在生产资料的私人占有制的基础上，它维护剥削阶级的利益，因此虽然在每次社会变革的初期，它可以沿着与经济发展的同一方向起作用，但是由于生产方式内部的矛盾运动，由于剥削阶级自私贪婪的本性，其政权必将日益腐化，从而背离经济发展的方向，成为社会发展的桎梏。这时，统治阶级内部虽有个别明智之士，也难挽狂澜于既倒。反之，社会主义国家政权由于建立在公有制生产关系的基础之上，它维护全体人民的根本利益，因此它有时虽然会由于对社会主义社会发展规律认识不清而犯这样那样的错误，但由于在根本上它是沿着与经济发展同一的方向运动的，因而通过局部调整，便能使生产关系和上层建筑重新适应生产力发展的水平，从而使社会主义经济以更快的步伐向前发展。

在政治因素中，除国家权力对历史发展的重大反作用外，战争对历史进程的推动和阻碍作用也十分明显。如果没有普法战争，法兰西第二帝国便不会如此迅速地崩溃，巴黎公社革命便也不一定在 1871 年爆发。如果第一次世界大战的灾难不降临到俄国人民的头上，二月革命和十月社会主义革命便也不一定在 1917 年发生。列宁说过，假如第一次世界大战的结果是野心勃勃的“拿破仑之流”获得胜利并且奴役许多有生存发展能力的民族国家，“那就可能在欧洲发生伟大的民族战争。这就会使欧洲后退几十年。这是难以让人相信的，但这并不是不可能的，因为把世界历史设想成一帆风顺地向前发展，不会有时向后作巨大的跳跃，那是不辩证的，不科学的，在理论上也是不正确的”②。

至于暴力革命在历史进程中的重大作用，马克思和恩格斯早已作过精辟的论述，指出它是历史前进的“火车头”，是社会进步和政治进步的“发动机”，是摧毁僵死硬化的政治制度的强大武器和孕育新社会的助产婆。这里应当注意的是，革命的爆发、胜利和失败，是由许多主客观因素决定的，其中主观方面的因素，即革命政党的领导水平、成熟程度和群众的觉悟程度，在一定的客观经济前提已经基本具备的情况下，常常对革命

① 《马克思恩格斯选集》第 4 卷，人民出版社 1972 年版，第 483 页。

② 《列宁全集》第 22 卷，人民出版社 1958 年版，第 303 页。

的胜利起着决定性的作用，这也正是不发达的资本主义国家能够首先进入社会主义社会的主要原因之一。

二、思想因素对历史发展的影响

马克思和恩格斯曾就思想因素对历史发展的巨大反作用作过许多论述，马克思很早便提出了“理论一经掌握群众也会变成物质力量”的观点。从历史发展的实际情况看，自然科学领域和重大发现固然影响着社会历史的进程，而在社会科学领域内，新旧理论的更替，虽然根源于经济的发展，却又反过来影响着历史的进程。当旧的理论被抛弃，新的理论为人们所接受，就能加速社会变革的发生。而当旧的观念还为多数群众所固守的时候，社会变革则难以进行并容易遭受失败。中国封建社会之所以能延续两千多年，其重要原因之一就是作为中国封建统治精神支柱的孔孟之道对人们思想的巨大束缚，人们自幼受到君臣父子政治伦理观念的熏陶，把它奉为天经地义，这种保守落后的思想观念阻碍了人们对世界作更加深入和科学的探索，从而使中国社会一直停滞不前。而鸦片战争以后，中国人一旦接受了先进的革命理论，中国社会就发生了翻天覆地的变化。在西方，随着文艺复兴运动的兴起和提倡人道主义，人们开始尊重人生、爱惜人生、歌颂人生，开始从人的角度来说明神的性质，而不再以神来贬低人。当人的地位在人们的观念中最终超过了神的时候，教会统治的基础就被动摇了。随着资本主义经济的进一步发展，资产阶级革命便酝酿成熟了。列宁说：“观念的东西转化为实在的东西，这个思想是深刻的，对于历史是很重要的。并且从个人生活中也可以看到，那里有许多真理。反对庸俗唯物主义。注意：观念的东西同物质的东西的区别也不是无条件的、不是过分的。”① 历史事实充分说明，思想观念的改变对历史发展的影响是异常重大的。恩格斯曾批评一些资产阶级思想家对马克思主义的歪曲，他说：“与此有关的还有思想家们的一个荒谬观念，这就是：因为我们否认

① 《列宁全集》第38卷，人民出版社1959年版，第117页。

在历史上起作用的各种思想领域有独立的历史发展，所以我们也否认它们对历史有任何影响。这是由于把原因和结果刻板地、非辩证地看作永恒对立的两极，完全忽略了相互作用。这些先生们常常故意忘却，当一种历史因素一旦被其他的、归根到底是经济的原因造成的时候，它也影响周围的环境，甚至能够对产生它的原因发生反作用。"①

综上所述，思想理论对历史的影响和作用应当包括两个方面：进步的革命的思想理论推动着历史前进，加速着社会变革；保守的反动的思想理论束缚着人们的思想，延缓着历史发展的进程。正是在这个意义上，列宁才说："没有革命的理论也就不可能有革命的运动。"② 也正因为如此，革命导师们总是不遗余力地和各种反动思潮进行斗争，对各种陈旧保守的观念予以无情的尖锐批判。

在思想因素中，还应当着重提到的是文化教育的重大作用，马克思在谈到一个民族的发展水平时，总是把文化教育和经济发展同时并提。一方面，科学的知识、智慧的火种是靠教育来传播的；另一方面，文化教育的水平也反映着科学技术和生产力的发展水平，反映着人民群众的文明程度。经济决定着文化教育，文化教育又强烈地反作用于经济，在它们相互作用的过程中，文化教育在一定条件下和一定意义上是否也对社会的发展起着决定性的作用呢？如果说，在反动统治下，人民斗争的目标主要是夺取政权，因此教育救国论、科学救国论应当遭到批判和唾弃，那么，在今天，人民已经掌握着政权，如果不发展文化教育，社会主义现代化便不能实现。没有高度的文化、高度的文明，民主便没有基础；没有有文化、有理想、有道德、有纪律的人，发达的社会主义便没有自己的支撑点。

三、偶然因素对历史发展的影响

马克思主义认为，历史的必然性和偶然性是相互联系、相互依存的。

① 《马克思恩格斯选集》第4卷，人民出版社1972年版，第503页。
② 《列宁全集》第5卷，人民出版社1986年版，第316页。

历史的必然性总是通过偶然性显示自己，同时，偶然性也有着相对独立性。它虽然受必然性的支配，但对于历史的发展却仍然产生强烈的影响。在历史的发展过程中，虽然归根结底是由经济运动决定的，但它同时受到上层建筑反作用的影响；而且，它必须通过无穷无尽的偶然事件为自己的发展开辟道路。而这些偶然事件“它们的内部联系是如此疏远或者是如此难于确定，以致我们可以忘掉这种联系，认为这种联系并不存在”①。“否则把理论应用于任何历史时期，就会比解一个最简单的一次方程式更容易了。”② 恩格斯曾对对自然界和人类社会起作用的受必然性支配的两种偶然力量作过分析，他指出，在自然界起作用的是一些盲目的、不自觉的力量，而一般规律即必然性，则表现在这些力量的相互作用中。反之，在社会历史领域内，起作用的则是人，而人是有意识的，或经过深思熟虑而行动，或因热情驱使而行动，并且各自抱有一定的目的。尽管人们都有自觉的意图和目的，但从理论上看，整个说来，好像也是偶然性支配着。因为人们所期望的东西，仅在很少的场合才能如愿以偿；人们所确定的目的，大部分是彼此冲突的、矛盾的，有的因其本身的性质而根本就办不到，有的因缺乏实现的手段和条件而不能办到。这样，许许多多的个别意向和个别行动之间的冲突，便造成了这样一种状态：“行动的目的是预期的，但是行动实际产生的结果并不是预期的，或者这种结果起初似乎还和预期的目的相符合，而到了最后却完全不是预期的结果。这样，历史事件似乎总的说来同样是偶然性支配着的。”③ 在历史发展的进程中，我们看到，一个旧的社会制度的死亡也正如一个人那样，由于它自身所存在的那种自我否定的因素，它具有一定要死亡的那种必然趋势，但它何时死亡（如幼年夭折、中年或老年死亡等），受什么打击而死亡（如车祸、疾病、谋杀、中毒等等），则是由许多偶然因素发生作用而导致的。马克思曾经说过，巴黎公社失败的原因之一是普鲁士军队进入法国并盘踞巴黎城下这一“偶然”情况，使法国工人阶级不能不在完成阶级解放任务的同时，还要去完成民族解放的任务。但是，如果公社不举行革命，即“不战而降”，那么

① 《马克思恩格斯选集》第4卷，人民出版社1972年版，第477页。

② 同上。

③ 同上书，第243页。

"工人阶级在后一场合的消沉，是比无论多少的'领导者'遭到牺牲更严重得多的不幸"[①]。偶然因素造成的结果，又会作为后来某些事件发生的必然原因出现，历史就是这样曲折地向前发展着。

恩格斯分析过："恰巧某一伟大人物在一定时间出现于某个国家，这种情况完全是一种偶然性。但是，如果我们把这个人除掉，那就会需要另一个人来代替他，并且这个代替者是一定会出现的，也许是较好些或较差些，但是经过一定时间一定是会出现的，恰巧拿破仑这个科西嘉岛人做了被战争弄得精疲力竭的法兰西共和国所需要的军事独裁者，——这是个偶然现象。但是假如不曾有拿破仑这个人，那末他的角色是会由另一个人来扮演的。这一点可以由下面的事实来证明，即每当需要有这样一个人的时候，他就会出现：为凯撒、奥古斯都、克伦威尔等。"[②] 这就说明偶然因素虽然到处发挥着自己的作用，但仍由隐藏在后面的规律性支配着，但在承认必然性的支配作用的同时，恩格斯丝毫没有否认偶然性对历史发展的曲折性的影响，他说："我们所研究的领域愈是远离经济领域，愈是接近于纯粹抽象的思想领域，我们在它的发展中看到的偶然性就愈多，它的曲线就愈是曲折。"[③] 偶然的因素常使历史的发展加速和延缓几年、几十年或者更长一些时间，在偶然因素中，其中也包括"开始就站在运动最前面的那些人物的性格这样一种'偶然情况'"[④]，都会使历史发展的曲线更加曲折。

综上所述，能否说明这样几点：

(1) 生产力和生产关系的矛盾运动决定着历史发展的方向，决定着社会变革的必然趋势，但上层建筑（主要是政治和思想因素）对经济基础的反作用及其他偶然因素，则加速或延缓着历史的进程，并造成了历史迂回曲折发展的状况。

(2) 正由于历史发展的曲折性，更加显示了人的主观能动性对历史发展的巨大作用。人们各自有意识地按照自己的目的进行努力，虽不一定都

① 《马克思恩格斯选集》第4卷，人民出版社1972年版，第394页。

② 同上书，第507页。

③ 同上。

④ 同上书，第393页。

能如愿以偿，但却都多少影响着历史的进程，记入历史发展的总史册。历史发展虽不以个别人的主观意志为转移，但它却是在每个人的主观努力的交错作用中，曲折地为自身开辟道路。

（3）历史在曲折中发展，历史发展的规律性以曲折性为前提，这就使宿命论和教条主义的观点在历史发展的实际面前，不断碰壁，无地自容。而历史发展的曲折性正标志着历史发展中的无限生机和活力，显示着历史自身的魅力，并促使着千百万人民去执着地追求自己的理想，展现自己的才华，在历史的舞台上演出无数惊心动魄、威武雄壮的活剧。

（原载于《思想战线》1986 年第 2 期）

论在发展中坚持马克思主义

马克思主义是在历史和社会的前进中不断丰富和发展的科学，其精髓就是实事求是，一切从实际出发。邓小平同志的南方谈话，号召我们思想要解放一些，步子要再大些。因为中国是一个有十余亿人口的大国，起步晚，与西方发达国家尚有较大差距，步子太小就会丧失时机，不符合我国实际。从马克思主义观点看，所谓解放思想，就是要使思想更加符合中国当前的实际，或者说从实际出发在发展中坚持马克思主义。

马克思主义建筑在实际生活的基础之上。马克思主义创始人就是以研究和分析现实的资本主义制度为起点的。马克思早期曾指出，新世界不能从人们的头脑中主观地想象出来，只有在批判旧世界中才能发现新世界。恩格斯说："原则不是研究的出发点，而是它的最终结果，这些原则不是被应用于自然界和人类历史，而是从它们中抽象出来的，不是自然界和人类去适应原则，而是原则只有在适合自然界和历史的情况下才是正确的，这是对事物的唯一唯物主义的观点。"①

马克思主义的两大基石——历史唯物主义和剩余价值学说以及马克思和恩格斯的全部著作，都是以对历史和现实的研究为基础的，都是以客观实际生活为根据的，即使是那些论战性的著作及清算黑格尔和费尔巴哈思想的著作也不例外。马克思在对资本主义社会研究的基础上，揭示了资本主义经济的实质，说明雇佣工人和劳动力的购买怎样掩盖着资本家对千百万劳动人民的奴役，他论述了现代资本主义的发展过程，阐明了资本怎样积累、积聚和集中，指明了资本主义怎样创造了否定自身的条件，生产力

① 《马克思恩格斯选集》第3卷，人民出版社1972年版，第74页。

为什么终将突破资本主义生产关系的外壳，使社会主义制度的建立成为必然。恩格斯考察了英国工人阶级的状况，从而揭示了无产阶级终将团结组织起来推翻资本主义制度的原因和无产阶级的历史使命。马克思主义关于工农联盟的理论，打碎旧的国家机器建立无产阶级专政的理论，无产阶级政党的建党学说，以及无产阶级革命进程中必须遵循的重要理论原则，都是在对国际无产阶级革命运动实践总结的基础上提出的。有的是在无产阶级参加1848年欧洲资产阶级革命运动总结的基础上提出的，有的是在巴黎公社和第一国际实践总结的基础上提出的，有的则是在德国社会民主党和第二国际早期实践及各种事变进程的总结基础上提出的。

由于马克思和恩格斯的著作是以对实际生活的研究为基础，以事实为根据，并且熔铸了哲学、经济学、历史学和自然科学的渊博学识，马克思主义才具有如此强烈的吸引力，才赢得了世界历史性的伟大意义。马克思这样说过："批判的武器当然不能代替武器的批判，物质力量只能用物质力量来摧毁；但是理论一经掌握群众，也会变成物质力量。理论只要说服人，就能掌握群众；而理论只要彻底，就能说服人。所谓彻底，就是抓住事物的根本。"① 研究客观实际，分析各种复杂的社会现象，揭示隐藏在事物内部的各种矛盾及其相互联系，指明被现象掩盖的本质，这就抓住了事物的根本，理论就具有强大的活力，就能说服人，就能变成物质力量。马克思主义创立初期，信仰它的人寥寥无几，但是随着时间的推移，信仰它的人越来越多，使它终于由理论变成了亿万人民的实践。

马克思主义既然来源于实践并且指导实践，就必然要与各国革命和建设的具体实践相结合。具体问题具体分析是马克思主义活的灵魂。早在《共产党宣言》中，马克思和恩格斯便指出，《宣言》一般原则的应用要根据各国的具体情况，共产党人的策略在法国不同于在瑞士，在波兰不同于在德国。并且指出，策略的原则性必须与策略的灵活性相结合，共产党人既要为最近的目的和利益而斗争，但他们也要代表运动的未来，他们到处都应争取与全世界的民主政党进行团结和达成协议，但并不因此放弃对那些从革命传统中产生出来的空谈和幻想采取批判态度的权利。

① 《马克思恩格斯选集》第1卷，人民出版社1972年版，第9页。

从实际出发，以实践作为检验真理的唯一标准，理论与实际密切结合，是马克思主义的生命力所在。离开实际，马克思主义就成为无源之水，就成为僵化的教条，就失去自己的活力。

解放思想，实事求是，是党的十一届三中全会以来的一个非常重要的原则精神。这是党中央在总结社会主义建设历史经验的基础上，批判了脱离实际的极“左”思潮，才重新恢复了实事求是的思想路线的表现。如果不坚持解放思想，实事求是，就不能顺利地进行拨乱反正，就不能总结历史的经验教训，也就不能制定改革开放的路线、方针和政策，开创建设有中国特色的社会主义道路。在建设和改革的过程中，也只有解放思想，实事求是，才能排除各种干扰，敢于探索，敢于创新，不断总结新的经验，引导社会主义事业继续前进。

如上所述，马克思主义是在历史和科学的前进中不断丰富和发展的科学，它之所以是科学并且具有强大生命力，一个重要原因就是它不是用僵化的观念来裁判生活，它是随着生活的前进而前进并且指导生活前进。当《共产党宣言》发表的时候，国际无产阶级的革命运动还处于起步阶段，随着无产阶级革命运动的扩大、发展和深入，马克思和恩格斯在研究和总结新经验、新问题和新情况的基础上，不断修改、发展和完善自己的理论。他们从来不承认什么永恒的绝对真理，只承认真理的绝对性与相对性的辩证统一。恩格斯说，马克思主义的辩证哲学“推翻了一切关于最终的绝对真理和与之相应的人类绝对状态的想法。在它面前，不存在任何最终的、绝对的、神圣的东西；它指出所有一切事物的暂时性；在它面前，除了发生和消灭、无止境地由低级上升到高级的不断过程，什么都不存在”[①]。他们始终注意到历史、时代、地位和客观环境条件对个人认识产生的限制，始终批判理论思维的所谓至上性、绝对性、无限性，反对和嘲笑所谓永恒的、最后的、绝对真理的种种谬论，指出人的思维都是在完全有限地思维着的个人中实现的。恩格斯甚至这样说：“因为就一切可能来看，我们还差不多处在人类历史的开端，而将来会纠正我们错误的后代，大概

① 《马克思恩格斯选集》第4卷，人民出版社1972年版，第213页。

比我们可能经常以极轻视的态度纠正其认识错误的前代要多得多。”①

因此，马克思和恩格斯生前从不拒绝接受正确的意见，他们相互之间就经常对许多问题交换意见，进行讨论，有时甚至发生争辩。对于《共产党宣言》，他们就曾经作过多处的修改补充。在《宣言》1872 年德文版序言中，马克思和恩格斯这样说：“不管最近二十五年来情况发生了多大变化，这个《宣言》中所发挥的一般原理整个说来直到现在还是完全正确的。个别地方本来可以做某些修改。这些原理的实际运用，正如《宣言》中所说的，随时随地都要以当时的历史条件为转移”，“第二章末尾提出的那些革命措施并没有什么特殊的意义。现在这一段在许多方面都应该有不同的写法了”。又说，由于法国 1848 年革命和 1871 年巴黎公社的实际经验，“所以这个纲领现在有些地方已经过时了”。特别是公社已经证明：“无产阶级不能简单地掌握现成的国家机器，并运用它来达到自己的目的。”还说，对于各种社会主义流派的批判在今天看来也是不完全的，“由于政治形势已经完全改变，而当时所列举的那些党派大部分已被历史的发展进程所彻底扫除，所以这些意见在实践方面毕竟是过时了”②。

马克思和恩格斯从来没有想过要用自己的理论去束缚未来的社会主义革命者和建设者的手脚，对于未来，他们只是提出过一般的目标和原则，对于如何建设社会主义和共产主义，讲得极少。恩格斯在批判空想社会主义者的时候说过，对于未来的东西，讲得越多，构想得越详细，便越是荒谬。他们深知，未来的东西应该由未来的革命者和建设者在实践中去探索、去解决。所以他们才慎重声明，《宣言》第二章末尾提出的那些措施并没有什么特殊的意义，一切都要以当时的历史条件为转移。

任何理论如果把自身绝对化、永恒化便没有生命力了。实践证明，即使是自然科学中的重大理论都是随着人们对自然界的认识的深化而不断发展的，社会科学理论更不待言。马克思主义正因为能随人类实践的发展而发展，它才能永远保持自己的青春和活力。十一届三中全会后，中央反复指出，不能用僵化的、教条的、扭曲的眼光来看待马克思主义。现代化建

① 《马克思恩格斯选集》第 3 卷，人民出版社 1972 年版，第 125 页。

② 《马克思恩格斯选集》第 1 卷，人民出版社 1972 年版，第 229－230 页。

设和全面改革是极其复杂的创新事业，社会主义在实践中，没有也不可能有现成的答案，必须研究社会主义现代化建设和全面改革的新情况、新经验、新问题，探索建设具有中国特色的社会主义的规律，勇于突破那些已被实践证明是不正确或不适合变化了的情况的判断和结论，必须在坚持中发展并在发展中坚持马克思主义，并且批判了“两个凡是”的谬论，批评了一部分理论工作者对于社会主义现代化实践中提出的重大理论问题缺乏兴趣，不愿意对现实问题进行调查研究，表示要同现实保持距离的错误倾向。①

从实际出发，在发展中坚持马克思主义，是因为马克思主义是开放型的理论，而不是封闭型的理论。它要不断地吸取人类思想文化的一切优秀成果。列宁在十月革命后对当时卢那察尔斯基等人的极“左”思想和文化虚无主义进行批评的时候，充分肯定和称赞了马克思和恩格斯对人类文化的开放的、吸取的、扬弃的精神。他强调指出，既不是全部照搬，也不是全盘否定，只有在吸取人类一切优秀文化成果的基础上，“按照这个方向，在无产阶级专政（这是无产阶级反对一切剥削的最后一次斗争）的实际经验的鼓舞下继续进行工作，才能认为是发展真正无产阶级的文化”②。我们党在十一届三中全会后，在总结十年“文革”教训和批判极“左”思潮的基础上，提出了坚持四项基本原则和改革开放的方针，在关于如何防止思想僵化和建设社会主义精神文明的问题上，中央在十二届六中全会的决议中指出：“要研究当代世界的新变化，研究当代的各种思潮，批判地吸取和概括各门学科发展的最新成果。”江泽民同志在庆祝中华人民共和国成立四十周年讲话中也指出：“要积极吸收我国历史文化和外国文化中的一切优秀成果，坚决摒弃一切封建的、资产阶级的文化糟粕和精神垃圾。”今年邓小平同志的南方谈话进一步明确提出，社会主义要赢得与资本主义相比较的优势，就必须大胆吸收和借鉴人类创造的一切文明成果，吸收和借鉴当今世界各国包括资本主义发达国家一切反映现代社会化生产规律的先进经营方式和管理方法。

① 参见邓小平1983年10月12日《党在组织战线和思想战线上的迫切任务》。

② 《列宁全集》第31卷，人民出版社1958年版，第283页。

资本主义经过几百年的发展，在经济、科技、教育、文化和社会管理方面积累了丰富的经验，取得了许多历史性的文明成果。第二次世界大战以来，西方国家又处于相对稳定的发展时期，在经济和社会生活方面，发生了不少新的变化。有许多可以供我们学习、借鉴和利用的东西。在马克思主义指导下建立起来的社会主义制度，是一种崭新的社会制度，它既不能割断历史，也不能割断与世界文明的联系与发展，它只有在继承和利用资本主义创造出来的全部生产力和全部优秀文化成果的基础上，并结合新的实际进行新的创造，才能顺利建设成功。

过去长时期内，我们在对待资本主义的问题上，往往只看到或更多地看到的是社会主义同它对立和斗争的一面，而很少看到社会主义同它还有学习、借鉴、合作和利用的一面。对于对立和斗争的一面，我们固然应当看到，而且应当认识到只要这两种制度还同时存在，它们的对立和斗争就不会消失，社会主义国家的执政党和人民就要保持应有的警惕性。但另一方面，也应当看到社会主义与资本主义还存在学习、借鉴、合作与利用的一面。只看到前一面，而看不到后一面，就将陷入认识上的片面性，不符合社会历史发展的辩证法，不利于社会主义经济、文化的进步。马克思主义的开放性，正表现在无论是哪种社会制度下创造的文明成果，只要是进步的、优秀的东西，都应当吸取和学习，世界上一切好的东西，都应当为我所用。

总的来说，由于马克思主义建立在人类思想优秀成果的基础之上，它来源于实践并且随实践的发展而发展，因而它便能保持自己的生机与活力。马克思主义是人类的一盏明灯，它为全世界被压迫人民和被压迫民族指出了一条摆脱奴役、贫困和痛苦的道路，也给全人类树立了一个伟大理想，由于它给予人们的世界观和方法论是辩证唯物主义和历史唯物主义的，它就彻底摆脱了那些浸透剥削阶级偏见的伪科学和所谓终极真理的局限。随着社会主义事业的深入、扩大和发展，从实际出发，在发展中坚持马克思主义，这正是马克思主义强大的生命力所在，也是社会主义制度的生命力所在。

（原载于《思想战线》1992 年第 6 期）

马克思和恩格斯关于统一战线的理论与实践

一

对社会各阶级、各阶层和各种政治派别进行科学分析，团结一切可以团结的力量，壮大自己，孤立敌人，建立统一战线，是从马克思和恩格斯开始传播科学社会主义、建立第一个无产阶级革命政党时起就已经确立和遵循的策略原则。

马克思和恩格斯开始传播科学社会主义的时候，欧美各国的工人运动正处于各种式样、五花八门的空想社会主义和无政府主义思想的控制之下，当时信仰科学社会主义的人寥寥无几，如果马克思和恩格斯拒绝与各种不同观点的流派进行合作，采取关门主义的态度，科学社会主义的理论就无法传播。因此，早在 1846 年建立共产主义通讯委员会的时期，马克思和恩格斯就十分注意团结工人运动中不同观点的派别，邀请他们参加通讯委员会的工作，在共同的斗争中用科学社会主义的思想观点影响教育他们。马克思和恩格斯除邀请比利时的共产主义者菲力普·日果和他们一起组成三人常务委员会外，还邀请了德国的空想社会主义者威廉·魏特林参加了通讯委员会的工作，他们向蒲鲁东也发出过邀请，虽然蒲鲁东拒绝参加，但他们同德国许多进步的有民主革命思想的知识分子建立了合作。后来他们又通过米利安·哈尼和英国宪章派中的革命派保持联系。哈尼是宪章运动中央机关报《北极星报》的编辑，恩格斯担任该报的撰稿人。马克思和恩格斯还和布鲁塞尔的民主党人、法国小资产阶级民主共和党人及其机关报《改革报》结成联盟。1847 年 11 月，马克思当选为布鲁塞尔民主协会的副主席，比利时的民主主义者律·若兰特当选为主席。在马克思的影响下，布鲁塞尔的民主协会成为国际民主主义运动的巨大中心之一。

在和不同阶级、不同观点的政党和派别的广泛合作过程中，马克思和恩格斯终于扩大了自己的阵地，并用自己的观点启迪了当时还是一个信仰空想平均共产主义的组织——正义者同盟，它的领导人亨利希·鲍威尔、约瑟夫·莫尔和卡尔·沙佩尔决定邀请马克思和恩格斯加入同盟，并用他们的观点对同盟进行改组，为同盟起草新的纲领和章程。马克思和恩格斯接受了他们的邀请，第一个国际无产阶级的革命政党——共产主义者同盟便在改组正义者同盟的基础上建立起来。

在恩格斯最初以问答形式为共产主义者同盟起草的纲领《共产主义原理》中，第 24 个问题对当时流行的各种社会主义流派进行了分析，指出共产党人应当和民主主义的社会主义者进行联合，“共产主义者在需要行动的时候，只要民主主义的社会主义者不为占统治地位的资产阶级效劳和不攻击共产主义者，就应当和这些社会主义者达成协议，并且要尽可能和他们采取共同的政策。当然，共同行动并不排除讨论那些存在于他们和共产主义者之间的分歧意见”①。第 25 个问题又进一步指出，共产党人应当根据各国不同的情况同一切进步力量进行合作，在英国、法国和比利时，共产党人必须注意团结民主主义的政党，特别要联合宪章派，因为“由工人组成的宪章派就要比小资产阶级民主主义者或所谓激进派更接近共产主义者”②。在美国，共产主义者必须支持曾一度受“真正社会主义”反动空想影响但却愿意反对资本主义并为无产阶级谋利益的北美土地改革派。在瑞士，共产主义者应当和资产阶级激进派达成协议。在德国，由于当时正处于资产阶级革命的前夜，因此“在自由派资产阶级同政府的斗争中，共产主义者始终应当支持自由派资产阶级，但同时也应当提防不要跟着资产阶级自欺欺人，不要去听他们那一套娓娓动听的说什么资产阶级的胜利会给无产阶级带来良好效果的花言巧语”③。

① 《马克思恩格斯选集》第 1 卷，人民出版社 1972 年版，第 226 页。

② 同上。

③ 同上书，第 226－227 页。

后来，当马克思和恩格斯决定抛弃陈旧的问答方式，而以《共产党宣言》的形式来为同盟起草纲领时，他们则吸取并进一步发挥了《共产主义原理》中所提出的策略思想，并使之形成了较为完整的统一战线策略原理。

第一，共产党人必须把长远的奋斗目标和当前的斗争实际结合起来，必须防“左”反右。“共产党人为工人阶级的最近目的和利益而斗争，但是他们在当前的运动中同时代表运动的未来。”①

第二，共产党人必须根据各国不同的斗争实际，对各个阶级和政党的政治倾向进行科学分析，联合一切进步的、民主的力量，建立国内统一战线，但在统一战线中，必须坚持原则、坚持独立。

在法国，共产党人可以同社会主义民主党联合起来反对保守的和激进的资产阶级，但不能因此放弃对那些从革命传统中产生出来的空谈和幻想采取批判态度的权利。在瑞士，共产党人应当支持激进党人，但必须注意到这一政党是由互相矛盾的分子组成的，其中一部分是法国式的民主社会主义者，另一部分是激进的资产者。在德国，只要资产阶级采取革命的行动，共产党人就同它一起去反对君主专制和封建土地所有制，“但是，共产党人一分钟也不忽略教育工人尽可能明确地意识到资产阶级和无产阶级的敌对对立”②。

第三，共产党人必须支持一切反封建的反资本主义的民主的和社会主义的革命运动，联合世界上一切进步的民主力量，建立广泛的国际统一战线。“共产党人到处都支持一切反对现存的社会制度和政治制度的革命运动。”“共产党人到处都努力争取全世界民主政党之间的团结和协议。”③

二

当共产主义者同盟刚刚建立起来的时候，便迎接了席卷欧洲的1848

① 《马克思恩格斯选集》第1卷，人民出版社1972年版，第284页。
② 同上书，第285页。
③ 同上。

年革命，经受了这次巨大风暴的考验和洗礼。马克思和恩格斯为共产主义者同盟制定了无产阶级在1848年德国革命中的行动纲领《共产党在德国的要求》，指出了无产阶级在这次资产阶级性质的民主革命中应当争取实现的政治上和经济上的奋斗目标。为了贯彻这一纲领，他们自己和两三百个盟员都分别回到德国，并在德国各地立即着手建立同盟的组织，由于同盟人数太少，力量薄弱，“当时很容易预见到，在正在高涨的人民群众的运动面前，同盟是极其软弱的工具”①，“两三百个分散的盟员消失在突然卷入运动的广大群众中间了”②。

当时，在革命中起决定性作用的是小资产阶级。恩格斯分析说，在德国，由于大资本家和工业家阶级不发达，小手工业者小商人阶级人数很多。在较大的城市中，它几乎占了居民的大多数；在较小的城市中，由于没有更富裕的竞争对手同它争夺势力，它完全居于支配地位。“这个阶级在所有现代国家和现代革命运动中，都居于极重要的地位，而在德国尤其重要，在最近德国各次斗争中，它常常起着决定的作用。”③ 由于它的重大作用和影响，这个阶级后来又充当了德国1849年5月革命的领导阶级。马克思和恩格斯认为，尽管德国的小资产阶级是一个摇摆不定的阶级，一方面希望跻身于较富有的阶级的行列，一方面惧怕堕入无产者甚至乞丐的境地；一方面希望参与领导公共事务以保障自己的利益，一方面唯恐不合时宜的对抗行为会触怒政府。但由于德国城市小资产阶级力量强大，而德国工人阶级还缺乏组织和觉悟，还没有意识到自身的历史使命，所以他们提出共产主义者必须和小资产阶级及资产阶级的民主派结成联盟，参加民主运动，构成这个运动的左翼。于是马克思和恩格斯都参加了科伦民主派的主要组织——科伦民主协会，并且要求共产主义者同盟的成员都应积极参加各地民主派的组织。恩格斯说：“当我们在一八四八年春天回到德国的时候，我们参加了民主派，因为这是唯一能引起无产阶级注意的一种手段。”④ 甚至他们创办的《新莱茵报》，也以“民主派机关报”的名义出

① 《马克思恩格斯全集》第21卷，人民出版社1965年版，第254-255页。

② 同上书，第19页。

③ 《马克思恩格斯全集》第8卷，人民出版社1961年版，第10页。

④ 《马克思恩格斯全集》第36卷，人民出版社1974年版，第584页。

版，他们在报上发表的文章，都称自己为“民主主义者”。正如恩格斯后来指出的，由于德国的革命性质和无产阶级的觉悟程度，“决定了我们的旗帜。这个旗帜只能是民主派的旗帜，但这个民主派到处在各个具体场合，都强调了自己特殊的无产阶级性质，这种性质是它还不能一下子就写在自己旗帜上的”①。因此，德国的无产阶级最初是作为民主派的同盟者登上政治舞台的，如果当时不这样做，“那我们就会只好在某一偏僻的地方的小报上宣传共产主义，只好创立一个小小的宗派而不是创立一个巨大的行动党了”②。在《新莱茵报》的编辑部里，马克思和恩格斯吸收了资产阶级激进派的政论家毕尔格尔斯参加，不久毕尔格尔斯在马恩的影响下加入了共产主义者同盟，并担任了科伦支部的委员，1850 年又担任了同盟中央委员，在“科伦共产党人审判案”中，他被判处六年徒刑，后来他又作为进步党的议员在德国从事政治活动。

1848 年革命初期，共产主义者同盟的盟员——科伦工人联合会的主席哥特沙克竟采取了“左”倾关门主义的策略，他反对和民主派结成联盟，反对参加民主运动，提出要立即在德国建立“工人共和国”的口号，他所领导的工人联合会竟然作出决定，不参加 5 月初在柏林举行的普鲁士制宪会议选举和在法兰克福举行的德国国民议会选举，他们要求德国工人抵制选举。马克思和恩格斯通过自己的拥护者和哥特沙克的“左”倾机会主义进行了斗争，要求共产党人和德国工人一定要参加选举，并且一定要选举民主派的候选人，只有这样才能扩大民主派的阵地，打击保守反动势力。在 5 月的选举中，很多工人都参加选举并且投了民主派候选人的票。5 月 11 日，马克思以共产主义者同盟中央委员会主席的身份参加了同盟科伦支部会议，讨论和批评了哥特沙克对同盟纲领的态度问题。后来又通过约瑟夫·莫尔和卡尔·沙佩尔工人联合会施加更大的影响，同哥特沙克及其错误观点的拥护者进行坚决斗争，7 月初由莫尔取代哥特沙克担任科伦工人联合会的主席。

1848 年革命失败后，马克思和恩格斯总结了这次革命的经验教训，他

① 《马克思恩格斯全集》第 21 卷，人民出版社 1965 年版，第 19 页。

② 同上。

们在1850年3月写的第一篇《中央委员会告共产主义者同盟书》中，批评了许多同盟的地方组织在和民主派结成联盟的过程中，忘记了独立自主的原则，"大部分直接参加过革命运动的成员，都认为秘密结社的时代已经过去，现在单单进行公开活动就够了"①。于是完全放弃了自己的组织，个别地区和支部甚至放松了自己跟中央委员会的联系，有的组织则完全断绝了和中央的联系。"当德国民主派即小资产阶级的党派日益组织起来的时候，工人的政党却丧失了自己唯一的巩固支柱，至多也只是在个别地方为了本地的目的还保存着组织形式，因此在一般的运动中就落到了完全受小资产阶级民主派支配和领导的地位。"② 马克思和恩格斯强调指出，无产阶级在和民主派结成统一战线的过程中，一定要保持自己政党的独立性，决不能够丧失无产阶级的意识。在1850年6月发表的第二篇《中央委员会告共产主义者同盟书》中，他们明确提出："工人阶级政党在一定条件下完全可以利用其他政党和党派来达到自己的目的，但是它不应当隶属于任何其他政党。"③

1852年马克思在一篇警告匈牙利民主派首脑科苏特和意大利民主派首脑马志尼企图与路易·波拿巴结成联盟的文章中进一步指出："在政治上为了一定的目的，甚至可以同魔鬼结成联盟，只是必须肯定，是你领着魔鬼走而不是魔鬼领着你走。"④ 这些论述都是马克思和恩格斯对《共产党宣言》提出的策略原理的重要补充。

三

在无产阶级建立的统一战线中，农民是最重要、最基本的力量，它是无产阶级最可靠、最直接的同盟者。但在恩格斯写的《共产主义原理》中，还没有提出联合农民的问题。

---

① 《马克思恩格斯选集》第1卷，人民出版社1972年版，第381页。
② 同上书，第381－382页。
③ 《马克思恩格斯全集》第7卷，人民出版社1959年版，第362页。
④ 《马克思恩格斯全集》第8卷，人民出版社1961年版，第443页。

经过1848年的欧洲革命，马克思和恩格斯深感农民问题的重要，在总结革命经验时，马克思指出六月工人起义失败的一个重要原因，就是资产阶级离间了工人和农民及小资产阶级的关系。资产阶级临时政府按照路易·勃朗的理论建立了“国家工厂”，十几万每天领取23苏工资的工人做着枯燥、单调和效率极低的土工，国家工厂成了露天的“英国习艺所”。资产阶级临时政府借此增加农民的税收，并且制造舆论说这些习艺所便是实行社会主义的第一步，故意使社会主义受辱于众人之前。于是“小资产阶级咬牙切齿地盘算着，这班好吃懒做的工人该消耗多少金钱，而他们的境况却一天比一天变得艰难了”①。农民受了地主资产阶级的欺骗，在他们的心目中，国家工厂不过是一个懒汉避难所，“共和国就是四十五生丁税，而巴黎的无产阶级在他们看来就是专靠他们出钱来逍遥享乐的浪费者”②。当法国无产阶级后来被迫仓促发动六月起义时，农民和城市小资产阶级都站在资产阶级一边，4万起义工人在盖尔索济的率领下和25万反动军队孤军奋战，无论盖尔索济是一位多么天才的街垒战者，也无论起义的工人多么英勇无畏，他们在阶级力量和军事力量的对比上已经完全处于劣势，六月起义终于失败了，反动派用血腥的屠杀教育了工人阶级，使他们开始认识到农民问题的重要性。在总结1848年革命经验的《1848至1850年法兰西阶级斗争》和《路易·波拿巴的雾月18日》两书中，马克思对农民的阶级地位及其特性进一步作了深刻的阐述，较完整地提出了工农联盟的理论。

马克思论述了工农联盟的必要性。他指出：对无产阶级来说，农民不仅是一个劳动阶级，一个受剥削受压迫的阶级，而且是一个人数众多的阶级，是一支强大的革命力量，无产阶级不和这个力量强大的农民阶级结成联盟，就不能取得革命的胜利。“若没有这种合唱，它在一切农民国度中的独唱是不免要变成孤鸿哀鸣的。”③ 反之，对农民阶级来说，它只有接受无产阶级的领导，和无产阶级结成联盟，推翻资本主义的统治，才能使自己获得解放。马克思分析说，农民由于他们的经济条件、生活方式、利益

---

① 《马克思恩格斯选集》第1卷，人民出版社1972年版，第410页。
② 同上书，第408页。
③ 同上书，第699页。

和教育程度是共同的，因此他们就形成一个阶级；但另一方面，由于他们彼此是分散的，个体经济，单家独户，缺乏全国性的联系，缺乏全国性的政治组织，好像一袋马铃薯是由袋中的一个个马铃薯集成的那样，所以他们就没有形成一个阶级。他们不能以自己的名义来保护自己的阶级利益。“他们不能代表自己，一定要别人来代表他们。”① 由于法国农民对拿破仑的迷信，于是把路易·波拿巴推上了法国皇帝的宝座，但是“波拿巴王朝所代表的不是农民的开化，而是农民的迷信；不是农民的理智，而是农民的偏见；不是农民的未来，而是农民的过去；不是农民的现代的塞文，而是农民的现代的万弟”②。真正代表农民开化、理智、未来和进步的是无产阶级，农民只有和无产阶级结成联盟，才能获得自己的真正利益，实现自身的彻底解放。

马克思不仅强调了工农联盟的必要，还分析了工农联盟的可能。他指出：农民是一个受剥削、受压迫的阶级，“农民所受的剥削和工业无产阶级所受的剥削，只有形式上的不同罢了。剥削者是同一个：资本”③。因此农民和无产阶级一样，具有推翻资本主义统治的要求，只有资本的瓦解，才有农民地位的提高，只有无产阶级的政府，才能结束他们在经济上的贫困和社会地位的衰落。

另一方面，随着资本主义的发展，农民的状况必将日益恶化，农民的利益必将与资产阶级的利益不可调和地对立，这样农民就必然日益紧密地靠拢无产阶级，并“把负有推翻资本主义制度使命的城市无产阶级看做自己天然的同盟者和领导者”④。

1871 年的巴黎公社革命证明了马克思和恩格斯关于团结小资产阶级和工农联盟理论的正确性。公社之所以能够存在 72 天，其中一个重要原因，就是公社采取一系列措施改善了城市小资产阶级的处境，和他们结成了统一战线。马克思说，正是公社这些“绝妙的措施”，使得“在历史上破天荒第一次，小资产阶级和中等资产阶级公开地团结在工人革命的周围……

① 《马克思恩格斯选集》第 1 卷，人民出版社 1972 年版，第 693 页。
② 同上书，第 694 页。
③ 同上书，第 474 页。
④ 同上书，第 697 页。

他们和工人一起构成了国民自卫军的主体”[1]。而公社失败的一个重要原因，则由于领导公社的布朗基派和蒲鲁东派都不懂得农民问题的重要。尽管公社代表着农民的利益，但公社却没有及时派人到农村去宣传农民和组织农民，等到凡尔赛反动派断绝了巴黎和外界的一切联系之后，一些公社活动家才觉悟到农民问题的重要，于是发表了《告农民书》，但是农民已经无法获悉公社的真实情况，他们完全处于地主资产阶级的欺骗宣传的包围之中。

恩格斯在1894年所写的最后一部著作《法德农民问题》中，回顾和总结了无产阶级在对待农民问题上的经验教训。他指出：除大不列颠本土和普鲁士以东地区，“农民到处都是人口、生产和政治力量非常重要的因素”[2]。但是农民长期对政治的冷漠态度，却成了“巴黎和罗马议会贪污腐化的强有力的支柱，而且是俄国专制制度的强有力的支柱”[3]。地主资产阶级欺骗和争夺农民，激起农民对社会主义工人的怀疑和憎恨，在农民的想象面前，把工人描绘成“均产分子”，妄图侵夺农民财产的“一群懒惰而贪婪的市民”。恩格斯告诫社会民主党，不能心安理得地把农民留在地主资产阶级这群“伪保护者”的手中，“为了夺取政权，这个政党应当首先从城市跑到农村，应当成为农村中的力量”[4]。在这部著作中，恩格斯还提出应当把工农联盟的重心放在小农即小块土地的所有者和租佃者身上，“只要我们搞清楚了我们对小农应有的态度，我们便有了确定我们对农村居民其他组成部分的态度的一切立足点”[5]。

四

1848年革命失败后，欧洲大陆无产阶级所有的党组织和党的机关报刊

① 《马克思恩格斯全集》第17卷，人民出版社1963年版，第599页。
② 《马克思恩格斯选集》第4卷，人民出版社1972年版，第295页。
③ 同上。
④ 同上书，第296页。
⑤ 同上书，第298页。

都被暴力的铁腕所摧毁，但到了20世纪60年代，工人运动又重新高涨起来，当无产阶级强大到足以对统治阶级的政权发动进攻的时候，第一国际便建立起来了。

第一国际是由欧洲工人运动中许多观点极不相同的工人派别联合组成的，一开始它便具有“统一战线”的性质。作为国际发起人的英国工联派和法国蒲鲁东派，马克思果断地接受了他们的邀请，参加了国际的成立大会，并和他的拥护者埃卡留斯等人一道被选进了临时中央委员会。马克思认为，在1848年革命失败带来的工人运动的长期消沉之后，这种联合是十分必要的。他为国际起草的著名的共同章程和成立宣言中，考虑到当时工人运动的实际，为了团结一切可以团结的力量，他没有像《共产党宣言》那样，明确提出共产主义的奋斗目标，也没有提出“消灭阶级、消灭私有制”的口号，更没有提出无产阶级必须走用暴力推翻资本主义统治、建立无产阶级专政的道路。

但是马克思仍然在成立宣言中提出了夺取政权这一无产阶级的伟大使命，指出无产阶级虽然人数众多，但只有组织起来并为知识所指导时，人数才能起决定胜负的作用。马克思认为，新兴的工人运动允许使用旧时勇敢的言辞还需要一些时候，他不能不把他的观点用目前工人水平所能接受的形式表达出来。正因为马克思这样做，第一国际才具有当时那样广泛的规模和强大的阵容。后来，恩格斯总结说：“当马克思创立国际的时候，他草拟的共同章程使当时一切工人阶级社会主义者——蒲鲁东分子、比埃尔·勒鲁分子，甚至英国工联中比较先进的部分都可以参加国际；就是由于国际所容纳的范围这样广泛，它才成为它当时的那个样子，即成为逐步溶解和吸收除无政府主义者外的各个比较小的宗派的一种工具。”① 如果马克思当时不是这样做，第一国际就不会取得如此巨大的成就，马克思主义也不能得到如此迅速的广泛传播。

1848年革命失败后，欧洲无产阶级的许多先进分子在绝望中逃到大西洋彼岸的美国去了，工人运动中另一部分先前的积极分子，受到了暂时增加工资和就业机会的诱惑而变成了“政治工贼”。当1864年建立第一国际

① 《马克思恩格斯全集》第36卷，人民出版社1975年版，第584页。

的时候，信仰马克思主义的人是为数很少的，被称为德国社会主义的科学共产主义者只是一个很小的派别，但是，由于马克思采取了正确的统一战线策略，他作为第一国际总委员会的头脑和灵魂，通过为国际起草的章程、宣言以及总委员会所有的重要文件，通过他和他的拥护者对历次代表大会和代表会议的影响，对各种流派错误观点的批评，伴随着 1867 年《资本论》第 1 卷的出版，马克思的观点和学说迅速为国际无产阶级所认识、理解和熟悉，信仰马克思主义的人日益增多，当 1876 年第一国际正式解散的时候，马克思已被公认为国际工人运动的领袖，马克思主义开始成为国际工人运动的一面旗帜，许多著名的工人活动家都自称是马克思的学生。正如恩格斯指出的："如果我们在一八六四——一八七三年间坚持只和那些公开承认我们纲领的人合作，那末我们现在会处于什么境地呢?"①

马克思和恩格斯长期居住在英国，他们深知英国工联主义者的妥协性，但是他们看到工联是英国工人唯一群众性的组织，在英国有广泛的影响，因此他们始终对工联采取又联合又批评的策略。1865 年 6 月马克思在总委员会上用英文所作的《工资、价格和利润》的报告，从形式上看是对老欧文派韦斯顿的错误观点的批判，从内容上看则是对英国工联主义进行了以理服人的科学剖析，既肯定了工联派"作为抵抗资本进攻的中心，行动得颇有成效"，又指出了工联主义的保守性，认为他们只是反对结果，不是反对产生结果的原因，只是使用止痛剂，不是在消除病根。马克思号召英国工人"应当摒弃'做一天公平工作，得一天公平工资!'这种保守的格言，而要在自己的旗帜上写上革命的口号：'消灭雇佣劳动制度!'"。由于马克思采取的正确策略，第一国际时期，总委员会始终掌握着对工联国际会员的直接领导权，马克思和恩格斯通过总委员会掌握着英国工人运动的"杠杆"。1866 年马克思在给库格曼的一封信中高兴地说："我们终于把一个唯一真正庞大的工人组织，即过去仅仅关心工资问题的英国'工联'吸引到运动中来了。"② 马克思在给恩格斯的一封信中又说道："国际

① 《马克思恩格斯全集》第 36 卷，人民出版社 1975 年版，第 585 页。

② 《马克思恩格斯书信选集》，人民出版社 1962 年版，第 186 页。

协会的伟大成就是：改革同盟已经为我们所掌握，由十二人（资产者六人、工人六人）组成的小组委员会中的工人，全部都是我们委员会的委员（其中有埃卡留斯）。我们已经击败了资产者想把工人阶级引入歧途的一切折衷的企图。"① 这些成就都是马克思采取正确的统一战线策略的结果。

1875 年马克思和恩格斯对德国社会民主党和拉萨尔派合并的问题，也并非坚持反对爱森纳赫派和拉萨尔派联合，他们所反对的是"拿原则作交易"，抛弃科学社会主义的指导思想，放弃自己的独立自主，把自己的组织实际上融合于拉萨尔派的工人联合会中。至于对拉萨尔本人，马克思和恩格斯都始终对他保持公正的分析态度，一方面指出他在理论上的严重错误，一方面肯定他从事工人运动的积极意义，指出他把德国工人运动从十五年的沉睡中唤醒。1864 年拉萨尔死后，恩格斯在给马克思的信中说："你可以想象这个消息使我震动到什么程度。且不论拉萨尔作为一个人，作为作家，作为学者究竟怎样，但作为一个政治家，他无疑是德国最杰出的人物之一。"② 马克思在回信中则对恩格斯说："拉萨尔的不幸遭遇使我在这些日子里一直感到痛苦，他毕竟是老一辈近卫军中的一个，并且是我们敌人的敌人。"③ 马克思、恩格斯对英国的宪章派、欧文派，法国的蒲鲁东派也都采取了既联合又批评的策略，对巴枯宁及其信徒起初也是这样，同他们进行联合，容许他们加入第一国际，后来他们在国际内部公开挑起战争，进行分裂活动，马克思和恩格斯才通过总委员会发布一系列文件来揭露他们的阴谋，并在海牙大会上作出了开除巴枯宁和吉约姆的决定。

五

在建立国际统一战线方面，马克思和恩格斯一直认为被压迫的民族是国际无产阶级最重要的同盟军。1848 年革命时期，他们坚决支持匈牙利、波兰及意大利等国的民族解放运动，第一国际时期，他们始终关注爱尔兰

① 《马克思恩格斯书信选集》，人民出版社 1962 年版，第 184 页。
② 同上书，第 215 页。
③ 同上书，第 217 页。

民族解放运动的命运，他们不知疲倦地反复向英国工人说明，爱尔兰的民族解放是他们自身社会解放的首要条件，为了反对工联派的狭隘民族主义，甚至和工联领导人及其机关报——《蜂房报》发生决裂。他们要求压迫民族中的无产阶级要抛弃资产阶级民族主义的狭隘观念，要坚决支持被压迫民族的解放运动，要和被压迫民族中的进步力量携起手来。后来列宁根据这个思想，提出了“全世界无产阶级和被压迫民族联合起来”这个团结战斗的口号。

马克思和恩格斯关于统一战线的策略原则，首先是以他们对科学社会主义理论和对共产主义理想的坚定信念作为思想基础的。马克思曾经说过：“理论一经掌握群众，也会变成物质力量。理论只要说服人，就能掌握群众；而理论只要彻底，就能说服人。”① 他们坚信自己的理论是彻底的科学理论，一定能得到传播，必然为千百万人民所接受。他们坚持用自己的理论去宣传群众，去说服群众，但从不主张强加于人，他们主张让群众在实践中提高自己的觉悟程度和识别能力。恩格斯甚至这样说过：“愈少从外国把这种理论硬灌输给美国人，而愈多地由他们通过自己亲身的经验（在德国人的帮助下）去检验它，它就愈会深入他们的心坎。”② 同样地，他们坚信资本主义的灭亡和共产主义的胜利是历史发展的必然趋势，但是他们一直认为共产主义的实现是一个长期的艰苦曲折的斗争过程，革命是不能随意制造的，广大群众的共产主义觉悟只有在不断的革命实践中才能逐步提高。因此有些人暂时不能接受科学社会主义理论是可以容忍、可以理解、可以等待的。对不同观点、不同派别的人只要不是死心塌地地为反动统治阶级效劳的都应当联合、应当团结，不能仅仅只和公开拥护自己观点的人一道孤军奋战。

其次，马克思和恩格斯始终认为，无产阶级的策略必须从客观的实际情况出发，既要有原则的坚定性，又要有策略的灵活性。在共产主义者同盟时期，他们批判维利希和沙佩尔的“左”倾机会主义时，就曾强调过共产党人必须坚持唯物主义的观点，必须从现实的关系出发，不能把意志描

① 《马克思恩格斯选集》第1卷，人民出版社1972年版，第9页。

② 《马克思恩格斯全集》第36卷，人民出版社1975年版，第584页。

绘成革命中主要的东西，不能“用革命词句代替实际的革命发展”①。后来恩格斯在谈到美国的统一战线问题时又指出：“我们的理论是发展的理论，而不是必须背得烂熟并机械地加以重复的教条。”② 他们认为马克思主义的政党完全可以与其他非马克思主义的政党和派别团结合作。“我认为，我们的全部实践已经表明，可以在无产阶级普遍性的运动的各个阶段上同它进行合作，而无需放弃和隐瞒我们自己的明确立场甚至组织。”③ 恩格斯在《法德农民问题》一书中，甚至提出无产阶级对待大农（富农）的政策，也都可以根据夺取政权后的实际情况来决定，如果这些“顽固头脑”在实践中学到了乖，无产阶级也将拒绝对他们采取暴力剥夺的办法。

最后，无产阶级不但要解放自己，而且要解放全人类，如果不解放全人类，无产阶级就不能最后得到解放。恩格斯在《共产党宣言》1883 年德文版序言中指出，被统治阶级和统治阶级的斗争“现在已经达到这样一个阶段，即被剥削被压迫的阶级（无产阶级），如果不同时使整个社会永远摆脱剥削、压迫和阶级斗争，就不再能使自己从剥削它压迫它的那个阶级（资产阶级）下解放出来”④。因此无产阶级应当高瞻远瞩、胸怀博大，同全世界一切进步的、民主的力量真诚合作，为自己的解放和全人类的解放共同奋斗。

（原载于《思想战线》1985 年第 2 期）

① 《马克思恩格斯全集》第 7 卷，人民出版社 1959 年版，第 617 - 618 页。
② 《马克思恩格斯全集》第 36 卷，人民出版社 1975 年版，第 584 页。
③ 同上书，第 585 页。
④ 《马克思恩格斯选集》第 1 卷，人民出版社 1972 年版，第 232 页。

两种不同社会制度下的选举制

一、历史上的选举制

选举作为挑选和推举领袖与官吏的民主方式，在很古老的时候便已出现。恩格斯在《家庭、私有制和国家的起源》一书中，谈到希腊人、罗马人的氏族及美洲易洛魁人的氏族，其首领都由氏族成员民主选举产生，氏族中无论男女均享有平等的选举权利。

希腊人的氏族进入阶级社会后，在巴尔干半岛建立了政体各异的许多城邦国家，其中，雅典是强大而最富有活力的国家之一。雅典在梭伦和克里斯提尼改革后，贵族势力受到巨大打击，到了伯里克利时期，达到了以奴隶制为基础的平民民主政治的高峰。雅典的官吏最初都由选举产生，但选民和候选人均有财产等级资格的限制，伯里克利执政前夕，取消了这种限制，除军官和司库官之外，上至执政官，下至一般官吏，都在年满30岁的公民中抽签产生，并且规定各级行政官吏任期一年，不得连选连任。

雅典之所以用抽签代替投票，是因为投票易于被有钱有势的人操纵，有钱有势的人可以进行贿赂，收买选票，网罗势力，对选举人施加压力，因此一般自由平民均赞成抽签而反对选举。抽签的办法依靠偶然性的选择，不问智力和才能的优劣，不问是否宜于担任国家领导职务，公民机会均等，大家都有当官执政的可能。因此，亚里士多德认为："就任用行政人员而论，拈阄（抽签）法素来被认为属于平民性质，选举法则属于寡头性质。"① 雅

① 亚里士多德:《政治学》，商务印书馆1965年版，第201页。

典的五百人议会是常设的国家政府机构，亦由年满 30 岁以上的公民抽签选出，不得连选连任，因此对于只有两万自由民的雅典，几乎每个公民都有机会当选议会成员。议会设主席团，主席团设主席一人，每天早上由抽签决定，任职一天一夜，他负责主持主席团的工作，是实际上的国家元首。这样，雅典一年便有 300 多个元首，而不少公民都可以轮流做元首。雅典这种天天更换元首，而事实上并无元首的状态，以及由公民大会决定国家一切重大问题的做法，在伯里克利时代后，便日益显露出它的弊病，舌辩之士以及一些具有政治野心的人，不顾国家安危，合纵连横，拉帮结伙，联甲到乙，操纵公民大会，使大会作出了许多错误的决定。这种直接民主的办法成为雅典衰落的重要原因之一。

罗马共和国时期，一切官吏也由选举产生。但选举高级官吏和决定国家主要法案的森都里亚民众大会，受元老院的直接控制，选民按照财产标准被划分为若干等级，官吏的候选人名单要由元老院提名，森都里亚大会只能表示同意或否决元老院的名单，不能另提他人。竞选制亦始于罗马，但参加竞选的人首先要获得元老院的提名，并需支付大笔费用，通过举办各种演出，笼络和贿买选民，甚至定出选票价格，分发食品予游手好闲的“无产者”以取得他们的支持。所以罗马共和国的高级官吏只能由拥有大量财富的贵族担任，一般自由平民既不可能被贵族组成的元老院提名，也无力支付大宗竞选费用。

西方在进入封建社会后，由于征服西罗马帝国的日耳曼人还处于氏族社会的末期，保留着许多氏族民主制的习惯残余，在与封建制度结合以后，在政治上便形成了一种特殊的封建贵族民主制。英吉利王国建国初期，国王在相当长的时期内都由贵族选举产生，不得世袭。在法兰克王国分裂后建立的法兰西王国，由贵族和僧侣组成了封建主代表会议（库里亚会议），自公元 887 年加洛林王朝最后一个国王胖子查理被废以后，直到 13 世纪，历届国王实际上均由库里亚会议选举产生。

15 世纪后，随着资本主义经济的发展和资产阶级的兴起，国王借助资产阶级的力量和贵族抗衡，世袭的君主专制制度才逐渐形成，但为时都不是很长。英国资产阶级革命后，建立了近代资产阶级的代议制政府，其选举制度亦在资产阶级反封建的斗争中和工人阶级反对资产阶级的斗争中逐步获得改革。

英国国会早在1265年便已建立，参加国会的有高级僧侣和大贵族，这是不需经过选举的当然代表，此外固定由各郡选举两名骑士代表，各大城市选举两名市民代表参加，选举人均有较高的门第和财产资格限制。1343年，国会分裂为上下两院，国会权力亦日益扩大。英国资产阶级革命胜利后，随着资本主义经济的发展和新兴工商业城市的兴起，按城市分配代表名额的不合理性日趋明显，资产阶级和小资产阶级要求改革选举制度的呼声日益高涨，迫使国会于1832年通过了第一个选举改革法案。根据这一法案，56个衰落的城镇被剥夺了代表选举权，30个城镇被剥夺了一个代表席位，这些席位被分配给人口较多的工业城市。1832年法案还降低了选民财产资格限制，使部分城市中产阶级和农村中等土地所有者获得了选举权。但广大劳动人民和小资产者仍无选举权。

1837年，英国伦敦工人协会发动了争取普选权的“宪章运动”。这个有近五百万工人参加的，被列宁称为世界上第一次广泛的、真正群众性的、政治性的无产阶级革命运动，经过11年的斗争，虽以失败而告终，但争取普选权的斗争却并未停止。第一国际建立后，在它的支持下，英国工人争取普选权的斗争再度高涨，迫使英国国会于1867年再次通过选举改革法案，把农村选民的财产资格限制由15英镑降低为12英镑。在城市，凡居住一年以上，每年交纳房租不低于10英镑的成年公民，都获得了选举权。1872年，公开投票改为秘密投票。1884年，再度降低选民财产资格标准，但工人阶级的普选权要求仍未实现。俄国十月革命胜利后，英国工人争取普选权的斗争再度高涨，议会于1918年又一次进行选举改革，通过了《人民代表选举法》，进一步降低选民财产标准，部分英国妇女（大学毕业，年满30岁，本人有年收入5英镑以上的土地或住房，或其丈夫有此种资格者）获得了选举权。后来在人民群众的斗争下，选举制度一再进行改革。1928年，英国妇女取得了和男子完全同等的选举权。二次大战后，1948年废除了部分特殊公民享有的一人多票的“复票权”。1969年，18岁以上的英国男女公民才得到了普选权。英国资产阶级革命后，人民群众争取改革选举制度的斗争，经过了两百多年的艰苦历程，工人阶级争取普选权的斗争，从宪章运动开始，亦整整经历了130多年。与此同时，美国于1971年，法国于1974年，18岁以上的公民均相继获得普选权。

马克思和恩格斯曾经指出，在资本主义制度下，争取普选权的斗争按其性质来说属于资产阶级民主运动的范围，它并不能使无产阶级从资本主义制度的统治下解放出来，但是选举制度的改革，可以进一步清除封建专制和封建等级制度的残余，有利于无产阶级政治觉悟的提高，有利于无产阶级检阅自己的力量，并可以为无产阶级反对资本主义的斗争创造条件。恩格斯在《法兰西阶级斗争》一书的导言中曾把普选权称为无产阶级“最锐利武器中的一个武器”，他批评拉丁语系各国工人简单地把选举权视为一个“陷阱”，视为政府的“欺骗工具”。他说他和马克思在《共产党宣言》中早已宣布过，争取普选权，争取民主，“是战斗无产阶级的首要任务之一”①。在《家庭、私有制和国家的起源》一书中，恩格斯又指出：“普选制是测量工人阶级成熟性的标尺。在社会的国家里，普选制不能而且永远不会提供更多的东西，不过，这也就足够了。”②

二、资本主义各国选举制的主要缺陷

列宁指出：“民主是一种国家形式，一种国家形态……民主意味着在形式上承认公民一律平等，承认大家都有决定国家制度和管理国家的平等权利。”③ 在雅典式的民主制下，人们是通过公民大会及抽签选举的办法来运用这一权利的。在共和制下，人们则通过选举代议机关和政府首脑来参与管理国家的工作。在近代，资本主义各国均采取共和制的形式。共和制以代议为其特点，列宁说过：“如果没有代议制机构，那我们就很难想象什么是民主，即使是无产阶级民主。”④ 代议制机构是由代表组成的，代表是由选举产生的，受选民委托的，因此选举是实行代议的基本原则。自然，选举不能概括民主的全部内容。列宁在讲到巴黎公社时曾经说过，公

① 《1848—1850年法兰西阶级斗争》单行本，第12－13页。

② 《马克思恩格斯选集》第4卷，人民出版社1972年版，第169页。

③ 《列宁选集》第2卷，人民出版社1972年版，第257页。

④ 《列宁选集》第3卷，人民出版社1972年版，第211页。

社的民主制“除了实行选举制度以外，还可以随时撤换，还可以把薪金减到工人平均工资的水平，并且还以‘同时兼管立法和行政的工作机构’去代替议会式的机构”，“不仅自己来参加投票和选举，而且自己来参加日常管理”①。但选举制应当是民主的基本内容。

资本主义各国的选举制，在人民群众的长期斗争中，虽已获得不断改革，但由于资本主义是建立在私有制基础上的，经济上的不平等必然影响政治，影响民主和选举，使其选举制带有无法克服的缺陷。形式上平等的、普遍的、公正的选举，实际上仍是不平等、不普遍、不公正的选举。其缺陷主要是：

（一）劳动人民的代表极难争得提名，参加竞选

目前资本主义各国的国会成员、州市长及总统的选举，除政党提名外，形式上亦允许个人提名，但实际上，个人如无较大政党的支持，虽能提名，却无法参与竞选。特别是广大劳动群众，由于候选人条件的种种限制，只能消极地充当选举人而无法取得候选人资格。在美国，年满 18 岁的公民一般均有选举权，但作为参议员的候选人，则必须年满 20 岁，作为美国公民已满 9 年，当选时是选出州的居民。但如无当地财团及民主党或共和党的支持，便无法参加竞选。美国在选举制度上，对参加竞选的新政党规定了特别严格的限制。同时美国竞选运动费用浩大，1980 年的总统竞选费用达 8 亿美元之巨。其他许多国家则实行候选人保证金制度，这种制度要求每个议员候选人均须交纳一笔巨额的保证金，若选举结果得票不足一定数额，保证金由国家没收。英国议员候选人的保证金为 150 英镑，法国为 1000 法郎，日本众议员为 1000 美元、参议员为 2000 美元。这种制度实际上也是利用财产限制把劳动人民代表尽量排斥于竞选之外。

（二）当选的议员和行政官吏必须按照资产阶级的意志办事

资产阶级控制议会和政府的办法，除在竞选中出钱支持自己中意的代理人外，在选举获胜后，仍继续利用电视、电台、报刊等舆论工具及走廊

① 《列宁选集》第 3 卷，人民出版社 1972 年版，第 271－272 页。

议员（罗比分子，Lobbyist）对议员和行政官吏施加压力和影响，使他们必须遵循资产阶级的利益办事。资本主义各国，舆论工具均为各财团所控制。美国作家马克·吐温所写《竞选州长》一文，虽属夸张，但亦不无事实根据。美国建国初期，杰出的政治家和思想家杰斐逊就曾这样说过："我国的报纸恃其造谣中伤的无耻行径，比拿破仑发明的一切镣铐更有效地摧毁了报刊的功用。"① 而今日所谓罗比分子，为各垄断组织控制的"院外活动集团"所雇佣，专事对议员施加影响，甚至收买议员或进行幕后交易，以阻挠不利于各垄断组织的提案的通过，或帮助有利于各垄断组织的提案的通过。

（三）选民实际上无权监督和撤换议员及当选的行政官吏

列宁指出，完备的民主制不仅应当实行选举制，而且应当实行人民对官吏的监督和"随时撤换制"。资本主义各国，当选后的议员立即可以获得巨额的高薪及各种特权，身价百倍，人民群众事实上无权对其监督，更谈不上随时撤换。美、英、法等各国均规定，议员除现行犯罪者外，开会期间均不得被逮捕，对违法失职的议员，除经议院三分之二以上票数同意，不得撤销议员资格。这种办法，就保障议员的言论自由，使其能充分代表选民意愿这一点来说，是非常必要的，但资本主义各国议员，利用职权，收受贿赂，以权谋私，进行幕后交易者不少，而经议院表决撤销其职务的几乎是没有的。

（四）利用对选民资格的各种限制和计票办法的各种不合理规定，保证资产阶级代表在国会中始终占据优势

目前资本主义各国对选民资格的明显限制，一般虽已取消，但有的地区仍留了许多变相限制，特别是财产资格限制。如美国的马萨诸塞、新罕布什尔、缅因等州均规定，占有一定面积土地或纳税不少于500元的人才有选举权。有的州则规定，领取失业救济金和社会救济金的人不得参加选举。至于其他各国，如澳大利亚有三州规定，只有土地所有者才有选举

① 《杰斐逊文选》，商务印书馆1963年版，第32页。

权。一些国家对于选民资格，除财产标准外，还有居住年限、教育资格、职业及品行资格等许多限制。此外，许多国家在选区划分、计票等方法上，也总是采取有利于资产阶级保守党的办法，竭力排斥进步的中小政党。

列宁曾经说过："如果仔细考察一下资本主义民主的结构，那末无论在选举法'细微的'（似乎是细微的）条文上（居住年限、妇女被排斥等等），或是在代议机构的办事手续上，或是在行使集会权的实际障碍上（公共的集会场所不准'叫化子'使用），或是在纯粹按资本主义原则办报等等事实上，到处都可以看到对民主的重重限制……这些限制加在一起，却把穷人排斥和推出政治生活之外，使他们不能积极参加民主生活。"① 列宁认为，民主共和制是资本主义所能采用的最好的政治外壳。资本家能利用这一外壳十分巩固地确立自己的权力，能利用民主的形式来欺骗人民，并且能"把民主局限为民主的选举，局限为有权把代表而又镇压人民（马克思的极中正确的说法）的人派到社会中去"②。

三、社会主义选举制的特点及其不断完善的必然趋势

从马克思主义的观点看，选举作为实现民主的手段之一，属于政治范畴，是社会的上层建筑，它的性质和目的均取决于社会经济基础，并为维护经济基础服务。因此，社会主义的选举制和资本主义的选举制有着本质的区别。社会主义的选举制体现人民当家作主的意愿，是广大人民选择人民代表和社会公仆的一种民主方式，为维护社会主义制度服务。而资本主义的选举，则是资产阶级选择自己代表和官吏的方式，为维护资本主义制度服务。从历史看，资本主义的选举制，已经有了几百年的历史，一方面，它在无产阶级和广大人民的斗争下，不得不扩大选民的范围，改进选

① 《列宁选集》第3卷，人民出版社1972年版，第246页。
② 《列宁全集》第24卷，人民出版社1957年版，第153页。

举的程序，取消对选民的许多限制；另一方面，资产阶级也总结了不少经验教训，千方百计使选举制既能保证资产阶级的代表在议会和国家行政首脑机关中始终保持优势，又能迷惑人民群众，使之成为掩饰资本主义剥削制度本质的一面屏风。社会主义的选举制虽然在本质上体现了大多数人民当家作主的意愿，但它的建立为时不长、缺乏经验，人民民主意识的提高，民主习惯的培养，社会民主风气的形成，亦需要时间，因此社会主义的选举制，也需要各国根据自身的国情，在社会主义民主建设的实践过程中逐步改进和完善。

马克思和恩格斯生前所看到的无产阶级政权雏形的巴黎公社，是由巴黎人民直接选举产生的新型政权。马克思十分赞扬公社的选举，认为从来没有过在选拔上这样认真仔细的选举，也从来没有过这样充分地代表着选举他们的群众的代表。他说："普选权在此以前一直被滥用，或者被当作以议会方式批准神圣国家政权的工具，或者被当作统治阶级手中的玩物，只是让人民每隔几年行使一次，来批准议会制的阶级统治（选择这种统治工具）；而现在，普选权已被运用于它的真正目的：由各公社选举他们的行政和创制法律的公职人员。"① 但是公社只存在 72 天便被凡尔赛反动派镇压了，公社的选举仅仅只进行过一次，公社民主选举制的经验和细节还未能充分展现给世界各国的无产阶级和人民，各国人民只能从公社短暂的实践中看到无产阶级选举制的本质特征，如何学习公社的经验还需要各国无产阶级根据自己的国情在实践中认真探索。

十月革命前夕，列宁在《国家与革命》一书中，曾充分肯定过公社选举制的优点，认为俄国无产阶级在夺取政权后，应当效法公社，不仅应推行普遍选举制，而且要让全体人民来参加国家管理。他说："在社会主义下，'原始'民主的许多东西都必然会复活起来，因为人民群众在文明社会史上破天荒第一次站起来了，不仅自己投票参加选举，而且自己来参加日常管理。在社会主义下，所有的人将轮流来管理，因此很快就会习惯于不要任何人来管理。"② 在《国家与革命》一书中，列宁提出了一个极重

① 《马克思恩格斯选集》第 2 卷，人民出版社 1972 年版，第 414 页。

② 《列宁选集》第 3 卷，人民出版社 1972 年版，第 272 页。

要的思想，即社会主义必须实行“高度的民主”①。认为只有这样才能彻底根除官僚主义，“使所有的人暂时都变成‘官僚’，因而使任何人都不能成为‘官僚’”②。但在十月革命胜利后，面对严峻的阶级斗争现实，列宁并没有能够实现他效法巴黎公社和建立高度民主的设想。列宁十分了解选举只能为维护和巩固社会主义制度服务，他没有像巴黎公社革命后的国民自卫军中央委员会那样，放弃了彻底消灭梯也尔反动派的极好时机来组织巴黎市民的选举。列宁甚至坚决解散了根据十月革命前夕提出的候选人名单普选出来的“立宪会议”，并坚决把立宪民主党和社会革命党右翼排斥于社会主义的民主选举之外。1922 年病重以前，他强调的主要方面是无产阶级专政是高度集中，是严格的纪律而不是民主。但列宁逝世前夕，他已深感发扬民主和实行群众的监督的重要，他提出改组工农检察院和精简整顿国家机关的任务，可是他来不及进行社会主义民主建设便与世长辞了。斯大林时期，由于国际环境的复杂和国内阶级斗争的扩大化，社会主义民主及其选举制也没有得到完善。

新中国成立后，在 30 多年的民主建设过程中，走了很长的一段弯路。党中央总结新中国成立以来社会主义建设的经验教训，得出一个重要结论，即新中国成立以后对民主政治建设重视不够，是许多错误产生的重要原因之一，是“文化大革命”得以发生的一个重要条件。因此党的十一届六中全会和十二大提出，把“努力建设高度的社会主义民主”作为新时期的根本任务确定下来。

努力建设高度的社会主义民主首先必须加强国家各级政权建设，使各级人民代表大会及其常设机构成为有权威的人民权力机关，这就必须保证全国人民代表大会和地方各级人民代表大会的代表都由民主选举产生，对人民负责，受人民监督。1979 年第五届全国人大二次会议通过的《中华人民共和国全国人民代表大会和地方各级人民代表大会选举法》，是健全社会主义选举制的一部重要法规。选举法规定了中华人民共和国年满 18 岁的公民，不分民族、种族、性别、职业、家庭出身、宗教信仰、教育程

① 《列宁选集》第 3 卷，人民出版社 1972 年版，第 89 页。

② 同上书，第 266 页。

度、财产状况和居住年限，都有选举权和被选举权，这一规定打破了资本主义各国对选民的各种限制，从法律上承认了人民群众真正的普选权。

选举法从我国的实际出发，规定了直接选举与间接选举相结合的办法，即全国人民代表大会的代表，省、自治区、直辖市及设区的市、自治州的人民代表大会的代表，由下一级人民代表大会选举。不设区的市、市辖区、县、自治县、乡、民族乡、镇的人民代表，由选民直接选举。各政党、各人民团体，可以联合或单独推荐候选人。选民或代表，10 人以上联名，也可以推荐代表候选人。选举法规定实行差额选举制，即代表候选人名额应多于应选代表的名额，使选举更加民主。选举程序的规定亦更为完备，同时还规定了对代表的监督、罢免和补选办法；对归侨和少数民族的照顾原则；选举经费一律由国库开支的原则等，体现了社会主义民主制的优点。

但有的青年同志急于要求扩大直接选举的范围，提出要由群众直接选举全国人民大会代表，直接选举国家的领导人，直接选举学校和各级政府机关的领导人，这是脱离我国当前实际的。直接选举范围的逐步扩大，是社会民主建设发展的必然趋势，但是应当看到，选举既然属于政治范畴，它必然要受到社会经济和人们思想文化的制约。民主意识、民主习惯、民主空气的形成，民主化发展的程度，都离不开一定的社会历史条件和政治、经济、思想的因素。世袭君主制占据了中国 3000 多年的历史，近代中国又沦为半封建半殖民地国家，我们党在领导新民主主义革命的斗争中，虽然逐步形成了自己的民主传统，新中国成立后，逐步建立和发展了社会主义民主制和选举制，但在十年“文革”中，又遭到了巨大破坏。十一届三中全会以来，党中央十分注意民主建设，对保障党内外的民主权利作了一系列重要的规定。但选举归根结底不是目的，作为实现人民当家作主的手段之一，它必须从实际出发，有利于选择民意代表和社会公仆，有利于社会主义制度的巩固发展，有利于社会的安定团结，有利于调动大多数人的社会主义积极性，有利于社会主义政治生活的健康发展。

建设高度的社会主义民主，是党中央为全国人民提出的奋斗目标，随着社会主义建设事业的发展，我国社会主义民主化的程度必将扩大，选举制亦必将进一步改进和完善。这首先有赖于全体人民社会主义民主意识的增强，因为选举制的健全和完善必须是以广大人民的民主意识的培养为其基本条件的。当前，许多干部和群众对民主的认识仍极为模糊。例如不少人把民主意识仅仅看作是对民主权利的任意的、随心所欲的应用，认为民主是“我爱选谁就选谁!”“我爱怎么干就怎么干!”选举时，一些人随意弃权，有的任意乱画选票，把严肃的选举变为庸俗的玩笑；有的把滥用民主权利、起哄乱闹看成是民主意识的增强，这是对民主权利和民主意识的极大误解。从本质来说，民主意识应当是人民群众当家作主的主人翁的自觉性，是社会主义公民的政治责任心。近代西方一些思想家早已认识到，对公民来说，选举与其说是“权利”，不如说是“责任”。无记名投票虽为各国所采用，但亦有其优点和缺点。其优点是，可以使选民免除外在的威胁，消除顾虑，保障个人按照自己的意志行使权利；其缺点是不受公众的监督，一些人可以不负责任，甚至滥用权利。克服这一缺点的方法，只能是在民主的实践中，提高人民的社会主义觉悟，加强对公民政治责任心的教育。马克思称赞的巴黎公社的民主选举之所以进行得如此认真，是因为巴黎的无产阶级具有高度的革命觉悟，他们有过长期的资产阶级民主选举的实践，对民主选举有较深刻的认识，因此他们不仅仅是把公社的选举看作自己的权利，而是真正看作自己的公民义务和责任。

其次，民主建设的发展有赖于广大人民群众教育文化程度的提高。公民要正确应用自己的民主权利，要对代表和干部进行监督以致罢免，需要较高的理解能力和判断能力，即需要有一定的文化知识素养。列宁曾经指出，建设社会主义政权，必须提高全民的科学文化，特别是广大农民的文化水平。他指出，对广大农民来说，仅仅要求他们识字是远远不够的，他们必须能够阅读书籍报刊，阅读党和国家的文件，必须关心党和国家的政治生活，注意干部的工作情况。对以权谋私、违法乱纪者不仅不予选举，而且敢于大胆揭露和告发。这就需要大力发展教育事业，需要在民主建设的长期过程中，在和各种不良风气的斗争中，培养民主习惯，形成民主的社会风气，这样才能为直接民主范围的扩大创造条件。

当前的重要问题是，为了加强民主建设，我们党的各级干部必须认真学习党和国家的民主法规，培养民主的作风，尊重党内外群众的民主权利，严格按照党章和国家制定的选举法规和民主程序办事，自觉接受人民的监督。在选举中，自觉接受人民的选择和检验。任意损害和剥夺人民民主权利的做法，不仅应当受到公众舆论的谴责，情节严重者，还应当受到党纪国法的制裁。

总的来说，选举作为挑选领袖及推举代表和官吏的方式，在氏族社会便已出现。在阶级社会中，它曾为不同的阶级服务，它本身不是目的，它只能服从阶级统治的需要和目的。在剥削阶级社会中，剥削阶级利用选举制为维护自身利益挑选代表和官吏；在社会主义制度下，选举制也必须服务于、有利于挑选优秀的人民代表和干部这一目的。社会主义选举制的建立为时不长，广大干部和群众还需要在民主的实践中进行学习和训练。但我们坚信，随着社会主义整个建设事业的发展，社会主义的选举制必将在民主化的进程中进一步完善。随着广大人民思想文化素质的提高和民主意识的增强，直接选举的范围必将扩大，人民群众当家作主的积极性必将进一步提高，中国必将成为高度民主、高度文明的现代化的社会主义国家。

（原载于《思想战线》1989 年第 4 期）

民主社会主义的思想由来及其基本观点

民主社会主义是近现代西方广泛流行的一种政治思潮，是当前西方资本主义各国社会民主党、社会党和工党的思想体系。当代民主社会主义是在二次大战前的社会民主主义思潮的基础上发展演变来的。

民主社会主义的发展，已有一个半世纪的历史，但是它从产生时期开始，使用的名称就不十分一致，至少有过三种不同的提法，即民主主义的社会主义、社会民主主义和民主社会主义①，提法虽然不同，但当时所谓的派别和思想是大体相同的，起初主要指某些空想社会主义者、小资产阶级社会主义者和资产阶级社会主义者。

最早使用过“民主主义的社会主义”这个概念是“德国的真正社会主义”者卡尔·格律恩，他曾把圣西门的空想社会主义称之为“民主主义的社会主义”。接着，恩格斯在1847年写的《共产主义原理》这一早期的无产阶级纲领性文献中，也使用过“民主主义的社会主义”这一名称来泛指小资产阶级社会主义者和空想社会主义者。恩格斯还指出，民主主义的社会主义者的错误在于，他们不是把民主主义的措施作为把社会引向共产主义的过渡办法，而是把它作为足以消除资本主义苦难的根本措施，这就是他们与共产主义者的原则分歧。

在《共产党宣言》中，马克思和恩格斯运用阶级分析的方法，对当时

① 有人说，“民主社会主义”这个概念是伯恩施坦最早使用的，这不确切。早在《共产党宣言》和《1848—1850年的法兰西阶级斗争》中，马克思和恩格斯在谈到社会主义者和社会民主党时，有的地方便又把他们称之为“民主社会主义者”或“民主社会主义党”。参见《马克思恩格斯选集》第1卷，人民出版社1972年版，第285页；《马克思恩格斯全集》第7卷，人民出版社1959年版，第67页。

五花八门、形形色色的社会主义派别进行了批判。在第四章谈到共产党人的策略时，指出法国存在着一个“社会民主党”，瑞士则存在着一部分“法国式的社会主义者”。后来恩格斯对此作了一个重要的注，指出：“在1848年革命时期，法国社会民主党在政治上的代表是赖得律·洛兰，在理论上的代表是路易·勃朗，在报纸方面的代表是改革报。”

在法国，社会民主党的产生及其在1848年革命过程中的政治倾向性，马克思在《1848—1850年的法兰西阶级斗争》和《路易·波拿巴的雾月十八日》两部著作中有过详细的论述。最重要的是指出了：这个党要求民主主义不是为了要消灭资本主义社会的两极——资本和雇佣劳动，而是为了要缓和资本与雇佣劳动之间的矛盾并使它们调和起来，他们要用民主主义的方法改造社会，但是这种改造始终不超出小资产阶级的范围，他们不是把民主主义的要求作为解放无产阶级的手段，而是把它作为无产阶级斗争的目的，并且始终回避了一个最根本的问题，即废除资产阶级私有制。

1848年后，欧洲工人阶级经过15年的沉寂，1864年又重新联合起来建立了国际工人协会即第一国际。第一国际时期，法国的蒲鲁东派曾自称为社会民主主义者，德国的拉萨尔派也自称为社会民主主义者，并且创办了《社会民主党人报》。

不久，具有马克思主义倾向的奥·倍倍尔和威·李卜克内西领导的部分工人组织，从拉萨尔派中分裂出来，1869年在爱森纳赫城召开代表大会，建立了一个独立的工人政党，取名为德国社会民主工党，在它的影响下，欧美各国在19世纪70—80年代相继建立了类似的政党，大多数取名为“社会民主党”或“社会民主工党”。

这个时期，马克思和恩格斯虽然在实际上指导和支持德国社会民主党的活动，但他们鉴于各国社会民主党的成分十分复杂，既有民主主义者，也有社会主义者，既有蒲鲁东派，也有拉萨尔派，因此后来恩格斯指出，当时他们十分注意“处处不把自己称做社会民主主义者而称做共产主义者”①。并且指出：“对马克思和我来说，用如此有伸缩性的名称来表示我

① 《马克思恩格斯全集》第22卷，人民出版社1965年版，第489页。

们特有的观点是绝对不行的。”①

随着马克思主义的日益传播，在工人运动中成为公认的指导思想，到了19世纪90年代，社会民主主义实际上被人们看成马克思主义的同义语。当时各国的社会民主党以及在恩格斯指导下建立的第二国际，实际上也是拿马克思主义作为自己纲领和策略的理论基础的。因此1894年恩格斯说：“现在情况不同了，这个词也许可以过得去，虽然对于经济纲领不单纯是一般社会主义而直接是共产主义的党来说，对政治上的最终目的是消除整个国家因而也是消除民主的党来说，这个词是不确切的。”②

后来列宁也反复说过：民主是一种国家形态，一种国家形式，民主和国家一样是要消亡的。对共产党人来说，民主不是自己的最终目的，只有共产主义才是自己的最终目的，因而使用“社会民主党”作为无产阶级政党的名称归根结底是不恰当的。

1895年恩格斯逝世后，修正主义思潮在第二国际各国社会民主党内泛滥起来，修正主义者反对马克思主义的阶级和阶级斗争学说，否定社会主义取代资本主义的历史必然性，反对暴力革命和无产阶级专政理论，反对坚持无产阶级政党的革命性和阶级性，鼓吹通过合法的、改良的、阶级合作的途径使资本主义和平步入社会主义。1914年第一次世界大战爆发，被修正主义者把持的各国社会民主党纷纷支持帝国主义战争并堕落成为社会沙文主义者。列宁认为，社会民主党已经被修正主义者玷污，社会民主主义实际上已经成为修正主义或右倾机会主义的同义语。

十月革命胜利后，根据列宁的建议，1918年俄国党第七次代表大会决定把“俄国社会民主工党（布尔什维克）”改名为“俄国共产党（布尔什维克）”，在俄国共产党的影响、推动和帮助下，许多国家社会民主党中的左翼，先后与右翼控制的社会民主党实行决裂，建立了共产党，在此基础上，1919年成立了第三国际即共产国际。1920年共产国际第二次代表大会通过了列宁起草的加入共产国际的条件，从思想上、政治上和组织上严格划清了社会民主主义与共产主义的界限，从此社会民主主义与共产主义

① 《马克思恩格斯全集》第22卷，人民出版社1965年版，第490页。

② 同上。

就成为国际工人运动中完全对立的两大政治派别，社会民主主义就成为修正主义、改良主义和右倾机会主义的代称。

在俄国十月革命时期和苏维埃政权建立后，社会民主党的右派和中派极力用社会民主主义的思想体系与共产主义和列宁主义相对抗，反对列宁关于无产阶级专政的理论与实践，他们中的理论家明确提出了“民主社会主义”这一概念来取代“社会民主主义”，借以突出他们的社会主义是“民主”的，暗示苏维埃国家是不民主的，是他们所谓的“恐怖的专制”。

二次大战后，西欧各国社会民主党人相继恢复活动，1944 年英国工党提出重建和恢复社会党国际。同时，英国工党第三届政府正式宣布该党将推行民主社会主义制度，这就标志着民主社会主义不仅作为一种理论体系，而且作为一种实践的政治制度的开始。1946 年 19 个国家的社会党召开代表大会，建立了一个常设机构——“社会党通讯和情报局”。1951 年各国社会党在法兰克福举行代表大会，正式通过了重建社会党国际的决定，并且通过了《民主社会主义的目标与任务》的国际纲领（简称《法兰克福宣言》），从此民主社会主义就成为当代各国社会民主党的基本纲领和思想体系的固定用语，它的内容与过去的社会民主主义相比，也有了新的变化和发展，概括如下。

一、政治上主张资产阶级自由主义，把建立所谓自由社会作为其奋斗目标

《法兰克福宣言》明确宣称：社会党国际的奋斗目标是要“以民主的方法建立一个自由的新社会”，即主张通过所谓民主的议会斗争方式，和平取得政权，对社会继续进行资产阶级自由主义的改造。《法兰克福宣言》还说，民主社会主义的目的是“在给予人民经济及社会保障和不断提高福利的基础上，扩大个人的自由”。所谓扩大个人的自由，就是主张实行普遍的、平等自由的选举权，建立多党轮流执政的自由主义政治体制，实现所谓“权力的多中心”。

“权力的多中心”是发达资本主义国家用以标榜自由、民主的一个政

治口号，也是适应资产阶级不同利益集团不同要求的一种政治体制。但权力的多中心并不能改变资本家统治的性质。美国加州大学教授威廉·多姆霍夫在《当今谁统治美国?》一书中写道，如果有人提出“谁在统治美国?”这个问题，那么答案可能是：利益集团、官吏和一般人民。但事实上并非这样，“与这种多元论的权力观相反”，“在美国有一个上层阶级，那就是凭借其在经济上和政府里的支配作用统治美国的统治阶级”，“这个统治阶级在社会上紧密勾结，在大公司和银行中有其基础，它在形成社会和政治气候方面起着重大作用，并通过各种各样的组织和方法支配着联邦政府”，这个阶级就是美国的垄断资产阶级。他们才是国家权力的真正中心。

民主社会主义者还提出，共产党人把社会主义理解为国有制和中央计划，而民主社会主义者则把社会的民主化作为社会主义的定义，所谓社会民主化即民主向社会各个领域的逐渐扩展，这种扩展是无产阶级性的、普通的、一般的。

马克思主义认为，民主问题首先是国家制度问题，作为国家制度的民主是有阶级性的。资产阶级民主比之于封建专制虽然是一个巨大的进步，但在资本主义私有制下，资产阶级所标榜的民主，民主社会主义者所倡导的普遍的、平等的民主，实际上都只是占有生产资料的“资产阶级的主权”，被雇佣的广大劳动者实际上并不能参加国家和社会的管理。马克思早已说过，资产阶级的议会制不过是每隔几年决定一次究竟由统治阶级中的什么人来统治人民。

二、思想上鼓吹多元主义，公开否定马克思主义对国际工人运动的指导地位

如果说过去的社会民主主义或修正主义还要披着马克思主义外衣的话，那么当代民主社会主义的特点之一就是公开表示和马克思主义决裂，不再承认马克思主义是国际工人运动的指导思想。1959 年西德社会民主党的《哥德斯堡纲领》宣称：“在欧洲植根于基督教伦理学、人道主义和古

典哲学的民主社会主义，不宣布任何最后的真理。”[①] 并说：“德国社会民主党是一个思想自由的党，它是由具有不同信仰和思想的人组成的一个共同体。”[②] 社会党国际则宣称：“我们是一个深刻的多元化运动，这种运动不与任何一种社会主义的哲学解释认同。”[③] 西德社会民主党的理论刊物《新社会》提出：“基督教关于人的形象学说与人的伦理要求，法国革命宣布的人权，康德的伦理学和启蒙思想，黑格尔历史辩证哲学，马克思的资本主义批判，伯恩施坦的批判马克思主义，卢森堡的自发论，舒马赫尔的自由社会主义和对布尔什维主义的批判，勃洛赫、霍尔巴哈依梅尔、阿多尔诺、哈贝马斯、科拉科夫斯基、吉拉斯以及他人的最近言论……都是承前启后，互相影响的民主社会主义的思想文件。”[④] 这里已把各种非马克思主义和反马克思主义思潮都纳入了民主社会主义的思想来源或指导思想之列，它虽然提到“马克思的资本主义批判”，但马克思主义的其他重要理论已只字不提，马克思的理论仅仅被当作一种点缀，放到无足轻重的地位。

三、社会历史观方面鼓吹唯心史观和不可知论，提出社会主义是人类理性和伦理原则的实现

在社会历史观方面，民主社会主义者和伯恩施坦一样，又提出了“回到康德去!”这个一百年前修正主义者曾经呼唤过的旧口号。康德曾经接受了法国启蒙运动的理性主义，并把它与德国传统的伦理原则结合起来，形成了一种新伦理主义。康德认为世界的本质是不可知的，人类不能认识世界发展的客观规律。他又提出，人是有理性的，人只能凭借自己的理性选择善恶。他说人不仅是生物的存在，也是理性的存在，作为理性存在的

① 《社会党国际文件集》，黑龙江人民出版社 1989 年版，第 506 页。

② 同上。

③ 同上。

④ 转引自舍菲尔《德国社会民主党的民主社会主义的理论与实践》，载《和平与社会主义》1973 年第 3 期，第 22 页。

人有其自身的责任意识和自由选择能力，社会可以凭借作为理性存在主体的人的这种责任意识和选择能力使之达到至善。

康德的这种不可知论和新伦理主义的唯心史观完全符合民主社会主义的当前需要，因此他们把这种唯心史观拿来和马克思的唯物史观相对抗，提出世界发展前景是不可知的，历史不存在客观发展的规律性，历史发展的客观规律性是马克思的主观“臆造”，是“乌托邦”，社会主义只是一种“道德观念”，它的实现不是必然的，只能是人们凭借伦理原则自由选择的结果，民主社会主义的奋斗目标，就是要实现康德提出的道德完美，实现人的道德价值和人的尊严。

马克思主义认为，社会存在决定社会意识，生产力和生产关系的矛盾是推动人类社会前进的根本动力，这一矛盾在阶级社会中必然表现为阶级的对立、对抗和斗争，正是这一斗争促使阶级社会不断发生根本性的历史变革。民主社会主义者对马克思主义的这些基本观点是完全持反对态度的。他们站在历史唯心主义的立场上来宣扬社会意识决定社会存在，宣扬所谓“道德责任意识”是历史的决定因素，他们力图掩盖资本主义社会的阶级对立和对抗，力图抹杀无产阶级革命的必然性和必要性，以挽救和保存资本主义制度。

四、经济上坚持维护资本主义私有制，主张建立一种混合经济的福利主义国家

马克思和恩格斯在《共产党宣言》中说过：“共产党人可以用一句话把自己的理论概括起来：消灭私有制。”[①] 私有制是一切社会剥削产生的总根源，也是资本主义无数罪恶、矛盾、斗争和痛苦产生的经济基础，要实现社会的真正平等、自由和公正，只有消灭私有制。一两百年来，无数既想保存资本主义私有制，又想消除资本主义私有制所产生的各种弊病的社会“庸医”，无不在资本主义的现实面前碰得头破血流，而且早已遭到马

① 《马克思恩格斯选集》第1卷，人民出版社1972年版，第265页。

克思、恩格斯和列宁的斥责，但当代的民主社会主义者却继续坚持改良主义的道路，坚持反对生产资料公有制，主张实行一种以市场经济为主体的“混合经济”，在此基础上建立一个能够“充分就业，增加生产，提高生活水平，实行社会保障和推行收入与财产的合理分配”的所谓“福利社会”。

西欧一些国家，民主社会主义者曾一度执政，混合经济与福利主义实行的结果怎样呢？有关文件提供的资料表明，在联邦德国，仍然是1.4%的人掌握着75%的生产资料及其决策权；在英国，1%的人掌握着2/3以上的社会财富及其决策权；在民主社会主义者掌权达40余年的瑞典，全国94%的企业及其决策权仍然掌握在私人资本家的手里。经济上的决策权既然掌握在资本家手里，政治上掌握决策权的实际上当然也只能是资本家及其代理人，在这些国家里，操纵和制约整个国家政权的实际上都是大资产阶级。

由于资本家掌握着生产资料和政治经济领域的实际决策权，社会不公正仍然是这些国家的普遍现象。在英国，至少有400万人的生活水平低于官方规定的贫困线，某些有钱人可以通过一切途径增殖自己的资本和逃纳税款而不受处罚。在原西德，一方面是房租高昂使租户负担沉重，另一方面又有价值数百亿马克的数十万套住房闲置无用。在奥地利，自1969年至1983年劳动者的收入增加了47%，企业主的利润却增加了109%。比利时社会党发表的文件承认：“尽管社会主义运动取得了显著成就，资本主义却依旧建立在剥削的基础上，从而产生了明显的不平等和歧视。”① 原西德另一个民主社会主义者埃希勒也不得不承认说，西方社会“依附关系至今尚未消除。经济和精神权力的无形控制，康采恩在生产上和分配上的统治，‘文化工业’中权力的集中，一些人没有受教育的机会，所有这一切及其他现象都证明，还不可能有真正的平等和自由”②。

① 转引自《奥地利社会民主党的政策》，维也纳1975年版，第23页。

② 埃希勒：《民主社会主义导论》，波恩—巴特哥德斯堡1972年版，第46页。

五、在组织上，鼓吹完全改变党的阶级性质，主张把党变为一个成分多元、思想多元、取消民主集中制的改良主义政党

民主社会主义者明确宣称，社会党已经彻底放弃了阶级运动：它的目的，只限于在资本主义制度下进行改良。

政治任务决定组织形式，既然民主社会主义者已经抛弃了革命目的，因此也就不再需要一个思想统一、实行民主集中制和有严格纪律的政党。民主社会主义者主张在党内实行完全的自由和自治，主张凡接受党的纲领的人不论其信仰如何，都可以入党。他们反对在党内实行民主集中制，并攻击民主集中制必然导致极权主义，妨碍党员的个人自由。这在实际上就表示民主社会主义者为了适应改良主义的需要，已经否定和放弃了工人阶级政党的阶级性、先进性和组织纪律，把党蜕变为无组织纪律约束的任何人可以随意加入和退出的涣散的改良主义团体。

可以看出，当代民主社会主义思潮仍然是第二国际伯恩施坦和考茨基的思想在新的历史条件下的继承和发展，基本思想倾向与主张和当年的修正主义是一致的，它实质上仍然是国际工人运动中的一种右倾机会主义思潮，是一种打着社会主义旗号的资产阶级自由主义思潮。

民主社会主义几十年来在维护资本主义制度、抵制马克思主义传播、稳定资本主义秩序、阻止无产阶级革命运动发展方面，起到了资产阶级右翼政党所不能取代的作用，对国际共产主义运动产生了极大危害：

第一，在资本主义国家内，民主社会主义利用社会主义的旗号，束缚工人阶级的手脚，压制工人阶级革命运动，起到了修补和保护资本主义的作用。

美国学者伊恩·伯切尔所著《现代制度的修补者，西欧改良的社会主义（1944—1985）》一书对这个问题作了说明，伯切尔指出，现在工业资本主义创造了一个人数众多并且强大有力的工人阶级，对于这样一个阶级，单凭暴力决不能使之服服帖帖，但若没有这个阶级的默许，现存社会

便无法运转，因此，由工人阶级最初创立的、后来蜕变为完全支持现存制度的社会民主党便是促进这种默许的最佳组织。

由于社会民主党初期是工人的党，它和工会特别是工会官僚有极密切的联系，因此它们比右翼政党更容易和更能令资产阶级满意地以劝诱的方式去束缚工人阶级的手脚，能够贩卖那些不得人心的、右翼政党极难推行的政策措施。

伯切尔还说，从第二次世界大战结束到今天，社会民主党一直充当修补和捍卫资本主义的角色，他们利用与工会和工会官僚的密切联系，保证工业生产中的劳资合作，制止罢工或把罢工引向对资本主义制度无害的方向，他们一次又一次地充当阶级斗争的“缓冲器”，一次又一次地挽救资本主义，安抚工人阶级，帮助资产阶级安定社会秩序，制止无产阶级革命的发生。①

第二，在思想领域，民主社会主义起到了抵制和对抗科学社会主义思想传播的作用。

民主社会主义打着民主和非意识形态化及政治多元化的招牌，易于迷惑群众，抵制马克思主义的传播。美国前总统国家安全事务助理布热津斯基在他名噪一时的《大失败》中说，他并不认为“民主社会主义或福利国家是传播共产主义用心险恶的招牌。实际上，民主社会主义和福利国家常常是同共产主义学说的吸引力进行斗争和为共产主义模式提供另一种民主选择的有效方法”。

第三，民主社会主义充当了西方资产阶级对社会主义国家进行和平演变的工具。

某些社会主义国家发生蜕变的原因，固然是由于各国党没有把马克思主义同本国的情况密切结合，制定适合本国国情的路线和政策，固守某种僵化模式，一些党的干部贪污腐败，官僚主义，脱离群众，造成恶劣影响，但变化为什么会如此迅速？这就与民主社会主义的影响有直接关系。

某些国家的变化，可以说是由于外部反共势力与内部的民主社会主义

① 转引自晓欧《伊恩·伯切尔认为：民主社会主义是为了修补现存的资本主义制度》，载《教学与研究》1990年第6期，第44-45页。

者相结合，利用群众不满情绪对政权和军队进行分裂瓦解的结果。民主社会主义对变化起到了催化和加速的作用。

（原载于《思想战线》1991 年第 6 期）

关于无政府主义的几个问题

马克思主义的历史唯物主义认为，国家是一定社会历史发展阶段上的产物，国家的产生是一种进步现象。随着私有制的出现，社会分裂为不可调和的对立阶级，而为了“使这些经济利益互相冲突的阶级，不致在无谓的斗争中把自己和社会消灭，就需要有一种表面上驾于社会之上的力量，这种力量应当缓和冲突，把冲突保持在‘秩序’的范围之内，这种从社会中产生但又自居于社会之上并且日益同社会脱离的力量，就是国家”①。

国家是一个历史范畴，它在一定历史发展阶段上产生，今后也将在一定历史发展阶段上消亡。但国家的产生、发展和消亡都有自己特殊的规律性。马克思主义认为，无产阶级革命一定要遵循这些特定的规律，在打碎旧的资产阶级的国家机器之后，还必须建立新的无产阶级的高度民主的国家，领导人民建立和完善社会主义公有制，发展社会生产力，才能逐步为国家的消亡创造条件。为了未来没有国家，现在就仍然需要国家；为了保护社会主义革命和建设的胜利果实，在一定时期，仍有必要强化国家。

无政府主义者不懂得社会历史发展的客观规律，不懂得阶级剥削和阶级压迫产生的根本原因，不懂得阶级斗争和国家消亡的复杂而漫长的历史过程，企图用立即消灭国家的办法来解决一切社会问题，用绝对自由的叫嚷来对抗无产阶级的集中和纪律，他们完全背离了大多数人民的根本利益，后来有的竟堕落成为无产阶级的可耻叛徒。

为了进一步清除无政府主义的流毒和影响，本文仅就无政府主义的渊

---

① 恩格斯：《家庭、私有制和国家的起源》，载《马克思恩格斯选集》第4卷，人民出版社1972年版，第166页。

源、发展及历史评价等问题，提出一点粗浅的看法。

一、无政府主义的历史渊源

长期以来，许多书籍讲到无政府主义，都说蒲鲁东是“始祖”①，是“创始人”②，其实蒲鲁东并非第一个提出无政府主义的人，在他以前很久，就有许多人提出过无政府主义的主张。

列宁说过，无政府主义“这种词句已经有两千多年历史了”③。早在公元前400多年的古希腊，斯多葛学派的创始人芝诺便提出了不要国家的主张。芝诺是一个唯物主义者，在自然观方面，他接近赫拉克利特。在社会观方面，他反对柏拉图的国家万能的主张，反对柏拉图在上层自由民中建立“理想国”的思想，曾提出要建立一个没有国家的“自由平等”的社会，回到所谓人类的“自然善良的天性”中去，实现“宇宙的和谐”。

此外，犬儒学派的安提斯泰尼和狄奥根尼也提出过不要政府的主张，据说狄奥根尼就曾经住在一个大桶里，从一个城邦到另一个城邦，过那独来独往、自由自在、行乞为生的生活。④

在欧洲充满宗教狂热的中世纪，不要国家的主张继续有人提出。例如13世纪的时候，便有一个称作“兄弟姐妹自由精神派”（Brothers and sisiters of the free spirit）的教会团体，提出个人可以不依赖于国家和教会，便能直接进入天堂与上帝“共享”，认为“个人神圣”，主张实现一种没有国家、教会和法律约束的个人的绝对自由。⑤

上述这些主张，由于史料的残缺，都只留下了一些片断的“词句”，还不是一种完整的理论。无政府主义比较完整的理论是在近代出现的。

① “始祖”的提法见高等学校试用教材广东版《国际共产主义运动史》简要读本，第54页。

② “创始人”的提法见北大国际政治系《国际共产主义运动史》读义第一册，第125页。

③ 列宁：《无政府主义和社会主义》，载《列宁全集》第5卷，人民出版社1959年版，第294页。

④ 参见沙滨《政治学说史》，纽约亨利·霍尔特公司英文版，第137页。

⑤ 参见《大英百科全书》1976年版“Anarchism”条。

在近代，第一个比较系统地提出无政府主义主张的人是英国的威廉·葛德文。他是18世纪末期对英国早期工人运动有较大影响的小资产阶级社会主义者。在他1793年发表的《关于政治正义原则的探究》一书中，提出人类应该着手取消一切形式的政府，社会应当由个人的“理性”来支配和协调。他认为“理性”是人人都有的，是导向真和善的指南，它会引导人们通过自己的本性正确而充分地按照自己对正义法规的理解行事。在没有政府的社会中，人们将在“理性”的协调下共享大自然的果实，共享人类对大自然所提供的资源进行劳动加工的成果。

葛德文认为，政府是一种强制力量，它会造成人对人的“屈从”，而“屈从”却是一种“邪恶”。他主张个人应当完全自己作主而不应受他人的管理和支配。葛德文的理想社会是由各个地方的独立的“社区”自由组成的世界。它通过自己成员之间的自由争论来协调和管理社区事务，没有任何法律和强制凌驾于他们的头上。总之，葛德文强调所谓“理性”和道德的作用，反对政府、强制和屈从，主张实现个人的绝对自由。这些主张对后来的无政府主义者有重要的影响。

继葛德文之后，德国的麦克斯·施蒂纳在他1844年出版的《唯一者及其所有物》一书中，也曾系统地提出过无政府主义的主张。他把国家的一切法律规章都看成是限制个人行动和损伤个人自由发展的桎梏，认为只有从自己的个性中才能找到真实，因此国家应当废除，并代之以个人主义的自由联合。施蒂纳是一个极端的利己主义者，他把自己的个性、自由、利益看成高于一切的东西，认为“唯一者”即我个人，是世界的核心，是历史的创造者，是法和权利的源泉。“我”就是真理，“对我来说，不存在真理，因为任何东西也不能高于我”。利己主义是无政府主义的核心，无政府主义不过是改头换面的资产阶级个人主义。正如恩格斯在1844年11月19日给马克思的信中指出的，施蒂纳的“这种利己主义不过是现社会和现代人的达到了自我意识的本质，是现社会所能用来反对我们的最后论据，是现存的愚蠢事物范围内的一切理论的顶峰”①。

虽然葛德文和施蒂纳都曾系统地阐述过不要国家的主张，但他们都没

① 《马克思恩格斯全集》第27卷，人民出版社1972年版，第12页。

有使用“无政府状态”（Anarchy）这个概念，第一次提出“无政府状态”这个概念，并用它来标榜自己学说的是蒲鲁东。

蒲鲁东自称是一个“名副其实的无政府主义者”。在1840年出版的《什么是财产?》一书中，他提出一个引人注目的论点：“财产就是盗窃。”但是他并不主张消灭私有制，只是主张对大财产占有权的滥用加以限制，并促成私有财产的普遍化，他认为大财产的私有制是违反“平等”原则的，而共产主义又违反“独立”原则。正如马克思、恩格斯在《共产党宣言》中指出的，蒲鲁东既想消除资本主义制度的弊病，又想保留资本主义制度本身，找寻一条折中的道路，来摆脱现状，这条道路就是建立一个以小私有为基础的自由的无政府状态的互助制社会。蒲鲁东的理想王国是一种“无政府而有秩序”的状态，在这种状态中，人们自由联合，互相帮助，人人占有一份财产，过着无拘无束的自由生活。蒲鲁东还认为，自由是高于一切的东西，它是互助制社会的基础。是自由产生秩序，而不是秩序带给人们自由。

蒲鲁东的主张是一种反动的空想，恩格斯曾批判说：“如果这个蒲鲁东主义的反革命一般真能实现，世界就要灭亡的。”“但蒲鲁东忘记了，要实现这一点，他首先就必须把世界历史的时钟倒拨一百年，从而把现代工人又弄成像他们的曾祖父那样眼界狭隘和阿谀成性俯首贴耳的奴隶。”①

蒲鲁东不仅是第一个提出“无政府状态”这一概念的人，而且是集无政府主义思想于大成的人。他写了很多书，进一步发挥了无政府主义的思想，当时曾蛊惑过不少的人。第一国际建立以前，蒲鲁东主义的信徒遍及西欧各地，把持着许多国家工人运动的领导权。恩格斯说：“那时的事实是：‘二十年以来，除了蒲鲁东的著作以外，操罗曼语的工人就没有过任何别的精神粮食’，至多再加上‘无政府主义’之父巴枯宁对蒲鲁东所做的更加片面的说明，在巴枯宁的眼中，蒲鲁东是‘我们共同的导师’。”②随着第一国际的建立和马克思主义的传播，蒲鲁东主义才逐渐为广大工人所唾弃。

① 《马克思恩格斯全集》第18卷，人民出版社1964年版，第247、251页。

② 《马克思恩格斯全集》第21卷，人民出版社1965年版，第373页。

二、对无政府主义的历史评价

应当运用历史唯物主义的观点，对无政府主义作出公正的评价。笔者认为早期的无政府主义在一定程度上反映了当时被压迫阶级和下层群众对反动国家政权的不满。在资本主义初期，它也代表着一部分自发的工人运动的要求，尽管这些要求在本质上只是小资产阶级个人主义的要求，但无政府主义者也揭露了资本主义社会中某些不合理现象，也反对经济剥削，反抗政治压迫，鼓动人们对资本主义的不合理性进行斗争，在马克思主义产生以前，无政府主义对工人运动曾有过一定历史意义。

恩格斯在《论住宅问题》第二版序言中指出："蒲鲁东在欧洲工人运动史上曾经起过很大的作用，以致我们不能简单地把他忘掉。虽然他在理论上已经被驳倒，在实践中已经被排斥在一边，但是他仍然保持着历史的意义。"① 例如，蒲鲁东的《什么是财产?》这部著作，就曾经有过很大的影响，马克思评价说："这部著作如果不是由于内容新颖，至少是由于论述旧东西的那种新的和大胆的风格而起了划时代的作用。"② 马克思还说，这部书由于敢于向资产阶级经济学中"最神圣的东西"进攻的挑战性勇气，以及对资本主义的致命的批判、刻薄的讽刺和"对现存制度的丑恶不时流露出来的深刻而真实的激愤，革命的真诚"③，所以，它刚问世就激动了读者，给人们留下了强烈的印象。

当然蒲鲁东主义者总是企图用使社会倒退的办法来解决当前的社会问题，他们的主张往往违背历史发展潮流，不是反映那不可遏止地走向劳动社会化的资本主义制度的未来，而是反映它的过去，企图倒退到分散的个体小生产者占统治的时代，从而把工人运动引上邪路。正如马克思指出的，蒲鲁东"希望充当科学泰斗，凌驾于资产者和无产者之上，结果只是

① 《马克思恩格斯全集》第21卷，人民出版社1965年版，第375页。

② 马克思：《论蒲鲁东》，载《马克思恩格斯选集》第2卷，人民出版社1972年版，第140页。

③ 同上书，第141页。

一个小资产者，经常在资本和劳动，政治经济学和共产主义之间摇来摆去”①。

无政府主义的意义和历史的发展是成反比的，随着马克思主义的产生，无政府主义便趋于反动，成为马克思主义的敌人。在思想上它妨碍着无产阶级接受科学社会主义的理论，妨碍着无产阶级觉悟的提高，妨碍着无产阶级认识自己的历史使命；在组织上，妨碍着无产阶级形成自为的阶级和组成独立的无产阶级政党；在政治上，妨碍无产阶级制定正确的斗争纲领、开展政治斗争和进行无产阶级革命，把工人阶级引向经济改良或盲动主义的道路。马克思说：“只要工人阶级还没有成熟到可以进行独立的历史运动，宗派是有其（历史的）理由的。一旦工人阶级成熟到这种程度，一切宗派实质上都是反动的了。”②

就蒲鲁东的著作来看，如果说《什么是财产?》一书对人们还有所启发的话，那么他后来的《贫困的哲学》一书，虽然使用夸张的笔法，但已经失去了第一部著作所具有的热情，由于书中充满了对德国唯心主义哲学那种似懂非懂的胡言乱语，终于招致马克思《哲学的贫困》一书对它的尖锐批判。

继蒲鲁东之后的巴枯宁，无论在理论上还是实践上都比蒲鲁东主义给工人运动带来了更大的危害。巴枯宁曾经宣称他的理论体系是“扩大了的”“发展了的”蒲鲁东的无政府主义体系，因为他和蒲鲁东所追求的目标基本上是一致的，都想实现一种以小生产为基础的绝对自由的无政府状态。但在实现目标的道路和方法上却完全不同。蒲鲁东企图通过经济改良的道路，用建立交换银行的办法去实现私有财产的普遍化，从而达到自给自足、自由生活、取消国家的目的。巴枯宁则企图依靠流氓无产阶级实行盲目暴动的方式，立即消灭一切国家。蒲鲁东的主张表现为右倾机会主义，巴枯宁的主张则表现为“左”倾机会主义。在理论上，蒲鲁东从“财产就是盗窃”这一论点出发，多少揭露了资本主义的某些弊病；而巴枯宁

① 马克思：《论蒲鲁东》，载《马克思恩格斯选集》第2卷，人民出版社1972年版，第144页。

② 马克思：《致弗·波尔特》（1871年11月23日），载《马克思恩格斯选集》第4卷，人民出版社1972年版，第394页。

则直接从“国家是一切祸害的根源”这一论点出发，认为私有制、资本、奴役、贫困都是国家带来的灾难，因而作出立即消灭一切国家的结论。因此，如果说，蒲鲁东的早期著作还曾经引起过人们的思考，那么巴枯宁的主张，除了强烈的蛊惑性和疯狂的煽动性外，已经没有任何理论意义。在实际活动中，巴枯宁建立宗派组织，从事分裂国际工人运动的阴谋活动。巴黎公社革命时期，巴枯宁一伙把里昂工人起义引向迅速失败；巴黎公社失败后，又附和资产阶级对工人运动的围剿，变本加厉地分裂第一国际。正如马克思指出的，如果说他们在理论上一窍不通，那么在干阴谋勾当方面是颇为得心应手的。随着马克思主义的传播、无产阶级觉悟的提高，巴枯宁主义的反动实质终于为广大群众所认识，无政府主义的影响和阵地越来越小。到了19世纪末期，虽然无政府主义又与工联主义相结合，形成了无政府工团主义，在俄国还出现了以互助论为基础的主张用恐怖行动去唤起下层群众的克鲁鲍特金主义，但是随着十月社会主义革命的胜利，无政府主义在实际斗争中已经彻底破产。列宁分析说，无政府主义为广大群众抛弃的主要原因，“这就是无政府主义过去（19世纪70年代）曾经有可能发展得非常茂盛，因而彻底暴露了它的不正确性，不适合作为指导革命阶级的理论”①。当然，无政府主义至今在某些国家也还流传，但已经成为少数顽固分子的一种可怜的哀叹。

三、无政府主义与民主和自由的关系

有的人往往混淆了民主与无政府主义的界限，以为民主就是各行其是、自由自在的无政府主义行为。

马克思主义认为，民主绝不是无政府主义，无政府主义并不需要民主，民主与无政府主义是完全对立的两种要求。

列宁指出，民主就其实质来说，“是一种国家形式，一种国家形

① 列宁：《共产主义运动中的“左派”幼稚病》，载《列宁全集》第31卷，人民出版社1958年版，第14页。

态”①。民主是指由人民掌握国家权力及对国家机关进行管理和监督。无政府主义者既然不要政府、不要国家，当然也就不要民主。蒲鲁东说：“打倒政府，打倒政权，要求人和公民的绝对自由，这三句话就是我们政治的和社会的忠实誓言。”巴枯宁则认为，有国家必然有统治，有统治必然有奴役，有奴役即无自由，无自由即无幸福，所以国家是“万恶之源”。无政府主义者是不要求民主的，他们要求的是个人的自由。巴枯宁主义的口号是：“自由即至善。”

民主与自由并不是一个东西，一些人之所以混淆民主与无政府主义的界限，主要由于不懂得“民主”与“自由”这两个概念的本质差别。列宁说：“人们通常把‘自由’和‘民主’这两个概念等同起来，并且常常互相代用。庸俗的马克思主义者……就是常常这样议论的。其实，民主是排斥自由的。”② 因为对无产阶级来说，自由就是消灭阶级。在这个意义上说来，有民主即有国家，有国家即无自由，“到有自由的时候，国家就不存在了”③。

从马克思主义的哲学观点看来，所谓“绝对自由”在现实生活中是不存在的。自由无非是根据我们对自然和社会的必然性的认识来支配我们自己和外部世界，因此人们的自由不仅要受自然条件的限制，而且要受社会中人与人之间各种关系的制约。自由必须以对客观规律的遵循为前提，不顾客观规律的为所欲为的自由，只会在无情的现实面前碰得头破血流，受到客观规律的惩罚，使自己完全失去自由。

另一方面，国家是阶级统治的机构，要统治就要集中，不集中就无法进行统治。因此民主是与集中相联系的，世界上没有一个只有民主没有集中的国家，问题是采取什么方式集中，集中哪些阶级的要求、愿望和呼声。

资产阶级民主制通过议会制度，把资产阶级的意志集中起来，实现对国家的统治。而社会主义则要求在人民民主的基础上实现集中，即在符合大多数人民利益、愿望、要求的基础上形成统一的意志和统一的行动。集

① 列宁：《国家与革命》，载《列宁选集》第3卷，人民出版社1972年版，第357页。
② 列宁：《马克思主义论国家》，人民出版社1964年版，第24页。
③ 同上。

中就是权威，权威就需要服从，但无政府主义者是反对权威和服从的。巴枯宁认为，每个人只应当用自己的意志决定自己的行动，如果用自己的意志去决定别人的行动，就会使别人处于服从的地位，使别人失去行动的自由。恩格斯在《论权威》一文中对此作过深刻的批判，指出权威是以服从为前提的，听起来很难听，但这是任何社会所绝对必需的。后来恩格斯还在一封信中谈道，一个仅仅由两个人组成的社会，如果每个人都不愿意放弃自治权，这个社会也不能存在。

民主要采取一定的形式、遵守一定程序才能实现。这种形式和程序，在国家由法律规定，在组织由章程来规定。社会主义法制，其实质就是社会主义民主的法律化、制度化。无政府主义者是反对法律的，所以无政府主义也是反对民主的。

无政府主义者不要民主，他们要的是一种个人的绝对自由。他们认为个人自由高于组织纪律，个人意志高于集体意志，个人利益高于集体利益，他们主张的实质上是个人自由主义、个人利己主义、个人至上主义。历史上，蒲鲁东式的右倾的无政府主义思想，反映了单家独户的个体小生产者的心理状态，他们追求的是自给自足、自由自在、无拘无束、独来独往的状态，企图用使社会倒退的办法来实现自己的愿望。巴枯宁式的“左”倾的无政府主义思想则反映了资本主义社会中流氓无产阶级的心理状态，他们采取盲目暴动的方式，希望在24小时之内立即消灭一切国家，进入绝对自由的“理想王国”中去，企图用跨越历史进程的办法来实现自己的空想。这两种思想对国际无产阶级解放运动都曾产生过极大的危害。当前，无政府主义则妨碍着社会的安定团结，破坏国家的建设事业，因此有必要进一步划清民主与无政府主义的界限，认识无政府主义的历史源流及其对革命和建设的危害，以便进一步清除无政府主义思潮的流毒和影响，在党中央的领导下，为把我国建设成为高度文明、高度民主的社会主义强国而努力奋斗。

（原载于《思想战线》1982年第6期）

马克思主义如何看待“人权”

胡乔木同志在《关于人道主义和异化问题》一文中指出：“宣传人道主义世界观、历史观和社会主义异化论的思潮，不是一般的学术理论问题，而是关系到是否坚持马克思主义的基本原理和能否正确认识社会主义实践的有重大现实政治意义的学术理论问题。”近几年，有些同志在抽象地谈论人性、人道主义和异化问题的时候，也谈论所谓“人权”问题，认为社会主义社会仍然存在着“保障人权”和“争人权”的问题，借“人权”口号来散布对党、对社会主义民主和人民民主专政的不信任情绪。

“人权”这个概念，最初见于法国资产阶级大革命胜利后1789年8月制宪会议通过的《人权和公民权利宣言》（简称《人权宣言》）。这个宣言是根据资产阶级启蒙思想家的自然法理论制定的。近代较早提出自然法理论的是荷兰的思想家格劳秀斯，往后斯宾诺莎、洛克、霍布士、孟德斯鸠、伏尔泰、卢梭等人都提出过大体相同的主张。自然法理论认为，人类在国家产生以前，曾经历了一个被称为“自然状态”的历史时期，在自然状态下，人们按照自然法的原则生活，自然法是当时人们自觉遵守的行为规范，自然法赋予人们的权利叫“自然权利”，这种权利是天赋的，是人性固有的，是与生俱来的。后来，人类进入更高的历史阶段，便走出自然状态，订立社会契约，把一部分自然权利（如个人任意惩办罪犯的权利）转让给一个公共的权力，建立了国家和政府，制定了法律。但是人类还有许多天赋的权利，如财产权、自由权、平等权、抗暴权，并没有转让也不能转让，国家和法律对这些人民没有转让的天赋权利，必须予以充分保障。《人权宣言》就是把启蒙思想家在自然法理论中提出的人民没有转让的天赋权利用法律的形式固定下来，并进一步把它具体化为各种法权。

启蒙思想家提出的这种天赋人权理论，在历史上起过积极的作用，因为它指出国家的权力来自人民，不是来自神、来自上帝，它反对“君权神授”论和“贵族血统”论，强调国家和法律必须保障人民的天赋权利，从而启迪了人们反对封建专制和贵族特权的思想，唤醒了人们的革命意识，为资产阶级革命的发动作了积极的舆论准备。

但是天赋人权论终究是资产阶级的旗帜，不能作为无产阶级革命的口号。马克思和恩格斯在他们开始创立社会主义理论时期，就对一般地、抽象地讲“人权”采取批判的态度，他们指出：“至于谈到权利，我和其他人都曾经强调指出了共产主义对政治权利、私人权利及权利的最一般形式即人权所采取的反对立场。”① 共产主义为什么要对“人权”采取反对立场？马克思主义究竟如何看待“人权”呢？

一、“人权”的理论基础是唯心史观

抽象的“人权”是以抽象的“人性”为出发点的。欧洲文艺复兴时期资产阶级思想家提出的所谓“人性要求”或“理性要求”，就是“人权”要求的最初的表述形式。胡乔木同志在《关于人道主义和异化问题》一文中对作为人权出发点的人性论和人道主义作了深刻的马克思主义的分析，指出：“‘天赋人权’和‘自由、平等、博爱’等口号，在法国革命进程中起了重要的作用，并产生了深远的影响。文艺复兴时期的人文主义，启蒙运动和资产阶级革命时期的人道主义，尽管都有重大的进步意义，但是作为历史观来说，都是唯心主义的。”因为无论是人性论者，还是人权论者，他们都是离开人的物质生产活动和人们在生产过程中所处的地位、离开人们之间的生产关系和社会关系来谈人性和人权要求，并把这种要求说成是人类与生俱来、永恒不变的。后来一些思想家则用它来解释社会历史的发展，用它来说明国家和法产生的原因，这种观点和马克思主

① 马克思、恩格斯：《德意志意识形态》，载《马克思恩格斯全集》第3卷，人民出版社1960年版，第228页。

义的唯物史观是完全对立的。马克思主义的唯物史观把人放在具体的社会关系特别是生产关系中来进行考察，首先强调人所具有的社会性（在阶级社会中主要表现为阶级性），指出在阶级社会中不存在非阶级的一般的“人”，只存在作为阶级成员的具体的人。农奴或是自由民、奴隶或是贵族、工人或是资本家才是人在阶级社会中一定的社会存在方式。同时马克思主义的唯物史观从人们的物质生产活动和生产过程中人与人之间的关系出发来说明社会历史的发展，科学地阐述了国家和法的产生不是人性要求或理性要求发展的结果，而是随着社会生产的发展，私有制的出现，社会日益分裂为相互对立的阶级的结果，国家不是人们订立契约的产物，而是阶级斗争不可调和的产物，“法律就是取得胜利、掌握国家政权的阶级的意志表现”①。它是以国家强制为基础的被奉为法律的反映统治阶级意志的社会行为规范。正如胡乔木同志所指出的：“在政治权力和国家问题上，正是马克思主义抛弃了关于天赋人权、社会契约的天真童话，从经济关系和阶级斗争来解释国家的产生和发展，才使这些现象得到科学的说明。”②

资产阶级思想家强调的所谓“人性要求”，并非指作为生物的人的一般的生理要求或心理要求，而是指需要用法律来加以固定和保障的人们的社会要求，即人们的政治要求和经济要求。唯物史观认为，在阶级社会中，处于不同阶级地位的人们的政治经济利益是不完全相同的，统治阶级与被统治阶级的政治经济利益甚至是对抗的，他们之间不可能有一般的、共同的政治要求和经济要求，以所谓“人权”形式提出的一般的、普遍的、共同的政治要求和经济要求，在现实生活中是不存在也不可能存在的。

那么资产阶级思想家们为什么要把现实生活中不可能存在的共同的社会要求即“人权”写在自己的旗帜上呢？这里有两方面的原因：一方面，用唯心史观来观察社会的资产阶级思想家们，不可能从人们在生产过程中所处的地位来剖析人们不同的社会要求，他们总是有意无意地把自己个人的要求和自己阶级的要求夸大为人类共同的要求和人性永恒的要求；另一

① 列宁：《社会民主党1905—1907年第一次俄国革命中的土地纲领》，载《列宁全集》第13卷，人民出版社1959年版，第304页。

② 胡乔木：《关于人道主义和异化问题》单行本，人民出版社1984年版，第61页。

方面，马克思和恩格斯指出：“每一企图代替统治阶级地位的新阶级，为了达到自己的目的就不得不把自己的利益说成是社会全体成员的共同利益，抽象地讲，就是赋以自己的思想以普遍的形式，把它们描绘成唯一合理的、有普遍意义的思想。”① 因为每一企图代替统治阶级的新阶级，他们的利益在开始时期的确同其他非统治阶级的共同利益有更多的联系，在初期还没有发展成为特殊阶级的利益。“人权”这种对权利的极为一般的要求，起初就是作为社会全体成员即“人”的共同的、唯一合理的普遍要求提出来的。但是，在现实生活中，人最重要的属性就是阶级性，因此，在资产阶级的统治确立后，“人权”的阶级性、特殊性及其欺骗性和虚伪性便明显地暴露出来了。

被马克思称为“第一个人权宣言”的美国《独立宣言》宣称：“人人生而平等，他们为造物主赋予某些不可让渡的权利，其中包括生命、自由和追求幸福的权利。”但是在1776年它被大陆会议通过的时候，就删除了杰斐逊写在初稿中有关解放黑奴的条文，一笔勾销了黑奴作为人的各种权利，给《独立宣言》打上了鲜明的资产阶级和农奴主的烙印。恩格斯指出，在《独立宣言》基础上制定的美国宪法，“它最先承认了人权，同时确认了存在于美国的有色人种的奴隶制，阶级特权被置于法律的保护之外，种族特权被神圣化了”②。因此，正是马克思和恩格斯对所谓的“人权”作了深刻的揭露和批判。

二、“人权”的阶级实质是资产阶级的公民权

“人权”思想有一个发展过程，在欧洲文艺复兴时期，思想家们提倡人性的解放，要求摆脱神权和封建宗法的束缚，这个时期，以人性要求形式提出的最初的人权要求，在内容上还不充实完备，其阶级性还不十分鲜

① 马克思、恩格斯：《德意志意识形态》，载《马克思恩格斯全集》第3卷，人民出版社1960年版，第54页。

② 恩格斯：《反杜林论》，载《马克思恩格斯选集》第3卷，人民出版社1972年版，第145－146页。

明，不易为人们所觉察。当时一般只是提出人应当有“追求幸福”的权利，有按照“自由意志”行动的权利。

后来，随着资产阶级经济实力的强大，随着封建社会内部革命因素的日益增长，代表新兴资产阶级的启蒙学者便把人权的要求化为比较具体的资产阶级的经济要求和政治要求，例如格劳秀斯就明确提出：“自然法规定：不得侵犯他人财产；应当归还不属于自己的东西和由此而来的收益；应当履行自己的诺言；应当赔偿因自己的过错而引起的损害。”① 洛克则说：“自然状态有一种为人人所应遵守的自然法对它起着支配作用，而理性，也就是自然法，教导着有意遵从理性的全人类：人们既然都是独立和平等的，任何人就不得侵害他人的生命、健康、自由或财产。”② 卢梭对君主专制和等级特权尤为痛恨，因此他特别强调平等自由的权利，认为平等权和自由权是人类天赋的不可转让的首要权利。根据启蒙学者的上述思想，取得革命胜利的法国资产阶级在《人权宣言》中便把人权的内容具体化为财产权、平等权、自由权、安全权和反抗压迫权。《人权宣言》宣称：“不知人权、忽视人权、蔑视人权是公众不幸和政府腐败的唯一原因，所以决定把自然的、不可剥夺的神圣的人权阐明于庄严的宣言之中。”“在权利方面，人们生来是而且始终是自由平等的。”“任何政治结合的目的都在于保存人的自然的和不可动摇的权利。这些权利就是自由、财产、安全和反抗压迫。”后来1791年和1793年的法国宪法又进一步把人权具体化为平等、自由、安全、财产、信仰、出版和结社自由等权利。此后，许多资本主义国家都仿效法国，把上述权利列入自己的宪法之中。

马克思在《论犹太人问题》一文中，又一次对人权的实质作了深刻的揭示，他说：“我们现在就来看看所谓人权，而且是真正的、发现这些权利的北美人和法国人所享有的人权吧！这种人权一部分是政治权利，只有同别人一起才能行使的权利。这种权利的内容就是参加这个共同体，而且参加政治共同体，参加国家。这些权利属于政治自由的范畴，属于公民权利的范畴。”③ 马克思这里说的另一部分人权是指宗教信仰自由，它不属于

---

① 格劳秀斯：《战争与和平法》，（出版者、版本不详），导言第八节。

② 洛克：《政府论》下篇，商务印书馆1964年版，第6页。

③ 《马克思恩格斯全集》第1卷，人民出版社1956年版，第436页。

政治权利的范畴，但它却是自由这一权利的结果。因此，所谓"人权"，实质上就是公民权。

"公民"是一个法学概念，它是"国民"这一概念在法律地位上的具体化。"公民"是指具有该国国籍并依法享有公民权利和承担公民义务的个人，因此公民是与具体的国家直接联系在一起的。而国家是阶级统治的工具，法律是阶级意志的体现，所以公民权实际上就是统治阶级的民主权利在法律上的具体规定。列宁曾经指出，民主作为一种权利，只是"意味着形式上承认公民一律平等，承认大家都有决定国家制度和管理国家的平等权利"①。列宁强调"形式上承认"，就是因为民主权利是有阶级性的，形式上大家都平等地享有这种权利，实际上只有统治阶级才有这种权利。

"人权"也是这样，只是资产阶级独享的权利。

"权利"也是一个法学概念，是指法律规定的并用国家强制力加以保障的个人主观享有的权益，离开了法律的规定，离开了国家强制力的保障，权利就是一句空话。西方的人们早就懂得权利和法律的密切而不可分割的关系，在德文和法文中，"权"和"法"用的都是一个字（recht 和 droit），只是在"法"的前面加一个形容词——客观的，而在"权"的前面加一个形容词——主观的，以示区别。就是说，他们认为法和权的区别，仅在于法是国家客观规定的，权是个人主观享有的。从马克思主义的观点看来，既然权利离不开国家和法律的保障，而国家和法律又都是阶级统治的工具，因此权利就不能不打上鲜明的阶级烙印，共同的、一般的所谓人的权利，也就不能不是欺人之谈。

马克思在揭露人权的资产阶级性质时明确指出："首先我们肯定这样一个事实，就是不同于 droits du citoyen（公民权）的所谓人权（droits de homme），无非是市民社会的成员的权利，即脱离了人的本质和共同体的利己主义的人的权利。"② 马克思还指出，资产阶级在反封建的过程中，出于利己主义的考虑，总是把自己伪装成为全民利益的代表，把自己伪装成"非政治的人"即"自然人"，而把自己所要争取的权利夸大为"自然权"

① 列宁：《国家与革命》，载《列宁选集》第 3 卷，人民出版社 1972 年版，第 257 页。

② 马克思：《论犹太人问题》，载《马克思恩格斯全集》第 1 卷，人民出版社 1956 年版，第 437 页。

或“人权”，但是等到资产阶级革命胜利后，它的阶级性就明白地显露出来，“政治解放一方面把人变成市民社会的成员，变成利己的、独立的个人，另一方面把人变成公民，变成法人”①。于是“人权”也就成为资产阶级享有的公民权，成为“对他们财产和利己主义个人的保护”②。因此“任何一种所谓人权都没有超出利己主义的人，没有超出作为市民社会成员的人，即作为封闭于自身、私人利益、私人任性、同时脱离社会整体的个人的人”③。

三、“人权”的核心内容是私有财产神圣不可侵犯

财产权是“人权”的核心。《人权宣言》第7条明确规定：“私有财产神圣不可侵犯。”后来法国以及其他的资本主义国家在宪法和各种法律上都对保障财产作出了十分明确具体的规定。如法国1793年宪法规定：“财产权是每个公民任意使用和处理自己的财产、自己的收入即自己的劳动和经营的果实的权利。”针对这项规定，马克思曾揭露说：“可见，私有财产这项人权就是任意地（à son gré）、和别人无关地、不受社会束缚地使用和处理自己财产的权利；这项权利就是自私自利的权利。”④ 财产权在法律上是平等地、普遍地赋予每一个公民的，但财产权对有产者才是幸福，对无产者却是灾难。可以任意使用意味着可以任意盘剥、任意购买、任意挥霍、任意处置，对于除劳动力外便一无所有的无产者，在饥饿鞭子的驱赶下，面对可以任意使用的财产权，除廉价出卖自己的劳动力，还能有别的什么意义呢？这一点马克思已经在《资本论》中作过深刻的分析了，他说：“劳动力的买卖是在流通领域或商品领域范围内进行。这个领域，实

① 马克思：《论犹太人问题》，载《马克思恩格斯全集》第1卷，人民出版社1956年版，第443页。

② 同上书，第439页。

③ 同上。

④ 同上书，第438页。

际是天赋人权的真正乐园。在那里行使统治的是自由、平等、所有权和边沁。”① 自由：劳动力的买卖双方都是按照自己的意志决定的；平等：他们都在等价交换；所有权：他们都在各自处理自己所有的东西；边沁：他们都在按英国功利主义者边沁的原则根据自己的利益进行着交换。因此，这种形式上的平等实际上却掩盖着极大的不公平和不平等，“天赋人权”对无产者来说是冷酷无情和专横暴虐，所以马克思和恩格斯尖锐地指出：“人权本身就是特权，而私有制就是垄断。”②

平等权是天赋人权的主要内容之一。1795 年的法国宪法明确规定：“平等就是法律对一切人都一视同仁，不管是保护还是惩罚。”也就是说，公民在法律面前一律平等。但是资产阶级的法律首先是维护私有权的，因此这一平等是以不平等为前提的，一个有产，一个无产，一个财产受到法律保护，一个没有什么东西受法律保护，在法律面前他们还能有什么平等可言！马克思和恩格斯指出，对无产阶级来说，真正的平等只有消灭私有制从而消灭阶级才能实现，“无产阶级平等要求的实际内容都是消灭阶级的要求。任何超出这个范围的平等要求，都必然要流于荒谬”③。

自由权，这是资产阶级思想家们视为比生命更可贵的东西。但是资产阶级的法律已经首先赋予了资产阶级任意使用私有财产的自由，剩给无产阶级的只是在饥饿和死亡的威胁下自由地出卖自己和家人，因此马克思说：“自由这一人权的实际应用就是私有财产这一人权。”④

“反抗压迫”权，这也是《人权宣言》提出的一种重要的人权。这种人权最初是由格劳秀斯提出的，他这样说过：“那些依赖人民的王侯，如果违反了法律和国家的利益，人民不但可以用武力反抗他们，而且在必要时还可以处他们以死刑。”⑤ 以后洛克、卢梭、杰斐逊等人都主张人民应当

① 马克思：《资本论》第 1 卷，人民出版社 1963 年版，第 167 页。

② 马克思、恩格斯：《德意志意识形态》，载《马克思恩格斯全集》第 3 卷，人民出版社 1960 年版，第 229 页。

③ 恩格斯：《反杜林论》，载《马克思恩格斯选集》第 3 卷，人民出版社 1972 年版，第 146 页。

④ 马克思：《论犹太人问题》，载《马克思恩格斯全集》第 1 卷，人民出版社 1956 年版，第 438 页。

⑤《西方名著提要》，三联版（其余信息不详），第 114 页。

拥有这种不可转让的权利。反抗压迫权在资产阶级反封建斗争中，曾经鼓舞人们理直气壮勇往直前地和封建势力战斗，但是这种权利只容许资产阶级在推翻封建统治中使用，并非所有的人在任何时期都能用它来维护自己的利益。资产阶级的统治确立后，就在这个赋予公民反抗压迫权利的法国，每当人民使用这一权利时，便立即遭到血腥的屠杀。1831 年和 1834 年的里昂工人起义，1848 年的巴黎六月工人起义，1871 年的巴黎公社起义，无不被资产阶级淹没在血泊之中，就是有力的证明。

《人权宣言》后的法国宪法，一般不再提反抗压迫权，转而强调安全权。1793 年法国宪法规定："安全就是社会为了保护自己每个成员的人身、权利和财产而给予的保障。"换句话说，安全权就是国家防止闹事、防止革命、防止侵犯资产阶级人身和财产的权利，所以马克思说："安全是市民社会的最高概念，是警察概念。"①

综上所述，"人权"形式上是抽象的，内容上是具体的；形式上是一般的，实质上是特殊的；形式上是超阶级的，实际上却具有强烈的阶级性。

胡乔木同志指出，以人类普遍形式出现的人性和人道主义，在资产阶级成为统治阶级以后，它的伪善性质随着资产阶级的反动倾向的发展和无产阶级革命斗争的兴起而日益增长，它"常常成了资产阶级暴力镇压无产阶级和劳动人民的甜蜜补充，而在无产阶级和劳动人民中，它的影响常常成为革命斗争的销蚀剂"②。天赋人权论也是这样，在资产阶级当政以后，它是资产阶级为无产阶级和劳动人民设置的骗局和陷阱。

如果说在"四人帮"横行时期，由于"四人帮"大搞法西斯专政，践踏人、侮辱人、剥夺了人民的一切权利，一些人谈论人权问题是可以理解的，那么在粉碎"四人帮"以后仍然有人著文论证社会主义时期仍然存在着"保障人权"和"争人权"的问题，并且提出"保障人权"和"争人权"的要求，这就不仅在理论上是错误的，而且在实践上是有害的。

人权是资产阶级的口号，它不能作为社会主义时期人民群众的要求提出来。前已论及，人权是与资产阶级统治和生产资料的资本主义私有制直

① 马克思：《论犹太人问题》，载《马克思恩格斯全集》第 1 卷，人民出版社 1956 年版，第 439 页。

② 胡乔木：《关于人道主义和异化问题》单行本，人民出版社 1984 年版，第 36 页。

接结合在一起的，人权只应理解为资本主义国家的公民权，它和社会主义国家的公民权有着本质的区别。人权以私有财产神圣不可侵犯为基础，社会主义国家的公民权则以公共财产神圣不可侵犯为前提，维护公共财产既是社会主义国家的职责也是每个公民的神圣职责，社会主义国家的公民权是社会绝大多数人享有的民主权利，是无产阶级专政保障的民主权利。在社会主义时期提出“保障人权”“争人权”，在理论上就混淆了历史唯心主义与历史唯物主义的界限，在政治上就混淆了社会主义民主和资产阶级民主的界限，从而也就抹杀了无产阶级专政与资产阶级专政的本质区别。

“保障人权”论者提出，我们党和毛泽东同志在过去曾多次提出过“保障人权”，例如我们党曾在1942年发布过《陕甘宁边区保障人权财权条例》，1942年11月发布过《晋西北保障人权条例》，《陕甘宁边区施政纲领》第六条有“保证一切抗日人民的人权、财权、政权……”的规定，毛泽东同志在1940年写的《论政策》一文中指出：“应规定一切不反对抗日的地主资本家和工人农民有同等的人权、财权、选举权……”① 但是马克思主义活的灵魂在于具体问题具体分析，邓小平同志提出，要完整准确地理解毛泽东思想，毛泽东同志在一定时间一定条件下讲的话，要结合当时当地的情况来理解，不能搞“两个凡是”。党的政策和口号都是根据不同时期的不同任务提出的，抗日战争时期保障人权的规定首先是针对沦陷区和蒋管区的公民权毫无保障的情况提出的，是从发展和扩大抗日民族统一战线的需要出发的；其次，人权和财产权是联系在一起的，当时处于民主革命时期，我们党对一般地主资产阶级的财产权并未实行剥夺，在政策上规定保障人权更有利于革命斗争的发展。但是到了社会主义时期，在建立了社会主义公有制以后，怎么还能再提“保障人权”和“争人权”的口号呢？

当然，提出“保障人权”和“争人权”的同志，不一定意识到人权的核心是财产权，也不是要求恢复私有制，他们针对我国的社会主义民主制还不够完善、法制不够健全、侵犯公民权利的事件时有发生的情况，提出在进行社会主义法制建设的过程中，仍然存在着保障公民合法权利的问

① 《毛泽东选集》第2卷，人民出版社1968年版，第743页。

题。但是列宁说："用抽象的概念代替具体的东西，这是革命中一个最主要最危险的错误。"[①] 用抽象的"人权"概念，代替社会主义公民权的具体提法，就模糊了权利的实质和内容，模糊了社会主义民主和资产阶级民主的原则界限，不仅不利于社会主义的法制建设，反而会阻碍社会主义的法制建设。

有的人把资产阶级人权的旗帜拿到今天的社会主义社会来挥舞，则是出于对西方所谓"自由"的向往。这些人以为人权就是自由，人权就是人们想做什么便做什么的权利，谁要是妨碍了个人的这种自由权利，谁就侵犯了人权。到底什么是西方国家的自由权呢？请再听一听资产阶级思想家和《人权宣言》的解释吧。孟德斯鸠说："自由是做法律许可的一切事情的权利。"[②] 卢梭说："服从自己制定的法律就是自由。"[③] 黑格尔也说过："只有服从法律，意志才有自由。"[④]《人权宣言》第6条说："自由是人在不损害他人权利的条件下从事任何事情的权利。"资产阶级思想家们都懂得，自由绝不可能是想做什么便做什么，因为这样只会引起混乱并使大家都不自由。自由必须有一个前提，就是不损害他人的权利，权利是由法律规定的，因此自由只能是在法律许可的范围内的自由。孟德斯鸠说："如果一个公民能够做法律所禁止的事情，他就不再有自由了，因为其他的人也同样会有这个权利。"[⑤] 洛克说："哪里没有法律，哪里就没有自由。"[⑥] 资本主义国家的法律是维护资本主义剥削制度的工具，它所赋予人们的首先是财产使用的自由、买卖的自由、剥削的自由，资本主义的无数罪恶，正是在"自由"这种人权的掩盖下产生的。因此马克思和恩格斯指出，在阶级社会里是没有真正自由可言的，只有当人们的活动既不受生存必需的物质制约性的驱使，又不受法律强制性的支配，当活动的意愿出于主体的自我选择，活动的目的由主体自身决定时，人们才能获得完全的自由，这

① 列宁：《论口号》，载《列宁选集》第3卷，人民出版社1972年版，第113页。

② 孟德斯鸠：《论法的精神》上，商务印书馆1961年版，第154页。

③ 卢梭：《社会契约论》，商务印书馆1980年版，第8页。

④ 黑格尔：《历史哲学》，商务印书馆1963年版，第79页。

⑤ 孟德斯鸠：《论法的精神》上，商务印书馆1961年版，第154页。

⑥ 洛克：《政府论》下篇，商务印书馆1964年版，第36页。

种自由的条件就是生产力的巨大发展、阶级的消灭和国家的消亡，这就是共产主义社会。但是即使到了共产主义社会，自由主要也只是指人们在经济上和政治上获得了彻底解放，也绝不是人们想做什么便能做什么。马克思主义并不否认个人意志的自由，但是在任何社会中，个人意志的自由都必须以集体意志和社会利益为前提，马克思和恩格斯指出：“只有在集体中个人才能获得全面发展其才能的手段，也就是说，只有在集体中才可能有个人自由。”[①] 即便到了共产主义社会，个人要获得自由，也要处理好个人与集体、与社会的关系，也要维护集体和社会的利益，否则仍要碰壁，仍不自由。

从《人权宣言》发表到现在，人类又经过了近两百年的历史变迁，资本主义已由上升走向腐朽，人权的虚伪性和欺骗性早已暴露无遗，即使在西方，自然法理论也早被其他更富于欺骗性和反动性的法学理论所取代，“天赋人权”的口号只有在历史教科书中才能找到，但是在社会主义的中国，还有人要提出“保障人权”“争人权”，这就不能不发人深思了。尽管有些人提出“保障人权”和“争人权”是出于某种善良的愿望，但是正如胡乔木同志在分析异化问题时指出的那样，希望一些具有某种善良愿望而主张异化论的同志注意到，有些人已经从异化论出发直接要求取消一切社会政治权力，一切社会经济组织，一切思想权威，一切集中和纪律，公开宣扬无政府主义、绝对自由主义和极端个人主义。人权问题也是这样，有的人已经从人权出发反对人民民主专政，反对社会主义的民主和法制，反对党对社会主义事业的领导。

这当然不一定是那些具有善良愿望的同志始料所及的。“但是一个思潮有它自己发展的必然的逻辑。如果我们的理论在根本方向上不正确，就难免引起很不好的社会效果。这种后果纵然难以完全预料，却是每个有责任心的共产党员不能不在事先加以认真考虑的。”[②]

（原载于《思想战线》1984 年第 3 期）

① 马克思、恩格斯：《德意志意识形态》，载《马克思恩格斯全集》第 3 卷，人民出版社 1960 年版，第 84 页。

② 胡乔木：《关于人道主义和异化问题》单行本，人民出版社 1984 年版，第 67 页。

制约国民素质的主要因素分析

党的十四届六中全会把提高全民族的思想道德素质和科学文化素质作为今后15年的主要目标，实现这一目标需要按照党中央的精神扎扎实实地做好各方面的工作，而从制约国民素质的主要因素来看，抓好教育不能不是重要的一环。

18世纪法国伟大的启蒙学者爱尔维修在反思法国积贫积弱的状况后指出，法国贫弱的原因在于法国人民的愚昧。因此提出了“教育万能”的口号。随后便有人相继提出了教育救国的主张。这些主张在我国革命年代曾经遭到人们严厉的批判。的确，教育不是万能的，不推翻反动统治，教育不能发展。然而在革命胜利之后，随着政治、经济和社会的发展，以及伴随社会前进过程中所出现的各种矛盾和问题，人们又开始进行反思总结，认识到国民素质的低下是产生各种社会矛盾及制约社会进一步向前发展的主要因素。从马克思主义的观点看，在对社会发展起决定性作用的生产力诸要素中，人是最基本、最主要、最活跃的因素。人口的素质决定着生产力发展的水平，制约着整个社会文明进步的程度。自然，影响人口素质高下的因素是多方面的，有传统文化的因素，有政治法律的影响，有物质文明的程度，然而最具决定性的不能不说是教育。

我国近两三百年逐渐落后于西方的原因，从马克思主义的观点看，是生产方式的落后，但决定生产方式的是生产力，因此，中国之落后于西方，归根结底，应当说仍然是人的落后，是人的思想观念及知识层次和科学技术水平的落后。而教育则是给予人口素质以决定性影响的因素，因此研究中国与西方发达国家的差距问题，不能不思考和研究中国的教育。

我国教育，春秋以前学在官府，学生为贵族子弟，目的是培养后备官吏，学习内容以礼乐为主。春秋时期，官学渐废，私学勃兴，不同学派争相招纳学生，讲授本派思想观点，突破传统的比较狭隘的教学内容，墨家私学甚至传授生产技术及兵器制造。至战国时期，群雄分治，争相招纳人才，教育体制亦为之大变。教学内容及传授方式，各派自拓蹊径，不拘一格，独创一家，形成了百家争鸣的文化繁荣盛况。应当说这是我国教育最为兴盛和卓见成效的时期。

秦统一后，严禁私学，以吏为师，但为时不长，影响不大。汉武帝罢黜百家，独尊儒术，设太学培养五经博士弟子，作为朝廷的后备官吏，这是我国教育体制方面的一大变化，从此教育的科目、内容、对象都逐渐被局限于极狭隘的范围之内。且两汉重师法，某一经学大师的一家之言长期垄断学宫，士子因袭，思想僵化，学习的目的仅为做官，加之，设科对策，要求极严，录取名额极少，多数士子，结童入学，白首空归，毕生穷经，了无用处。

隋代设国子监为教育事业的总管机构，虽有国子学、太学、四门学、书学、算学等学科，但教育的目的仍只是为了选拔官吏。炀帝大业二年(606年)，设进士科，孝廉试经，秀才试策，先在州郡考试合格后，作为国家后备官吏等待叙用，是为我国后世1300余年科举制度之滥觞。科举取士较之东汉的举荐自然是一种进步，但自从科举制度建立后，整个封建官学就成为科举制度的一个重要组成部分，教育的目的、教学科目的设置、教学的内容以至方法，无不以封建科举的要求为依归。唐宋试古文，还能录取一些有真才实学的士子，明代出现八股以后，至清代则成为一套整治士人的绝招，整个科举教育体制更趋于狭隘、封闭、僵化和腐败。清末科举如康有为《请废八股试帖楷法试士改用策论折》中所言："巍科进士，翰苑清才，而毫不知司马迁，范仲淹为何代人，汉祖唐宗为何帝者。若问亚非之舆地，欧美之政学，张口瞪目，不知何语矣。"梁启超在《公车上书请变通科举折》中也说："自多官及多士，多不识汉唐为何朝，贞观为何世者。至于中国之舆地不知，外国之形名不识，更不足责也。"

中国的科举及为科举服务的教育，不仅误了、害了大批的知识分子，而且也误了、害了整个中华民族。1000多年来，由于教育的目的只限于做官，教学的内容只限于科举考试的要求，且束脩书价都极昂贵，非一般劳动群众所能负担，加之汉字古文学习极难，接受教育者极少。虽然，广大劳动群众由于生活的需要，亦有其传习生产知识的途径和方法，但由于缺乏科学文化知识的支撑，师授家传都极其保守。中国人虽然也曾有过许许多多的发明创造，但都极难得到进一步的改进、完善和推广运用。大多数处于文盲半文盲状态的群众，缺乏知识作为武器和力量，既不能自助也不能助人，只能仰仗明君清官的恩赐，能吃饱肚子的年代即被誉为盛世。到了政治腐败、无法生存的时期，便只有拿起武器进行改朝换代的革命。每次革命以后，开始虽有一些好转，但时间一长，统治阶级便又腐败起来，如1945年黄炎培访问延安时与毛泽东谈到的，历史上许许多多的朝代都是："其兴也勃焉"，"其亡也忽焉"，总是跳不出这个"周期率"。根本的原因何在？笔者认为，在于民众的愚昧落后，民众的愚昧落后与官吏的贪污腐败总是相辅相成的。毛泽东说，跳出这"周期率"的途径在于实现民主，这当然是对的，但在一个相当一部分人仍然是文盲半文盲，相当部分的民众缺乏民主知识和独立思考，缺乏自我保护意识、法治观念、权利义务观念等等的国家中，民主又何以能得到真正的实现？

中国是一个有5000多年文字记载的历史的国家，西方有文字记载的历史始于公元前12世纪，比中国晚了近2000年。希腊人在公元前8世纪左右才建立了奴隶制城邦国家，在经历了一系列的变革和打败了波斯帝国的侵略之后，于公元前5世纪进入了繁荣时期，希腊的两个著名的城邦斯巴达和雅典，相继形成了各具特色的政治体制和教育体制，斯巴达的教育体制是要把自己的公民训练成为无比坚强和视死如归的战士，雅典的教育体制则是要把自己的公民培养成为德智体全面发展的热爱祖国的优秀公民。古希腊十分重视教育，许多思想家很早就认识到，好的城邦必须有好的公民，只有好的公民才能构成好的社会，而培养好公民的途径就是教育，因而好的国家必须重视教育。

雅典除公办的学校外，私学亦极为兴盛，许多著名的思想家很早便开始集众讲学。雅典城邦的官吏是以选举或抽签选拔的，选举重能力和才干，因此雅典的教育虽不是为了单纯培养官吏，但雅典奴隶制自由民的民主政治要求人们善于表达自己的意愿，并积极参与政治生活，因此，文法、修辞及雄辩等课程受到人们较多的重视。雅典城邦的公办教育是属于普及型和初级型的，许多学者开办的私人学园则属于深造型和高层次的，这种学园学习的科目比较广泛，如柏拉图学园学习的科目为哲学、天文、几何、算术、音乐、文法、修辞（简称“七艺”）。

罗马教育受希腊的影响极大，十分注意培养公民对共和国的忠诚与责任，并特别注意法制教育。十二铜表法为初级教育必须学习的课程，至于高级教育，适应罗马共和国政治的需要，则注重修辞与雄辩，雄辩学发展人们的逻辑推理和表达分析等思维能力。罗马民族虽然不是一个富于理论思辨的民族，但却是一个非常注重实际和效率的民族。罗马的文法学校被称为培养政治家和演说家的学校，除修辞与雄辩外，法律、数学、天文、音乐、体育都是必修的课程。

被称为“黑暗时期”的欧洲中世纪，神权统治着一切，僧侣垄断着教育与知识，神学成为学校的主要学科，但哲学、算术、几何、天文、音乐、文法、修辞仍为高等学校的主要课程。12 世纪后，在意大利首先出现了设置各种专业的综合性大学，如意大利的萨莱尼医科大学、波罗尼的法律大学，随后又出现了法国的巴黎大学、英国的牛津大学和剑桥大学。至 13 世纪，意大利已有大学 15 所，法国有 16 所，西班牙、葡萄牙各有 15 所。意大利和英国的大学均有自治权，对地方长官和教会保持相当的独立性，校长及学校高级职员均由教授和学生民主选举，大学的全体成员均享有“大学裁判权”。巴黎大学虽受到教会的严格控制与监督，仅有教授与硕士、博士才享有对大学领导人的选举权，但仍有相当的学术自由，如著名的神学异端威廉·奥卡姆（1285—1349 年）便曾担任过巴黎大学的教授，反对教皇的著名学者马西里乌斯（1280—1343 年）则一度担任过巴黎大学的校长。许多大学都是学术研究和学术讨论的中心，大学学习科目除传统的“七艺”外，获硕士学位后，还可以继续攻读各种专门学科（如神学、医学、法学、文学等）。中世纪的欧洲，除大学外，还有大量的初中等学校和职业学校，如手工业者联合创办的行会学校、商会创办的基尔特学校等。不难看出，欧洲中世纪的教育虽然受到教会的控制与监督，但在狭隘性、封闭性、保守性及僵化程度方面，远不如中国封建教育那样强烈。且西方大学较多，可以互相转学，促成了校际乃至国际的学术交流，从而为 15 世纪以后的欧洲文艺复兴奠定了深厚的思想理论基础。

欧洲文艺复兴是对封建神权政治的巨大冲击，它极大地促进了欧洲人的思想解放，欧洲人不再用宗教的眼光，而开始用世俗的眼光来看待世界。文艺复兴时期，欧洲教育得到极大的发展，许多教育家开始提出了发展儿童自身学习积极性和主动性的观点，大学教育除“七艺”外，又增设了历史、地理、物理等许多新的课程，这一时期欧洲产生了许多为自然科学奠定基础的伟大的自然科学家（如哥白尼、伽利略、帕拉塞尔苏斯、塞维特、哈维特等），这绝非偶然，这是西方教育长期发展、改革、积淀的结果。如果说数学是自然科学之母的话，那么数学教育在西方从古代到中世纪便从未中断过。文艺复兴后期，捷克著名的教育家夸美纽斯曾系统地论述了教育问题，他提出了人之所以成为人，即成为有理性、有德性、有责任感和有文明习惯的人，是由于在适当年龄受到适当的教育的结果。他关于教育必须遵循自然的原则，关于儿童必须学习多种语言和自然科学知识的主张，以及社会一切公民的子女都必须接受知识性的普通教育的思想，具有相当的正确性和超前性。在英国资产阶级革命后，为越来越多的人所逐渐认识。法国启蒙运动时期，许多著名的启蒙思想家都对教育问题作了深刻的论述，并正确指出了人民愚昧的首要原因便是由于教育的落后。法国资产阶级革命后，西方教育在19世纪得到了进一步的发展。这个时期初等教育在西方许多国家都得到了普及。许多国家都进行了教育立法，并通过立法对义务教育作出了强制性的规定。德国是进行教育立法最早的国家，但实际上相对英、法仍然落后，1763年腓特烈二世颁布了普鲁士学校法令，规定父母必须把自己5～13岁的孩子送入学校，对不执行命令者则课以重罪重罚，从此，德国教育开始得到真正的普及。

不能说，近现代西方一切著名的科学家、思想家、政治家和各个领域的大师都是学校里培养出来的，但却可以说，近现代西方社会的进步和科学文化的昌明，无疑得力于教育的普及和教育内容以及教学内容、教学方式方法的不断改进，而且许许多多著名的思想家、科学家都得益于学校的培养，如英国著名的哲学家和政治思想家约翰·洛克（1632—1704年）毕业于牛津大学，哲学大师弗兰西斯·培根（1561—1626年）和科学家牛顿（1642—1727年）均毕业于剑桥大学的三一学院，可作佐证。更重要的是，近代西方教育的发展，使西方人口的文化、文明及公民素质的总体水平得到了极大的提高，从而使西方社会的政治、经济、科学、技术、文化均获得了长足的发展。

值得提出的是，中国这一文明古国虽曾有过四大发明，但由于科学水平及认识水平的低下，中国人自身并没有能充分运用和发展这些重大的发明成果。反之，西方人却引进并充分利用与发展了这些成果，例如火药，西方人利用它于16世纪制成了枪支，19世纪又把黑色火药改进成为硝化棉无烟火药，使枪炮的射程和杀伤力得到了极大的提高，西方人运用这些枪炮使古老文明的东方终于屈从于船坚炮利的西方。我国汉代发明的造纸术，至清代都未获得较大改进，西方人引进中国造纸技术后，英国人于18世纪开始用氯元素漂白纸浆，1807年发明了长网造纸机，两年后又发明了圆网造纸机，开始了机制纸的生产，1840年又有了木浆造纸，而这时的中国，仍然通行着用麻木棉为原料的手工造纸的老方法。与纸张相关联的活字印刷术是11世纪由毕昇发明的，但在我国并未得到推广，至清末，我国的大部分书籍仍为刻版印刷和手抄本。但活字印刷传入欧洲后却得到了极大的改进，14世纪，泥木活字已被改进为金属活字，1439年，德国人谷登堡发明了印刷机，随后又铸出了合金活字，并形成由拣字、组版、填空、齐行，以及印刷、还字等组成的印刷工艺。1790年，欧洲人又发明了铅版。1811年，德国人柯尼希和鲍尔设计并制造成功间歇式滚筒印刷机，采用蒸汽为动力后，时速达1100印张。1844年美国人设计制造的轮转式印刷机，时速则高达8000印张。精美价廉的纸张、书籍和各种印刷品，又为西方教育的普及和知识传播提供了重要的物质条件，使西方人的智力普遍地获得了较早的开发。而指南针和罗盘在引进到西方后，西方人把它由原来的八指向改进为十六指向，后又改进为三十二指向，并广泛应用于航海，后来许多更加科学的导航仪器，都是在这一基础上改进和发明的。西方人借助它发现了新大陆和新航路，促进了欧洲资本主义的巨大发展。于是，曾经落后于东方的西方，终于由于教育的发展和人口素质的极大提高，迎来了近代工业和科学技术的革命，在最近两百多年的时间里，迅速地赶上并超过了中国。

总之，是人的素质和水平决定着生产力的发展水平。当前中国人口素质总体水平相对低下，是制约我国劳动生产率提高的主要因素，是中国社会当前许许多多的不能令人满意的社会矛盾产生的主要原因，是建设有中国特色社会主义所必须解决的重大战略问题，这已经为中央所多次指出，并在一部分干部和群众中取得了共识。要提高中国人口素质的总体水平，关键在教育。然而发展教育不仅仅是一个资金投入的问题，还必须使中国的教育在体制、目的、课程设置、教学方式方法及师资队伍的水平等方面都必须有一个较大的改革与发展才有可能。即将到来的21世纪无疑将是一个经济发展质量与科学技术水平激烈竞争的世纪。中国能否在21世纪的激烈竞争中获得持久的稳定与发展，将取决于中国全民的人口素质能否获得较大的提高。因此，反思历史，展望未来，令人想到的是：发展教育、改革教育，这是中华民族在21世纪立足于世界民族之林的真正希望之所在。

（原载于《思想战线》1997年第1期）

黑格尔的自由观

人们对自由的认识，经历了一个漫长的逐渐深化的过程。在古代西方，“自由”这一概念是随着奴隶制的产生而产生的，当时，自由仅只是在相对奴役而言的意义上使用，指人们的非奴役状态。古希腊时期出现了相对奴隶而言的自由民，自由民指拥有权利和义务的公民，自由在当时只是一个政治概念、法律概念，而不是一个哲学概念。早期和繁荣时期希腊的思想家，既没有人对自由作过单独的哲学思考，也没有人提出过实现“个人自由”的要求。那时的人们普遍认为，自由民的自由是属于城邦和集体的，个人离开城邦和集体，不是奴隶便是野兽，无任何自由权利可言。希腊著名的政治家伯里克利在伯罗奔尼撒战争的一次葬仪演说中对自由作过如下解释，他说：“自由即保卫城邦不受侵犯，自由是全体公民尽最大可能来实现自身的抱负。”[①] 那时人们的共同观念是，城邦存则自由存，城邦亡则自由亡，因此，自由必须是保卫城邦不受侵犯。直到希腊晚期，斯多葛派才开始提了个人自由的问题，并且开始意识到自由所受的客观制约性，认识到主体对客体的依赖性越小，主体的自由便越多，内在对外在的欲求越小，内在获得的独立性越大。

中世纪的欧洲，封建制度和神权统治不仅束缚着人们的行动，而且窒息着人们的思想，广大人民无任何自由可言，“自由”这个概念在现实生活中似乎已经消失，只有在神学家们的著作中论述意志自由的时候才提到了它，但神学家们只承认上帝才有意志自由，而人如果说也有意志自由的话，那便只能是对上帝的信仰。

---

① 转引自《美国社会科学百科全书》英文版“自由”词条。

近代西方的自由理论，是人们在反封建、反神权的斗争中提出来的。文艺复兴时代的巨人们，首先从反对宿命论开始，倡导个人也有意志自由，摇撼了欧洲封建主义和神权政治的大厦。随着尼德兰革命和英国资产阶级革命的胜利及法国大革命风暴的来临，许多思想家更加意识到自由问题对反封建斗争的重大意义，对自由的思考逐渐深入，并形成了比较完整的自由理论。其中特别值得提出的是黑格尔的自由理论，他的主要观点受到了马克思和恩格斯的称赞，至今对我们研究和正确认识自由问题仍有重要的意义。

一、自由是对必然的认识。自由乃是于他物中发现自己，自己决定自己，自己依赖自己。人类的历史是一部认识和实现自由的历史

关于自由与必然的关系，早在黑格尔之前，斯宾诺莎便有过许多精辟的论述。他认为世界是一个客观存在的自然实体，人只是这个自然实体的一部分，自然实体按照自己的规律运动着，作为自然实体一部分的人，也必然要受这一规律的支配，因此，必然是产生自由的原因。他说："人们相信他们自由，只是因为他们自己意识着自己的行为，而毫不认识决定他们行为的原因。"① 他认为决定人们行为的原因，就是客观规律性。黑格尔完全赞同斯宾诺莎的这一观点，认为自由是对必然的认识，并明确提出："必然性只有在它尚未被理解时才是盲目的。"② 黑格尔还进一步提出，既然自由是一种基于对客观必然性认识的行为，那么它是一种理性行为，是一种独立自主的活动。强烈情感支配下的非理性行为，这种强烈的冲动情感由他物、他人、他事所引发，并不是基于个人冷静的理智认识的自主活动。他在论及自由的性质时指出："自由乃是于他物中发现自己的存在，自己依赖自己，自己决定自己的意思，所以思想与冲动不同。在一切冲动

① 斯宾诺莎：《伦理学》，商务印书馆 1981 年版，第 95 页。
② 黑格尔：《小逻辑》，商务印书馆 1962 年版，第 307 页。

行为中，我乃是自一他物，自一外在于我的事物开始。在这里，我们只能说是依赖，不能说是自由。”① 他还说，冲动只是一种“形式的自由”，并非真正的自由。

黑格尔认为，动物有生命，是自然发展的“顶峰”，而人不仅有自在的生命，还有自觉的意识，又是顶峰的顶峰。人既是自在的又是自为的，人既能认识自己又能认识世界，所以人能根据自己的认识，把人自身的理想、愿望，通过实践体现在客观世界中，这样，人和自然、人与客观世界就不再是对立的而是统一的。正是在这个意义上，人才是自由的，人的自由也才是无限的，因为人的认识是无限的，这也是人和动物的区别。黑格尔说，人“他首先作为自然物而存在，其次他还为自己而存在，关照自己，认识自己，思考自己，只有通过这种自为而存在，人才是心灵”②。又说：“自由是心灵的最高的定性。按照它的纯粹形式的方面来说，自由首先就在于主体对和它自己对立的东西不是外来的，不觉得它是一种界限和局限，而是就在那对立的东西里发现它自己。就是按照这种形式的定义，有了自由，一切欠缺和不幸的消除了，主体也就和世界和解了，在世界里得到满足了，一切对立和矛盾也就解决了。但说得更确切一点，自由一般是以理性为内容的：例如行为中的道德，和思想中的真理。”③ 黑格尔作为一个客观唯心主义者，他认为“精神”是世界历史的基础，精神的特性是追求自由、产生自由和获得自由。精神的“实体”和本质就是自由，自由是精神所要获得的唯一真理。据此，他提出，人类的历史既然是一部精神活动的历史，便也就是一部人类认识自由，从而获得自由的历史。

黑格尔提出，人类对自由的认识经历过多种不同的发展阶段，人类获得的自由也有过多种不同的层次。他说，东方人不知道人的本质——精神是自由的，因为不知道，所以不自由。他们只知道一个人是自由的，这个人便是专制国君，“这一个人的自由只是放纵、粗犷、热情的兽性冲动，

① 《从文艺复兴到十九世纪资产阶级哲学家政治思想家有关人道主义人性论言论选辑》，商务印书馆 1966 年版，第 672 页。

② 《从文艺复兴到十九世纪资产阶级文学家艺术家有关人道主义人性论言论选辑》，商务印书馆 1971 年版，第 530 页。

③ 同上书，第 531 页。

或者是热情的一种柔和驯服，而这种柔和驯服自身，只是自然界的一种偶然现象或者一种放纵恣肆”[①]，而放纵恣肆并非自由，所以东方的专制君主也并非是自由人。

黑格尔认为，希腊人和罗马人也只知道少数人是自由的，不懂得人人都有自由，他们不承认奴隶是人，不认识奴隶是具有自由精神和独立的自由意志的人，因此自由在希腊人、罗马人那里并没有获得完全的实现。最后，他提出，只有日耳曼人在基督教的直接影响下首先获得了自由的意识，“知道人类之为人类是自由的；知道‘精神’的自由造成了它最特殊的本性”[②]。自由在日耳曼民族中获得了完全的实现，精神终于返回了它的自身，因此，日耳曼精神是新世界的精神，它的目的是要使绝对的真理体现为真正的自由。所以日耳曼民族是人类历史的最后完成，是人类历史发展的顶峰。自然，这一论点多少带有一些黑格尔自身的民族偏见。

黑格尔还提出，除日耳曼民族外，由于其他民族都不懂得人的自由，也就不可能把自由的原则贯彻到现实生活的一切关系上，特别是政治关系上。他说：“在各个国家里，自由更少盛行；各政府和宪法也没有采用一种合理的方式，或者承认自由是它们的基础。这个原则应用于各种政治关系上；拿它来铸造和贯彻社会机构，乃是一种造成历史本身长期的过程。”[③] 他认为，使自由变为现实，这是“精神”的使命，是整个世界的最后目的，是“自古到今努力的目标，也就是茫茫大地上千秋万岁一切牺牲的祭坛，只有这一个目的不断在实现和完成它自己；在终古不断的多种事态的变化中，它是唯一变化的事态和渗透这些事态真实有效的原则”[④]。

① 《从文艺复兴到十九世纪资产阶级哲学家政治思想家有关人道主义人性论言论选辑》，商务印书馆 1966 年版，第 674 页。

② 同上。

③ 同上书，第 674－675 页。

④ 同上书，第 676 页。

二、国家和法的限制是实现社会政治自由的必要条件

黑格尔认为，任何一个个体都是一个有限的东西，都有一定的界限。人就是一个个体，人要获得自由，就必须认识这个界限，自觉地限制自己。他说："人要想成为真正的人，就必须是一个特定的存在，为达此目的，他必须限制自己。"① 但自由又意味着人们企图在各方面"一试身手"，意味着人们愉快地投身于追求自己有兴趣的思想和活动中，在这些思想和活动中，人们各有自己的原则和信念，从而获得了道德上的独立，但这种自由，一方面促使人们最大限度地分化，形成了社会的不平等；另一方面，也促进了人类的发展，特别是人们个性的发展，"同时产生了对需要数量的无穷增加，产生了满足这些需求的困难的增加，产生了好辩欲望的增加，产生了挑剔癖的增强，以及贪得无厌的虚荣心作祟的话，那么在这方面它就几乎变成了这个范围里引起混乱和产生各种可能的复杂问题的个性松弛的一部分了"②。因此要避免社会混乱，实现社会自由，就需要对个人的各种非理性的感情、欲望、意志加以规范和限制。

黑格尔认为，国家正是一种对非理性感情、欲望、意志的限制，而这种限制恰好是社会自由实现的必要条件。他说："社会和国家当然产生了限制，但这种限制只是限制了纯属兽性的感情和原始的本能；就好像在一个比较更进步的阶段，便是限制了放纵和热情考虑的意图。这一种限制，乃是真正的——合理的依照概念的自由的意识和意志所由实现的手段。"③ 黑格尔提出，依照自由的概念，道德和法律是必不可少的，道德和法律是对冲动、放纵的热情的欲望的一种约束，是对纵欲和任意的一种限制，人们常把它们看作是对于自由的一种"桎梏"，但是，"相反地，我们应当把

---

① 黑格尔：《小逻辑》，商务印书馆 1962 年版，第 204－205 页。

② 《从文艺复兴到十九世纪资产阶级哲学家政治思想家有关人道主义人性论言论选辑》，商务印书馆 1966 年版，第 682 页。

③ 同上书，第 677 页。

这种限制看作是解放的必要条件。社会和国家正是‘自由’所实现的情况”①。

黑格尔甚至认为，每一部真正的法律，都是一种自由。“它包含了客观精神的合理原则，换句话说，即它体现了一种自由。”② 而法定的权利，不论是私人的或国家的，公共的或市镇的，原先就称之为自由的权利，这些自由权利都有一定的界限。在政治国家中，每个人依法享有的一定自由权利，都必须以不侵害他人的自由权利为条件，因此，“每个人在涉及他人自由的时候，务必限制自己的自由；国家是这种相互限制的一种必要条件；而法律本身就是限制”③。

黑格尔指出，法律虽然是人们自由的一种限制，但在一个依照理性统治的国家中，人们遵守法律，不会丧失自由。因为这种法律体现的是公民自身的理性，它正是公民自由实现的必要条件。他说：“在一个真正按照理性划分生活各部门的国家里，一切法律和措施都只是按照自由的本质的规定性来实现自由。既然为此，所以每个公民都发现这种制度恰恰是他个人理性的实现，在服从这些法律时，不是把它们当作外人，而是把它们当作心腹。”④

黑格尔还提出，有人认为，现代国家只允许“平等”，或者允许平等甚于允许自由，这种说法是不正确的。相反地，正确的说法应该是：“正是现代国家形式的巨大发展和臻于成熟，在现实生活中产生了个人之间最为具体的不平等；而通过法律的更为合理化和法定国家的更趋稳固，它同时产生了在更大程度上与更加稳定的自由。”⑤ 自由作为对自由运用财产的保护，作为对自由发展与运用个人才能的允诺，它带来的只能是社会的分化和不平等，而人们却只看到了现代国家形式上的平等，即法律面前的平

① 《从文艺复兴到十九世纪资产阶级哲学家政治思想家有关人道主义人性论言论选辑》，商务印书馆 1966 年版，第 674 页。

② 同上书，第 681 页。

③ 同上。

④ 《从文艺复兴到十九世纪资产阶级文学家艺术家有关人道主义人性论言论选辑》，商务印书馆 1971 年版，第 532 页。

⑤ 《从文艺复兴到十九世纪资产阶级哲学家政治思想家有关人道主义人性论言论选辑》，商务印书馆 1966 年版，第 681 页。

等，忽视了日趋扩大的自由所带来的实际上的不平等。

三、自由要靠知识、修养和自我克制才能获得。世界上不存在绝对自由

黑格尔提出，人并非生而自由，自由不是一种天生的状态，自由只能是对必然的认识，因此，自由是后天的，自由需要知识、修养和自我克制才能获得。他说："'自由'要靠知识和意志的无穷训练，才可以找出和获得。所以天然状态不外乎是无法的凶暴的状态，没有驯服的天然冲动的状态，不人道的行为和感情的状态。"①

黑格尔还指出，无知的人是不自由的，因为他对自己赖以生存的客观世界是"陌生"的，这个陌生的世界和他是对立的，他对这个陌生的世界是缺乏知识的，他还没有把这个陌生的世界变成为他自己所用的。他住在这个世界里，不像居住在自己的家里一样，因此，他虽然居住在这里，但却是盲目的、不自由的。黑格尔认为，人们进行学习、研究、思考，追求知识，就是为了认识这个世界，为了获得自由。他说："人们努力从知识和意志，从学问和品行里去找一种满足和自由……好奇心的推动，知识的吸引，从最低的一直到最高级的哲学见识，都只发源于一种希求，就是要把上述不自由的情形消除掉，使世界成为人可以用观念和思考来掌握的东西。"②

黑格尔指出：世界上不存在绝对自由，即"普遍的自由意志"，自由只能是相对的、有条件的、有限制的。因为普遍的、一般的东西，只有在个别的、具体人的身上才是现实的，而普遍的自由意志，只有在单一性的个体中，才是一种现实的意志。活生生的人，作为一个单一性的个体，只是一个有限的个体，要受到客观世界和各种各样的限制，所以普遍的自由

① 《从文艺复兴到十九世纪资产阶级哲学家政治思想家有关人道主义人性论言论选辑》，商务印书馆1966年版，第677页。

② 《从文艺复兴到十九世纪资产阶级文学家艺术家有关人道主义人性论言论选辑》，商务印书馆1971年版，第532页。

意志在现实生活中是不存在的，它与客观现实是不相容的。如果有人自以为拥有普遍自由意志，即认为可以随心所欲地、不受限制地为所欲为的话，那么，他只能到处碰壁，并引起狂暴，导致灭亡。黑格尔说："普遍的自由所能作的唯一事业和行动，于是就是死亡，而且是这样一种死亡，它没有任何内容，也没有任何充实，因为被否定的东西乃是绝对自由的自身的没有充实没有内容的点；它因而是最冷静最平淡的死亡，比劈开一棵菜头和吞下一口净水并没有更多的意义。"①

总的来看，黑格尔是近代较早对自由理论进行正确阐述和深刻分析的思想家，他首先揭示了自由与必然的关系，并把这一关系引入政治领域，正确阐述了国家、法律和公民自由的关系。恩格斯在《反杜林论》中充分肯定了黑格尔的主要观点，并且指出，自由不在于摆脱客观条件的限制，不在于脱离客观规律的制约，恰恰相反，自由却在于正确认识和把握客观条件和客观规律，并运用它为人类的一定目的服务。自由的程度和层次是随人类认识的深化而不断提高的，由于整个人类的历史现在还十分年轻，人类对客观世界的认识还不够深入，因此，人类还不可能获得极大的自由。恩格斯还针对杜林的错误观点指出："硬谈我们现在的观点具有某种绝对的意义，那是多么可笑，这一点从下述的简单的事实中就可以看到：到目前为止的全部历史，可以称为从实际发现机械运动转化为热到发现热转化为机械运动这么一段时间的历史。"②

（原载于《云南学术探索》1996年第3期）

① 《从文艺复兴到十九世纪资产阶级哲学家政治思想家有关人道主义人性论言论选辑》，商务印书馆1966年版，第679页。

② 恩格斯：《反杜林论》，载《马克思恩格斯选集》第3卷，人民出版社1972年版，第154页。

国家应当由社会主人变为社会公仆

——学习马克思、恩格斯的民主理论

马克思和恩格斯都是从民主主义者转变为共产主义者的，青年时代，曾投身反对德国封建制度的民主革命洪流，为在德国实现民主主义而奋斗。在马克思、恩格斯确立共产主义世界观后，并没有抛弃革命的民主主义传统，而是应用历史唯物主义的原理，更加科学、深入地探讨了民主的一系列问题。民主问题仍然是马克思主义理论中的重大问题。马克思、恩格斯在为无产阶级制定的第一个革命纲领《共产党宣言》中指出："工人革命的第一步就是使无产阶级上升为统治阶级，争得民主。"① 明确地把民主作为无产阶级解放运动的第一个伟大目标。按照马克思和恩格斯的观点，社会主义不是对民主的否定，而是使民主更加广泛，更加完备，更加彻底。

第一，马克思和恩格斯揭露了资产阶级民主的狭隘性和局限性，指出政治民主的基础应当是社会经济的平等，但是资本主义却建立在资产阶级生产资料私人占有制的基础上，因此尽管资产阶级把反对封建特权作为自己的斗争目标，主张实现政治平等，从而实现政治民主，但由于资本主义是一个以资本剥削雇佣劳动为基础的社会制度，社会在事实上存在着严重的阶级对立，因此"当国家宣布出身、等级、文化程度、职业为非政治的差别的时候，当国家不管这些差别而宣布每个人都是人民主权的平等参加者的时候，当它以国家的观点来观察人民现实生活的一切因素的时候，国家就是按照自己的方式废除了出身、等级、文化程度、职业的差别。尽管

云南文库·学术名家文丛

① 《马克思恩格斯选集》第1卷，人民出版社1972年版，第272页。

如此，国家还是任凭私有财产、文化程度、职业按其固有的方式发挥作用，作为私有财产、文化程度、职业来表现其特殊的本质。国家远远没有废除这些实际差别，相反地，只有在这些差别存在的条件下，它才能存在，只有同它这些因素处于对立的状态，它才会感到自己是政治国家，才会实现自己的普遍性"①。由于资本主义社会中存在着政治上的形式平等与经济上的实际不平等的矛盾，在国家政治生活中，每个公民表面上都是平等的参政者，而实际上，由于财产占有与社会地位的差异，大多数人无法在事实上参与政治生活，公民的普选权在本质上只是为了每隔三年或六年决定一次，究竟由统治阶级中的什么人在议会里代表和压迫人民。

马克思和恩格斯指出，在资本主义社会，民主总是为金钱所操纵。恩格斯说："资产阶级的力量全部取决于金钱，所以他们要取得政权就只有使金钱成为人在立法上的行为能力的唯一标准。他们一定得把历代的一切封建特权和政治垄断权合成一个金钱的大特权和大垄断权。资产阶级的政治统治之所以具有自由主义的外貌，原因就在于此。"② 资产阶级消灭了国内各个封建等级之间的一切旧的差别，取消了一切依靠封建领主的专横而取得的特权和豁免权。他们把选举权当作统治的基础，就是说，他们在原则上承认平等。他们解除了君主制度下的书报检查制度，取消了王国的特殊法官阶层，建立了陪审制，"就这一切而言，资产阶级真像是真正的民主主义者。但是资产阶级实行这一切改良，只是为了用金钱的特权代替以往的一切个人特权和世袭特权。这样，他们通过选举权和被选举权的财产资格的限制，使选举原则成为本阶级独有的财产。平等原则又由于被限制，为仅仅在'法律上的平等'而一笔勾销了，法律上的平等是在富人和穷人不平等前提下的平等，即限制在目前主要的不平等的范围内的平等，简括地说，就是简直把不平等叫做平等"③。

第二，马克思、恩格斯提出了社会决定国家的理论，指出民主的目的是应当使国家成为社会的公仆。

马克思、恩格斯说，以往国家的特征就是国家决定社会，国家主宰社

① 《马克思恩格斯全集》第 1 卷，人民出版社 1956 年版，第 427 页。
② 《马克思恩格斯全集》第 2 卷，人民出版社 1957 年版，第 647 页。
③ 同上书，第 648 页。

会，国家凌驾于社会之上并支配着社会，国家是“社会的主人”。他们提出，无产阶级的民主要求不应当是国家决定社会，而应当是社会决定国家。即全体人民直接或间接地参与国家管理，控制和制约着国家的各种权力及其活动，社会即社会的广大人民应成为国家的真正主人。在批判黑格尔反民主的神圣国家观时，马克思说：“民主因素应当成为整个国家机体中创立自己合理形式的现实因素。”① 又说：“民主制独有的特点，就是国家制度无论如何只是人民存在的环节，政治制度本身在这里不能组成国家。”② 马克思在这里说的“政治制度本身不能组成国家”，是指在民主制下，政府不等于国家。他接着说：“民主制从人出发，把国家变为客体化的人。正如同不是宗教创造人而是人创造宗教一样，不是国家制度创造人民，而是人民创造国家制度。”“在民主制中，不是人为法律而存在，而是法律为人而存在；在这里人的存在就是法律，而在国家制度的其他形式中，人却是法律规定的存在。民主制的基本特点就是这样。”③

马克思、恩格斯认为，实现无产阶级民主的目的是使国家由社会的主人变为社会的公仆，马克思、恩格斯生前所看到的唯一的一次无产阶级革命——巴黎公社革命，便是使国家成为社会公仆的范例。马克思说：“公社——这是社会把国家政权收回，把它从统治社会、压制社会的力量变成社会本身的生命力；这是人民群众把国家政权重新收回，他们组成自己的力量去代替压迫他们有组织的力量；这是人民群众获得解放的政治形式，这种政治形式代替了被人民群众的敌人用来压迫他们的社会人为力量（即被人民群众的压迫者所篡夺的力量）。”④

恩格斯说，社会起初用简单分工的办法为自己建立一些特殊的机关来保护自己的利益。但是，后来，这些机关，而其中主要是国家政权，为追求自己的特殊利益，从社会的公仆变成了社会的主人。国家终于成为“独立于社会之上又与社会对立的利益，这种国家利益交由那些担任经严格规

---

① 《马克思恩格斯全集》第1卷，人民出版社1956年版，第389－390页。

② 同上书，第281页。

③ 同上。

④ 《马克思恩格斯选集》第2卷，人民出版社1972年版，第413页。

定的、等级分明的职业祭师们管理"①。这种情形不但在世袭的君主国内可以看到，而且在民主的共和国内也可以看到。"正是在美国，'政治家'比在任何其他地方都更加厉害地构成国民中一个特殊的和富有权势的部分，那里两个轮流执政的大政党中的每一个政党，都是由这样一些人操纵的，这些人把政治变成一种收入丰厚的生意，拿合众国国会和各州议会的议席来投机牟利，或是以替本党鼓动为生，而在本党胜利后取得相当职位作为报酬。"②

巴黎公社的建立，使国家重新恢复了社会公仆的地位，而且为了防止国家机关的再度蜕变，即由社会公仆再度变为社会主人，再度成为凌驾于社会之上的压迫者，公社采取了两个办法：一是它把行政、司法和国民教育方面的一切职位交给由选举出来的人担任，而且规定选举者可以随时撤换被选举者。二是它对所有公职人员，不论职位高低，都只付给跟其他工人一样的工资。因此，公社是"新的真正民主的国家政权"③。

第三，马克思、恩格斯批判了资产阶级的分权制衡原则，提出了"议行合一"原则。

两百多年来，资产阶级一直把分权制衡奉为代议制政府的主要原则，企图用立法权来制约行政权，防止行政权力的滥用和维护资产阶级的自由。马克思指出，资产阶级的分权在实际上并不能达到真正的制衡目的。因为资产阶级为了保护自己的经济利益，为了镇压工人阶级的反抗，必然倾向于扩大行政权力，建立一个庞大的国家机器。他说："统治阶级对生产者大众不断进行十字军讨伐，使它一方面不得不赋予行政机关以愈来愈大的权力来镇压反抗，另一方面不得不逐渐剥夺它自己的议会制堡垒（国民议会）用以防范行政机关的一切手段。"④ 时至今日，资本主义各国也都仍然不同程度地存在着行政权力控制立法权力、行政权力压制立法权力的情况，权力制衡在实际上并没能完全实现。

马克思、恩格斯针对资产阶级国家制度的弊端，在总结巴黎公社经验

① 《马克思恩格斯选集》第2卷，人民出版社1972年版，第409页。
② 同上书，第335页。
③ 同上。
④ 同上书，第373页。

时，提出了“议行合一”原则。认为无产阶级的革命政权应当是立法与行政统一的权力，应当是一个统一的工作机关。马克思说：“公社不应当是议会式的，而应当是同时兼管行政和立法的工作机关。一向作为中央政府工具的警察，立即失去了一切政治职能，而变为公社的随时可以撤换的负责机关。”① 马克思提出的“议行合一”原则是对资产阶级“三权分立”原则的否定，但马克思否定的并不是对国家权力的制约与监督，而是主张用人民的真正民主权利来约束和监督国家权力，使所有的公民都来执行监督与监察的职能。这样，公社就彻底清除了国家机关的官僚等级制，以随时可以罢免和撤换的勤务员来代替旧时那些骑在人民头上作威作福的老爷。“以真正的负责制来代替虚伪的负责制，因为这些勤务员经常是在公众监督之下进行工作的。”② 马克思指出，由于立法行政的统一和公民广泛监督的制约，“公社给共和国奠定了真正民主制度的基础”③。

第四，批判了“国家崇拜”和无政府主义思想。

马克思和恩格斯对“国家崇拜”及无政府主义的批判，也是他们民主理论的重要部分。“国家崇拜”思想在各国工人运动发展的过程中都曾有过反映。德国工人运动中出现的“国家崇拜”思想则根源于黑格尔。黑格尔用唯心主义的观点对国家和社会进行区分，认为市民社会是“外在的国家”，是主观意志与个人利益的结合形式。国家则以其至高无上的意志、伦理精神把整个民族凝结为一个有机的统一体。国家先于并高于家庭和市民社会，是它们存在的前提和决定力量，是人类生活的最高形式。它是自我与他人、个人与社会、特殊利益与普遍利益的统一。个人只是国家的一些环节。只有生活在国家中，才能使个人获得人格、自由和价值。同时，黑格尔认为，世袭君主制是国家制度的顶峰，王权是普遍利益的最高代表。

黑格尔的上述思想，反映在德国工人运动中，主要表现是有的人对资产阶级国家产生崇拜，特别是对资产阶级的议会制产生崇拜，以为依靠资产阶级的国家，通过议会便可以使无产阶级获得解放。有的人则对“一般

① 《马克思恩格斯选集》第2卷，人民出版社1972年版，第375页。

② 《马克思恩格斯全集》第2卷，人民出版社1957年版，第414页。

③ 同上书，第377页。

国家”产生崇拜，以为国家将永远存在下去，看不到国家自行消亡和权力回归社会的趋势。拉萨尔便是这些思想的典型代表。

拉萨尔和黑格尔一样，认为“国家是真正的道德意志的实现，是普遍精神的自我体现”①。他不是把现存社会当作现存国家的真实基础，而是把国家看作一种具有自己精神、道德和自由基础的“独立本质”，他抽去了国家的阶级特性，抹杀了国家作为暴力机构和阶级压迫工具的事实。据此，他向德国工人阶级提出了三条纲领：①依靠普鲁士国家的帮助，由普鲁士国家出资1亿塔勒来帮助工人建立合作社，使工人成为企业主，从而免除剥削，获得经济上的解放。②为保证普鲁士国家能为工人的解放提供资金，必须争得工人普遍的、平等的、直接的选举权。普选权是使国家变为“社会的自觉目的的开始”。有了普选权，工人阶级就能在普鲁士议会中有自己的代表，就能控制和监督普鲁士国家。③建立“自由国家”。拉萨尔认为，德国工人阶级政治斗争的最终目的就是要建立一个“自由国家”，只有在“自由国家”中，工人阶级才能在政治上获得真正的解放。

马克思、恩格斯认为，资产阶级的民主制只是资产阶级实现其经济统治的一种政治手段，在民主制下，资产阶级对工人的剥削并不比在其他政治形式下更缓和。依靠资产阶级的议会和其他民主形式便企图使工人阶级获得政治经济的解放纯属幻想。马克思在给恩格斯的一封信中指出：拉萨尔“摆出了一副了不起的神气，大谈其从我们这里剽窃去的词句，俨然是一个未来的工人独裁者。他‘像玩游戏一样轻而易举地’（这是原话）解决了工资和资本之间的问题。就是说，工人必须进行争取普选权的运动，然后把像他那样‘带着科学这种闪闪发光的武器’的人送到议会中去。然后他们就创办由国家预付资本的工人工厂，而且这样的设施会逐渐遍布全国。这无论如何是令人吃惊的新鲜事”②。马克思认为，由国家资助成立生产合作社，这是1848年以前追随法国马拉斯特“国民报”的那一派巴黎工人纲领的翻版，这种认为依靠资产阶级政治民主就能使无产阶级获得经济解放的说教，早已为资本主义发展的进程和工人自身的实践所完全否

① 《拉萨尔言论》，生活·读书·新知三联书店1976年版，第333页。

② 《马克思恩格斯选集》第4卷，人民出版社1972年版，第347－348页。

定。至于把建立“自由国家”作为工人阶级政治斗争的目的，更是荒谬。他说：“使国家变成‘自由的’，这决不是已经摆脱了狭隘的奴才思想的工人的目的。在德意志帝国，‘国家’差不多是和在俄国一样地‘自由’。”①恩格斯也批判说：“从字面上看，自由国家就是可以自由对待本国公民的国家，即具有专制政府的国家。应当抛弃这一切关于国家的废话……当无产阶级还需要的时候，它之所以需要国家，并不是为了自由，而是为了镇压自己的敌人，一到有可能谈自由的时候，国家本身就不再存在了。”② 马克思认为，德国工人阶级的任务，首先应当是彻底清除封建残余，在德国实现政治制度的民主化，他说：“政治制度到现在为止一直是宗教的领域，是人民生活的宗教，是同人民生活现实性的人间存在相对立的人民生活普遍性的上天。”③“历史的任务就是要使政治国家返回实在的世界。”④ 第二步是建立无产阶级专政，实现无产阶级民主，并通过无产阶级专政的道路，过渡到消灭阶级，从而促使国家逐渐消亡。

当拉萨尔在德国以极右的观点鼓吹“国家崇拜”的时候，俄国的巴枯宁却从极“左”的观点出发，鼓吹 24 小时之内立即消灭一切国家。巴枯宁认为，国家按其性质来说，必然是对外实行侵略、对内庇护特权的剥削人民劳动的暴政独裁工具。有国家必然有统治，有统治必然有奴役，有奴役必然无自由。自由是个人的绝对权利，是道德的唯一基础，无自由即无幸福。他主张立即摧毁一切国家，认为国家是资本产生的根源，只有国家的消灭，才有资本、剥削和奴役的消灭。他反对一切权威，主张绝对“自治”，他的信条是“自由即至善”。

马克思、恩格斯认为，无产阶级虽然反对“国家崇拜”，主张推翻资本主义国家并最终促使国家消亡，但是，无产阶级在一定的历史时期内仍然需要国家。在无产阶级夺取政权，争得民主后，要建立无产阶级专政的国家，并要依靠国家的力量，组织人民来发展生产力，最终达到消灭资本、剥削，消灭阶级和促使国家消亡的目的。恩格斯在一封信中说：“巴

① 《马克思恩格斯选集》第 3 卷，人民出版社 1972 年版，第 19 – 20 页。

② 同上书，第 30 页。

③ 《马克思恩格斯全集》第 1 卷，人民出版社 1956 年版，第 283 页。

④ 同上。

枯宁有一种独特的理论——蒲鲁东主义和共产主义的混合物，其中最主要的东西就是：他认为应当消除的主要祸害不是资本，就是说，不是由于社会发展而产生的资本家和雇佣工人的阶级对立，而是国家。广大的社会民主党工人群众都和我们抱有同样的观点，认为国家权力不过是统治阶级——地主和资本家——为维护其社会特权而为自己建立的组织，而巴枯宁却硬说国家创造了资本，资本家只是由于国家的恩赐才拥有自己的资本。因此，既然国家是主要祸害，那就必须首先废除国家，那时资本就会自行完蛋。而我们的说法恰巧相反：废除了资本，即废除了少数人对全部生产资料的占有，国家就会自行垮台。差别是本质性的：要废除国家而不预先实现社会变革，这是荒谬的；废除资本也是社会变革，其中包括对全部生产力式的改造。”①

针对巴枯宁反对权威的错误主张，恩格斯指出，无产阶级需要民主，需要自由，但无产阶级并不反对权威。权威一方面是指把别人的意志强加于我们；另一方面，权威又是以服从为前提的。虽然这两种说法都不好听，而且它们所表现的关系又使服从的一方感到难堪，但权威在任何社会都是必要的。我们不可能创造出一种制度来，使权威成为没有意义的东西而归于消灭。随着生产力的发展，“联合的活动，互相依赖的工作过程的复杂化，正在取代各个人的独立活动。但是，联合活动就是组织起来，而没有权威能够组织起来吗”②？经济领域需要权威，政治领域更加需要权威，“革命无疑是天下最有权威的东西”③，获得胜利的无产阶级政党如果不依靠革命的权威，它将一天也不能维持自己的统治。

上述马克思、恩格斯关于民主的理论，是我们进行社会主义民主政治建设的指针，是我们研究和宣传民主问题应遵循的基本原理。民主政治建设是社会主义建设的一个重要的有机组成部分，随着社会主义经济建设的发展，社会主义的民主政治建设也将日益发展，这是无疑的。但社会主义民主政治建设的目标是什么，应当遵循哪些原则，注意什么问题，是我们必须结合对马克思主义理论的学习和社会主义建设实践认真思考、研究的

① 《马克思恩格斯选集》第4卷，人民出版社1972年版，第400页。

② 《马克思恩格斯选集》第2卷，人民出版社1972年版，第552页。

③ 同上。

问题。马克思、恩格斯的论述虽然经过了一百多年，但至今仍闪耀着科学和智慧的光辉。特别是国家应当由社会主人变为社会公仆的主张至今仍是我们进行政治体制改革的指针。正如列宁指出的："遵循着马克思的理论的道路前进，我们将愈来愈接近客观真理（但决不会穷尽它）；而遵循着任何其他的道路前进，除了混乱和谬误之外，我们什么也得不到。"①

（原载于《云南学术探索》1991 年第 3 期）

① 《列宁全集》第 14 卷，人民出版社 1957 年版，第 143 页。

中西政治思想的特点与资产阶级民主思潮的兴起

中国早在公元前1000年便开始进入封建社会，在西方，罗马帝国灭亡后，法兰克国家在公元8世纪末至9世纪初，封建制度才基本确立，中国封建社会比西方几乎早1700多年。但为什么资产阶级民主思潮首先在西方兴起，资本主义制度首先在西方建立？这固然是多种因素长期交互作用的结果。除了经济这个基本的因素外，不能不考虑中西政治制度和政治思想演变发展的特殊性对经济发展的巨大反作用。

本文仅就中西政治制度和政治思想发展的特点作一些初步探讨。

一、中国政治思想的特点与资产阶级改良主义

中国自夏代进入奴隶制的阶级社会，便在具有“亚细亚生产方式”特征的社会制度的基础上建立了比较固定的世袭君主制，这种世袭的君主制在中国前后几乎延续了近4000年。西周末期，礼崩乐坏，王室衰微，群雄争霸，但霸主仍须挟天子以令诸侯，天子握有国家的最高权力，在名分上并没有改变。“溥天之下，莫非王土；率土之滨，莫非王臣”仍被视为理所当然的事情。秦汉以后，建立了中央高度集权的世袭君主专制制度，皇帝的权力至高无上，生杀予夺，随心所欲。皇帝的意志便是法律，他除了受“天”的约束外，不受其他任何权力的约束。中国这种长期的比较固定的世袭君主制，不能不影响到经济和思想的发展，并使中国古代的政治思想形成了下列几个重要特点：

第一，政治思想和伦理思想合为一体，政治问题就是最大的道德问题。政治上受到指责，就是伦理道德上的最大缺陷。

第二，政治伦理思想的核心就是“忠君”。“三纲”第一条就是“君为臣纲”，“五常”第一条就是“君臣”。四维八德首先强调的也是忠君。在伦理关系中，君臣关系高于父子关系，忠君第一，孝亲次之。忠君就是报国，“大义”可以灭亲。自夏代建立君主专制制度，还给这种制度披上一层天命鬼神的外衣，所谓“夏服天命”（《尚书·吕诰》）、“禹致孝乎鬼神”（《论语·泰伯》）。国君受命于天地鬼神，忠君就是顺从鬼神的意志，对君主专制制度的任何怀疑和非议，都被认为是逆天的罪行。

第三，在忠君这个主要原则下，思想家们长期探讨的问题，只能是统治方法问题，即所谓“治”的问题。霸道与王道，礼治与德治，人治与法治，都无非是应当采取什么方式来维护君主专制统治的问题，是压服为主还是兼以说服，是依靠法律还是依靠人才，是恩威并施还是重恩轻威，思想家们只能为国君设谋，人民群众真正的利益和愿望是不大考虑的。春秋战国时期，百家崛起，一些人曾提出了“重民”思想、“民本”思想，但也仍只是站在国君的立场来考虑，无非是劝告国君要注意人民的某些愿望要求，对人民的统治剥削要适度，以免官逼民反，危及国君的社稷。邾文公说：“苟利于民，孤之剩也。”（《左传·文公十三年》）楚令尹子文说：“夫从政者，以庇民也。民多旷者，而我取富焉，是勤民以自封也，死无日矣。”（《国语·楚语》）“重民”“民本”都是以国君的长治久安为前提来考虑的。尊君爱民，尊君是目的，爱民只是尊君的手段罢了。因此在中国古代政治思想发展的过程中，关于国家的起源问题、权力的来源问题、国家的性质任务问题、政体问题，是不能探讨也不敢探讨的，探讨就是对君权的怀疑和动摇，在世袭的君主制下，这是忤逆，是决不允许的事情。

明清之际，随着中国资本主义的萌芽和封建主义的渐趋解体，一些比较进步的思想家开始打破重重思想束缚，以隐讳曲折、旁敲侧击的方式对君权表示怀疑，甚至提出了批判。他们的思想如长夜中的惊雷闪电，振聋发聩。但是他们仍只是在君主制的圈子里打转，只企图在限制君权的范围内找一条改良主义的出路。

当时较早对君权提出怀疑批判的是黄宗羲。他在《明夷待访录》中批判皇帝把天下视为自己的家产，把自己的“大私”说成是天下的“大公”，并提出了“以天下为主，君为客”的具有民主色彩的思想。他说“以君为主，天下为客”是中国政治制度的特点，其结果，君主在未得天下之时，“荼毒天下之肝脑，离散天下之子女，以博我一人之产业，曾不惨然”。“其既得之也，敲剥天下之骨髓，离散天下之子女，以奉我一人之淫乐，视为当然。”所以，“为天下之大害者，君而已矣”（《明夷待访录·原君》）。他的批判使人耳目为之一新，读过他的书的人，无不为之感佩。但不久，他的书便被列为禁书。

黄宗羲虽然对君主专制提出了怀疑和批判，但他却只是希望恢复宰相制度，让大臣和六部长官不要凡事正殿匍伏跪奏，能“东西面以次座”，每日和皇帝便殿议政，共同商讨国家大事。

继黄宗羲之后，顾炎武也在《日知录》中对君权的至高无上、绝对尊贵提出了怀疑。他说：“班爵之意，天子与公侯伯子男一也，而非绝世之贵。”（《日知录·周室班爵录》）他还提出了亡国与亡天下的区别，认为皇帝一家一姓的灭亡，叫做亡国。社会道德的完全沦丧，整个统治阶级完全腐败，“仁义充塞，而至于率兽食人，人将相食，谓之亡天下”（《日知录·民始》）。他认为亡国只是皇帝和达官贵人的事情，亡天下才是关系到老百姓的事情。

顾炎武虽然对皇权的至高无上表示怀疑，但他决非主张推翻皇权，他只是主张由天子公卿大夫以至县令“分天子之权”，共同掌握政权，“各治其事”，不要把全部国家大事交由皇帝一人决断。

清朝著名的思想家唐甄，继黄、顾之后，在《潜书》中对专制君主提出了大胆批判，他首先破除了皇帝是“天帝”“大神”的迷信，指出：“天子虽尊亦人也。”“天子之尊，非天帝大神也，亦人也。”（《潜书·抑尊》）然后对历代帝王的罪恶作了揭露和抨击：“自秦以来，凡为帝王者皆贼也。”（《潜书·室语》）帝王在夺取政权之时，“杀天下之人而尽其布粟之富”。夺取政权之后，则只顾自己的享乐而不顾人民的死活。

唐甄虽然如此激烈地抨击专制帝王，但也并不主张推翻君主专制制度，只是提出了“抑尊”的改良主张。希望一方面提高大臣的地位，使他们有权向皇室贵族提出批评，“攻君之过”，“攻宫闱之过”，“攻帝族，攻后族，攻宠贵之过”，使他们皆能有所警惧。另一方面，希望皇帝、贵族、官吏皆能屈尊向天下人求教。最后还是希望皇帝以身作则，做一个“明哲之君”（《潜书·富民》）。

近代，最初把西方天赋人权和民主自由思想引进到中国的是严复。他在《辟韩》一文中批判了君主专制，指出，从西方的观点来看，“斯民也，固斯天下之真主也”，“是故西洋之言治者曰，国者斯民之公产也，王侯将相者，通国之公仆也”。但是严复却认为民主不是西方政治思想中主要的东西，自由才是本质的主要的东西，民主只不过是自由的一种表现。于是提出了以自由为“体”、以民主为“用”的主张。严复不懂得资产阶级民主恰是资产阶级自由的前提和保障，没有资产阶级的民主，何谈资产阶级的自由。但是坚持民主便是对君主专制的全盘否定，这正是严复尽量回避的问题。起初他还主张实行君主立宪制，到了辛亥革命时期便越来越向后退，甚至退到了连康、梁都不如的地步。后来公然支持袁世凯称帝，领头充当“孔教公会”的发起人，说什么“回观孔孟之道，真量同天地，泽被寰宇”（《与熊纯如书札》）。他还著文攻击卢梭的思想，甚至后悔他当年译述《天演论》了。

中国封建社会解体时期的这些政治思想的改良主义性质，充分反映了中国长期封建统治对人们思想的禁锢，也说明了中国民族资产阶级的软弱性和动摇性。由于中国封建势力的强大，封建传统观念流毒太深，后来辛亥革命虽然推翻了清朝统治，但仍然维持了一个故宫里的封建小朝廷，不久又经历了张勋的复辟和袁世凯的称帝。在军阀割据时期，军阀便成了各省的土皇帝。“四一二”反革命政变后建立起来的蒋介石统治，仍然是一个变相的世袭君主专制政体的蒋家王朝。在旧中国，民主在实际上只剩下了一个躯壳。

二、西方政治制度的演变

西方在氏族社会解体后最初进入阶级社会的是希腊人，希腊人在巴尔干半岛建立了许许多多的奴隶制城邦国家。这些小国寡民的城邦，在平民与贵族的斗争中，由于双方阶级力量对比的差异，有的形成了贵族政体，有的形成了君主政体，但以雅典为代表的一些城邦则形成了奴隶制民主政体。雅典的民主政治，对后来西方政治制度和政治思想的发展，产生了重大的影响。

雅典的民主制是城邦自由民的直接民主制，每一个自由民都有权参加公民大会，即能够参与对国家重大问题的决策和参加国家主要公职人员的选举。雅典民主制在一定程度上缓和了贵族与平民之间的矛盾，调动了雅典自由平民的政治积极性，促进了雅典城邦的强大和经济繁荣，在波希战争中，击败了当时无比强大的波斯帝国。伯里克利时代的雅典，达到了古代希腊城邦政治、经济、文化、艺术发展的高峰。

自然，雅典的民主制有极大的局限性。它是建立在对广大奴隶剥削压迫的基础之上的，即使是雅典公民，由于谋生的需要，也并非每个人都能每次出席公民大会。特别是伯里克利死后，在雅典走向衰微的时期，公民大会常为少数善于摇舌鼓唇的诡辩家所操纵，许多正确的意见得不到采纳，并作出了不少错误甚至愚蠢的决定。雅典民主政治的这些缺点，后来也被一些君权论者作为攻击民主的口实。

罗马自公元前510年左右建立共和国，到公元前30年屋大维独掌政权，前后经历了5个世纪的奴隶主共和制时期。

这个时期，由于自由平民与贵族的激烈斗争，迫使贵族不得不在政治上对平民作了许多让步。例如废除了债务奴隶制，建立了平民会议。平民有权选举保民官，保民官有权否决行政长官侵害平民利益的命令。平民会议即特里布斯会议，后来则成为享有最高立法权的公民会议，罗马全体公民在会议中有权表决国家立法，选举保民官、财务官、营造官等。代表贵族势力的元老院虽然拥有广泛势力，但在许多方面却不能不受到自由平民的各种牵制，共和国虽然保持着贵族民主制的性质，但也在一定程度上保障了平民的利益。奴隶主阶级内部的关系得到调节，平民与贵族的矛盾得到缓和，共和国的社会基础得到巩固，罗马日益强大。公元前3世纪，罗马征服了意大利，成为西方古代政治军事实力十分强大的国家。后来由于统治阶级内部的纷争，帝制的建立，奴隶的起义，平民的怨恨，被压迫民族和人民的反抗，日耳曼人终于埋葬了这个西方古代的世界帝国。

征服西罗马帝国的日耳曼人起初还处在氏族社会的末期。马克思说，他们氏族的马尔克公社具有“比较民主”的特征，不像中国井田制那样具有“比较专制”的特征，这就不能不影响到西方中世纪时期的政治制度。从公元5世纪到16世纪，西方许多国家形式上是君主制，实际上是封建贵族民主制。

第一，君主在名义上是国家元首，实际上只能在自己直辖的领地上行使主权。隶属于国王的贵族（如公爵、伯爵、大主教等）实际上都是独立的，他们在自己的世袭领地内拥有立法、司法、行政和宣战媾和的一切权力，国王无权干预他们领地内的事务。有些国王的直辖领地甚至还没有公爵或伯爵的领地大。国王在政治地位上与贵族是平等的，他只被看作是贵族中的一员，区别仅在于“国王是同等者中的第一个”。

第二，君主只和自己直接册封的封建领主有臣属关系，对自己陪臣分封的下属陪臣没有臣属关系。封君与陪臣的关系由册封时的誓约来确定，陪臣得到封地，在誓约中保证对国王尽一定的义务，如遵从封君的征召出战或防卫某一城堡等。但这种臣属关系是比较松弛的，有一定限度的，与中国那种“君叫臣死，臣不敢不死”的绝对专制的臣属关系是迥然不同的。

第三，君主要受到教会和贵族的种种限制和监督。例如日耳曼人在西欧最初建立的法兰克王国，国王虽然握有较大权力，但要接受高级僧侣和大贵族组成的“御前会议”的监督。墨洛温王朝时期，每年还按照氏族军事民主制的传统举行一次“三月阅兵”的仪式。国王要在阅兵时向全国战士宣布自己的政策和法令，审判重大案件。战士们既可以用敲击武器的方式对国王的决定表示赞成，也可以用喧嚣和哄闹对国主的决定表示反对。

公元843年，在法兰克分裂后建立的法兰西王国，由贵族和僧侣组成的封建主代表会议（库里亚会议）不仅享有决定国家大政方针的权力，而且还有罢免国王选举新王的权力。从公元887年到13世纪，法兰西国王实际上都由库里亚会议选举产生。13世纪后，三级会议取代库里亚会议，它在国家政治经济生活中仍然起着重大作用。16世纪后，由于资产阶级对中央集权的支持，王权才得到不断加强。直到路易十四宣称“朕即国家”，法国国王才在实际上具有东方专制君主的特色。

安格鲁·撒克逊人在不列颠岛上建立的英吉利王国则保留了更多的氏族民主残余。国王在相当长的时期内都由贵族选举产生，不得世袭。根据墨西亚法，杀死国王仅需偿付 7200 先令罚金。国王的活动受到封建贵族代表会议即“贤士会”的限制，王国一切重要问题的决定，都必须征得贤士会的同意。

公元 1215 年，封建贵族又迫使英王约翰签署了“大宪章”。宪章规定，在经济上，国王向封建主征收税金，必须召开由封建主参加的大议会进行讨论，未经大议会同意，不得征收任何捐税。在政治上，任何自由人，未经所在地的贵族依法裁判，国王均不得逮捕、监禁、没收财产或处以刑罚。

自 1265 年开始，大贵族和大僧侣组成的大议会便演变成除大贵族、大僧侣外还有各郡中小贵族和城市市民代表参加的国会。后来由于大贵族、大僧侣不愿意和中小贵族及市民一起开会，国会又分裂为上、下两院。

1297 年，爱德华一世批准的《宪章确认书》规定：未经国会同意，国王不得征税。1322 年又规定，未经国会同意，国王不得颁布法令，后来国会又取得了对国王高级官吏的监督、弹劾以至审讯的权力，并规定经国会判罪的官吏国王亦无权赦免。直到都铎王朝时期，英国王权才进一步强化，君主专制制度才开始形成。

德意志帝国在 9 世纪建立后长期处于四分五裂的封建割据状态，在德意志帝国境内，有近 300 个大小不同的诸侯领地和 1000 多个独立的骑士领地。帝国不过是一个松散的诸侯联盟。

1356 年皇帝查理四世颁布的黄金诏书规定，皇帝由 7 个最大的诸侯选举。这 7 个诸侯被称为“选侯”，他们在自己的领地内保持完全独立，有行政和司法裁判权、矿藏所有权和开采权、税收权和货币铸造权。帝国必须每年召开一次选侯会议，决定全国性的重大问题。黄金诏书成为诸侯割据的法律依据。

30 年战争后，1648 年 10 月签订的《威斯特发里亚和约》进一步肯定了黄金诏书中给予选侯和诸侯的各种权力，并规定帝国重大问题如宣战、媾和、征兵、征税等，都必须召集选侯会议或由帝国会议来决定。

在西欧封建社会解体时期，随着城市的兴起，意大利、法国的一些市民，从封建领主手中买得或争得最初的自治权后，起初建立了比较民主的城市公社，后来又建立了由富商巨贾掌权的城市共和国。新兴的资产阶级由于反对贵族分裂割据，支持加强王权，从16世纪开始，才先后在西欧出现了高度集权的君主专制统治。英国自1485年都铎王朝开始君主专制时期，至1640年资产阶级革命爆发，专制统治仅存在了155年。法国从1589年波旁王朝建立到1789年资产阶级革命爆发，专制时期只经历了200年。德国统一的中央集权的君主专制制度从1871年才建立，到1918年瓦解，只存在过47年的时间，如果以取得国王地位的普鲁士选侯腓特烈·威廉一世自1701年在普鲁士建立君主专制算起，也只是延续了217年的时间。

西方资产阶级革命比较彻底，民主思想易于传播，封建专制观念保留较少，与他们古代中世纪政治制度的这些特点是有密切关系的。

三、西方政治思想的特点和近代民主思潮的兴起

由于西方政治制度在开始建立时期便保留了较多的氏族民主制残余，并经历了雅典民主政治、罗马共和政治、封建贵族、民主制、城市共和国以至封建君主专制等种种演变，这就不能不影响到政治思想的发展，并使西方政治思想形成了这样一些明显的特点：在思想家们的心目中，没有对某种国家形式形成一种一成不变的绝对不可动摇的凝固的见解，并不认为国王就是天生龙种，神圣不可侵犯。而且远在古希腊时期，一些思想家便把伦理问题和政治问题区别开来，开始对国家的起源、性质、任务、形式等重大问题进行探讨。由于国家问题关系到各个阶级的切身利益，因此在很长的历史时期内，不同阶级的思想家对这个问题发表了各种极不相同的见解，甚至把这个问题弄得十分混乱。但是和中国近代以前的思想家们相比，西方思想家在这个领域内的探讨，应当说思想更解放，内容更丰富，理论也比较系统。近代，一些资产阶级的思想家则从社会契约论引申出一系列的民主主义思想，启迪和推动了西方人民反对封建主义的斗争。

早在公元前5世纪，希腊智者派哲学家中杰出的代表普罗泰哥拉就开始对国家问题进行探讨。他抛弃了古老时代是幸福美好的“黄金时代”、当今是罪恶痛苦的“黑铁时代”的流行观念，认为国家的产生是社会的一大进步。他的国家起源论是后来流行于西方的自然状态说和社会契约论的思想渊源。

柏拉图也是古代对国家问题进行过全面探讨的思想家之一。他曾对各种政体进行区分，设想了一个由哲学家担任国王的“贤人政制”的理想国度，还对私有制的弊病进行了初步揭露，认为私有制引起纷争，破坏团结，主张在理想国的上层人物中实行“公有制”。他说这样就“不会因为‘我的’和‘非我的’之间的分歧而使城邦四分五裂”①。

继柏拉图之后，亚里士多德对国家问题进行了系统的全面的研究。据说他曾经对希腊近200个城邦国家进行过具体的分析，写过158篇关于各个城邦政治制度的论文，他在大量考察研究的基础上写成了《政治学》一书。在这部著作中，他对有关图家的起源、目的、性质、政体等问题都提出了自己的主张。《政治学》是西方剥削阶级以自己的观点创立独立政治学体系的开山之作。

亚里士多德认为国家起源于家庭，家庭是“为人类满足日常生活需要而建立的社会的基本形式”②，后来，为了满足更大的生活需要，许多家庭便联合为“村坊”，最后许多村坊又组成为城邦国家，这样“社会就进化到高级而完备的境界，在这种社会团体内，人类的生活可以获得完全的自给自足”③。

亚里士多德认为，一切社会团体的目的都在于达到某种“善业”，国家是最高最广泛的一种社会团体，因此国家的目的是为了达到最高最广泛的“善业”。从国家是“至善”的社会团体这一观点出发，亚里士多德又引申出“人类在本性上，也正是一个政治动物”这个著名的定义，认为人不能离开城邦国家过“善”的生活，离开了城邦，就迷失了本性，不是野兽，便是神仙。

---

① 《柏拉图对话集》第3卷Ⅱ，(出版者、版本不详)，第464页。

② 亚里士多德：《政治学》，商务印书馆1965年版，第6页。

③ 同上书，第7页。

亚里士多德还把政体分为六种，即君主、贵族、共和、僭主、寡头、平民。认为前三种是正宗政体，后三种则是正宗政体的“变态”。

亚里士多德的观点，对西方政治思想后来的发展产生了十分重大的影响。

西方封建社会解体和资本主义产生时期，即文艺复兴时期，一些进步的政治思想家开始倡导人性，阐发理性，他们摆脱了神学的束缚，开始用人的眼光而不再用神的眼光来看待国家问题。但是这个时期代表新兴资产阶级的思想家，如马基雅弗利、布丹等，他们的政治倾向都是要求加强王权，建立君主专制政体。正如恩格斯指出的，这个时期，“王权是进步的因素”。“王叔在混乱中代表着秩序，代表着正在形成的民族而与分裂成叛乱的各附庸国的状态对抗。”①

16世纪，王权取得了胜利，君主专制制度在欧洲一些国家先后建立，但很快便显露它的种种弊病，而且王权还以“奴役和掠夺报答了它的盟友”②。因此随着资产阶级经济实力的增长，便要求建立真正维护自己利益的政权，于是这个先前王权的支持者便很快成为王权的反对者。一些代表资产阶级的思想家则以社会契约论为思想武器，对君主专制进行批判，并从中引申出一整套的民主主义理论。

较早提出社会契约论的是荷兰的思想家格劳秀斯。而荷兰杰出的唯物主义者斯宾诺莎提出的契约论比格劳秀斯的更为完整。斯宾诺莎认为人类最初处于一种绝对自由平等的自然状态中，这种自然状态有两个缺陷：一是人们根据自己的观点去判断是非善恶，去寻求利益幸福，努力保存自己之所爱和消灭自己之所恨，所以经常发生互相伤害的事；二是人们为自己的感情欲望所支配，遭受非理性的奴役，不能实现人类趋利避害、自我保存的目的。于是人们出于理性的要求，便订立契约，把按照自己的感情欲望实行报复和伤害他人的自由行动权交给了一个最高的主权者，这样便产生了国家。

英国著名的思想家洛克的契约论与斯宾诺莎的契约论有许多近似之

① 《马克思恩格斯全集》第21卷，人民出版社1956年版，第453页。

② 同上书，第454页。

处，但洛克强调说，人们订立契约时，没有把自己享有的平等、自由、财产权交给社会和国家，这些权利是天赋的、不可转让的自然权利，是任何政府都不能侵犯的。

洛克关于天赋权利的观点，后来为卢梭进一步发挥。洛克站在中等资产阶级的立场上，十分强调财产权；卢梭则认为私有财产不是与生俱来的，不是自然赋予的，而是一种人为的制度，因此私有财产是可以随意处置、任意转让奉送的，是可以抛弃的东西。自由平等则不同，它是与生俱来的，是人性本身特有的，是不能放弃、不能奉送或转让的东西。他说："放弃自己的自由，就是放弃做人的资格，就是放弃人类的权利，甚至就是放弃自己的责任。"① 卢梭认为，人类在历史发展的一定阶段上受了欺骗，一度丧失了自己宝贵的自由平等权利。奴役才代替了自由，等级特权才代替了平等。他呼吁人类必须粉碎奴役和特权的枷锁，重新订立契约，建立一个新的共同体，恢复人类的自由平等。他主张在订立新的契约时，每一个缔约者都必须向共同体奉献出自己的一切权力，没有特殊和例外。人人都献出，实际上就等于人人都没有献出。于是每个人都成为主权者和立法者，在新的共同体中，他们既是统治者，又是被统治者，这样他们得到的便将比失去的多得多。他们失去了自然的自由，却得到了社会的自由；失去了自然的平等，却得到了在立法和司法方面的社会平等。人们从此不再受专制君主的奴役，便可以进入一个幸福的理性王国。

资产阶级思想家们提出的社会契约论是建立在历史唯心主义基础上的一种假想，是一种超阶级的国家起源论，其中不少是荒谬的奇谈，但我们仍应看到这种理论在一定历史条件下的进步意义。许多资产阶级思想家正是从契约论出发，提出了一系列十分激进的民主主义的主张。

第一，他们用契约论反对君权神授论，批判君主专制，用契约论和制度论来论证国家和官吏的权力是来自人民的，是人民赋予的，人民是国家权力的唯一源泉，人民应当是国家的主权者。卢梭认为，国家的领袖和官吏都不过是以主权者的名义行使人民委托给他的权利，人民是真正的主人。他说："行政权力的受任者决不是人民的主人，而是人民的官吏，只

① 卢梭：《社会契约论》，商务印书馆 1961 年版，第 13 页。

要人民愿意就可以委托他们，也可以撤换他们；对于这些官吏来说，决不是什么订约问题，而只是服从的问题；而且，在承担国家所赋予他们的职务时，他们只不过是在履行自己的公民义务，而并没有争条件的任何权利。"①

第二，他们用契约论来说明国家的目的和任务在于维护人民的利益与幸福。契约论者一般都认为人类之所以放弃自然状态而进入社会状态，订立契约，建立国家，就是为了寻求和平、安全与幸福的保障。格劳秀斯说："国家是自由人为了享受法律的利益和求得共同福利而联合起来的一种完善结合。"② 洛克则认为国家的目的在于保护人民的自由、生命和财产。他有句名言："人民的福利是最高的法律。"③ 他认为立法者只有维护人民福利的权利，"决不能有毁灭、奴役或故意使臣民陷于贫困的权利"④。卢梭则认为国家的目的在于维护"公意"，保障人民的自由平等，如果国家背离了这个目的，人民就可以收回自己的权利，重新订立契约，建立新的政府。

第三，他们用契约论来反对君主专制制度，主张建立民主政体或君主立宪政体。斯宾诺莎在《神学政治论》中提出，民主政体是最合乎自然的、与个人自由最相适合的政体。在民主制下，人民是主权者，不合理的命令不会被长久地执行，"因为一个民族的大多数，特别是这个民族很大，竟会对于一个不合理的策划加以首肯，这几乎是不可能的"⑤。在民主政体下，人民为国家工作，也就是在为自己工作，后来的洛克和孟德斯鸠则认为宪政体或民主共和政体是较好的政体。孟德斯鸠指出君主制政体依靠的是"恐怖"，君主立宪政体依靠的却是"荣誉"，民主共和政体依靠的则是"品德"。因此后两种政体最合乎理性的要求和人民的愿望。后来的卢梭、杰斐逊、潘恩等人都积极主张建立民主政体。

第四，一些较为激进的思想家从契约论进一步引申出人民有反抗暴政

---

① 卢梭：《社会契约论》，商务印书馆 1961 年版，第 123－124 页。

② 格劳秀斯：《战争与和平法》第 1 卷，（出版者、版本不详），第 1 章Ⅺ。

③ 洛克：《政府论》下篇，商务印书馆 1964 年版，第 97 页。

④ 同上书，第 83－84 页。

⑤ 斯宾诺莎：《神学政治论》，商务印书馆 1963 年版，第 217 页。

的革命权利。这个思想对欧美人民反封建反殖民提供了有力的武器。格劳秀斯说："那些依赖人民的王侯……如果违反了法律和国家的利益，人民不但可以用武力反抗他们，必要时还可以处他们以死刑。"① 洛克则更为激进，他说，专制暴君背弃理性，蛮横地用强力来达到他对人民的不义目的，这样，他就背弃人民而沦为野兽毒虫，"如同其他任何野兽或毒虫一样，因为人民不能和它共同生活"②，人民就可以像消灭野兽一样地去消灭他们。洛克提出，人民"不但享有摆脱暴政的权利，还享有防止暴政的权利"③。如何防止暴政？他提出把国家的权力分为几个不同的部分，交由不同的社会集团或个人来掌握，互相牵制，这样便可以防止权力的滥用。他主张把权利分为立法权、执行权、对外权，把立法权交由代表资产阶级利益的国会，把执行权和对外权交给当时的国王。洛克的分权学说后来又为孟德斯鸠进一步补充完善，成为资产阶级国家机构的一个重要的组织原则。

综上所述，除了经济因素外，由于中西政治制度历史发展和演变的特殊性，直接影响了中西政治思想特点的形成。中国古代的思想家们长期只能在忠君的原则下去探讨和研究统治的方法和手段，到了明清之际，思想家们也只能在君主制的圈子里寻找一条政治改良的道路。体制问题、民主问题是人们不能想也不敢想的。在西方，由于雅典民主制和罗马共和制的影响，许多思想家很早便去探讨国家的起源、目的、形式、任务等问题，到了近代，一些思想家则利用自然法和社会契约学说，把君权神圣、君权神授、等级特权合理的封建主义观念批得体无完肤，彻底否定，并从中引申出天赋人权、主权在民、立国为民等激进的民主主义思想，有力地启导和推动了欧美反封建主义的斗争，并促使资本主义制度在欧美较早地建立。英国资产阶级革命时期，克伦威尔把查理一世送上了断头台；法国资产阶级大革命时期，那些把卢梭奉为自己导师的民主主义者又把路易十六送上了断头台。这一方面表明了他们对封建专制的无比痛恨和与封建专制决裂的坚定性；另一方面他们之所以能够这样做和敢于这样做，又与西方

① 《西方名著提要》，商务印书馆 1963 年版，第 114 页。

② 洛克：《政府论》下篇，商务印书馆 1964 年版，第 106 页。

③ 同上书，第 133 页。

民主制度的长期演变和民主思潮的传播有着密切关系。自然，正如恩格斯指出的，17、18世纪那些启导过人们头脑的思想家们，本身是十分伟大的，但是这些思想家“也和他们的一切先驱者一样，没有能够超出他们自己的时代所给予他们的限制”①。不论他们如何标榜自己是全民的代表，实际上他们代表的只是占人口少数的资产阶级，按照他们的理论建立起来的理性王国，无非是一个资产阶级化的国家，他们的理论也都带有某些根本性的缺陷。对政治思想这个长期被剥削阶级弄得混乱不堪的领域予以澄清，对有关国家的一切重要问题作出科学解释的是马克思主义，马克思主义的诞生是政治思想史上一次伟大的革命，它使人类脱离了长期的黑暗摸索，并给人类指出了一条实现社会主义高度民主和通向共产主义理想境界的光明大道。

（原载于《思想战线》1983年第4期）

① 恩格斯：《反杜林论》，人民出版社1956年版，第14页。

拉萨尔主义与民主社会主义

——民主社会主义思想根源探索

恩格斯说："在德国，自称为社会民主主义者的是拉萨尔派；虽然他们中间的许多人正愈来愈深刻地意味到生产资料归社会公有的必要性，但是道地拉萨尔式的由国家资助的生产合作社仍然是他们纲领中唯一被正式承认的东西。"①

如果说，1869年建立的以倍倍尔和李卜克内西为首的德国社会民主党接受了马克思主义的话，那么，拉萨尔派在历史观、国家观、阶级观和社会革命观方面与马克思主义则是完全对立的。拉萨尔的观点对后来的修正主义者和民主社会主义者产生了重大的影响，因此探索民主社会主义的思想渊源，不能不对拉萨尔主义作进一步的研究。

曾经于1848年革命时期在莱茵省杜塞尔多夫参加过小资产阶级和资产阶级民主派政治活动的斐迪南·拉萨尔，虽然在革命后一度被捕入狱，并因而获得了"革命者"的称号，但马克思在1856年给恩格斯的一封信中谈到"他始终是一个需要提防的人"，并且说："这个斯拉夫边境上的道地的犹太人，他总打算以党作为幌子利用一切人以达到自己的私人目的。其次，力图挤入上流社会，得到显赫的地位，哪怕用各种化妆品来修饰龌龊的布勒斯劳的犹太人的外表——这始终是令人生厌的。"②

后来恩格斯还讲到拉萨尔在"1862年前，他实际上还是一个具有强烈的波拿巴主义倾向的、典型普鲁士式的庸俗民主主义者……由于纯粹个人

① 《马克思恩格斯全集》第22卷，人民出版社1965年版，第490页。

② 《马克思恩格斯全集》第29卷，人民出版社1972年版，第32－33页。

的原因，他突然改变了方针并开始了他的鼓动工作，过了还不到两年，他就开始要求工人站到王权方面来反对资产阶级，并且同性格和他相近的俾斯麦勾结在一起”①。

一、在历史观方面，拉萨尔几乎全部接受和重复着黑格尔的观点

黑格尔说，绝对精神是历史的创造者，拉萨尔则说“历史本身就是绝对精神的发展”②，“历史是天启的神的存在”③。拉萨尔抽去了社会历史的全部阶级和阶级斗争的内容，抽去了历史发展中生产力与生产关系的矛盾，把历史的发展单纯看作是人类思想的发展和自由的发展。他反复说：历史本身就是“自我意识的内在发展”④，是“精神的发展”⑤，是“理性和自由的不断进步”⑥。他认为历史就是概念的客观的自我运动，作为概念的这个“逻辑化学性”构成了历史的灵魂并且产生了历史的运动，“历史的过程是自我意识的过程。概念的各种范畴是历史的各个时代”⑦。他否定新旧社会的交替是由于社会内部的矛盾发展，认为旧制度的灭亡完全由于“自己的内在本性”，他否认社会存在决定社会意识，认为“自我设定自己本身”，“自我或者纯粹思维”是“真正的自在之物”，纯粹思维“设定和产生客观世界”⑧。他倡导英雄史观，认为德国每经过一代，无不在他们中间产生出至少一个天才人物，这些天才人物使民族的“神圣之火发扬光大”，而且这种光焰是和“民族的地上命运不可分割地联结在一起”。天才人物是民族精神的凝铸和纯粹表现。而德意志民族只能“从那种作为纯粹

① 《马克思恩格斯选集》第4卷，人民出版社1972年版，第489页。
② 《拉萨尔言论》，生活·读书·新知三联书店1976年版，第333页。
③ 同上。
④ 同上书，第387页。
⑤ 同上书，第79页。
⑥ 同上。
⑦ 同上书，第333页。
⑧ 同上书，第416页。

精神的教育发展起来的民族概念中，从完整的、作为形而上学的内心生活而存在的民族精神中，才创造出它的王国，它的存在的基地”[①]。

当代的民主社会主义者同样坚持唯心主义的历史观，抹杀反映社会生产力和生产关系矛盾的阶级斗争，把历史的发展看作是人的观念而发展，认为社会制度的变革和更替是人们凭借道德责任心自由选择的结果。他们说决定历史发展的因素是人的道德观念，是“人的精神自由及其道德责任感”[②]，他们和拉萨尔一样倡导英雄史观，认为有才干的人才处于社会生产关系的中心。

二、在国家观方面，拉萨尔也几乎全部承袭了黑格尔的观点

黑格尔说，国家是道德观念的现实，拉萨尔则说“国家是真正的道德意志的实现，是普遍精神的自我体现”[③]，他不是把现存社会当作现存国家的真实基础，而是把国家看作一种具有自己精神、道德和自由基础的“独立本质”，他抽去了国家的阶级特性，抹杀了国家作为暴力机构和阶级压迫工具的事实，他和黑格尔一样，把国家作为纯粹的道德范畴来进行观察。提出国家是“由个人统一和结合成的一个道德的整体”[④]。

拉萨尔还用人本主义和人性论的观点来解释国家的任务。他说：“国家最终的和最基本的宗旨就是使人的本质能够积极地发展和不断地完善，换句话说，就是真正实现人的使命，即实现人类能够达到的全部文化。国家的宗旨就是教育和推动人类走向自由。”[⑤] 还说：“我认为国家具有一个崇高的伟大的使命；要扶植人性的幼芽，就象它有史以来就曾这样做了，而且将永远做下去的那样；要作为一切人而存在的机关，把一切人的状况

① 《拉萨尔言论》，生活·读书·新知三联书店 1976 年版，第 430 页。

② 《德国社会民主党纲领文件汇编》，（出版者、版本不详），第 294 页。

③ 《拉萨尔言论》，生活·读书·新知三联书店 1976 年版，第 333 页。

④ 同上书，第 823 页。

⑤ 同上书，第 83 页。

置于自己的保护之下。”①

据此他提出，无产阶级的任务就是要建立一个所谓“人民的自由国家”。马克思批判说：“使国家成为‘自由的’，这决不是已经摆脱了狭隘的奴才思想的工人的目的。在德意志帝国，‘国家’差不多是和在俄国一样地‘自由’。”② 恩格斯则说：“从字面上看，自由国家就是可以自由对待本国公民的国家，即具有专制政府的国家。应当抛弃这一切关于国家的废话……当无产阶级还需要国家的时候，它之所以需要国家，并不是为了自由，而是为了镇压自己的敌人；一到有可能谈自由的时候，国家本身就不再存在了。”③

拉萨尔不仅抽去了国家的阶级性，从超阶级的人性论观点出发来看德国，他同样抽去了法的阶级性，用超阶级的全民意志的观点来解释法和人与法之间的关系。他说：“法是全民权利意识的表现”④，“法的唯一源泉是全民的共同意识、普遍精神”⑤。他提出法哲学是“意志概念自身的发展和反映”，而“权利是一个从自身以内发展出来的合理的机体”⑥。“法哲学属于历史精神的王国，与逻辑的永恒范畴无关，而法制只是历史的精神概念的实现，只是历史上各种不同的国民精神和各个历史阶级的精神内容的表现。因此只能作为历史的精神概念来理解。”⑦ 据此他又进一步提出私法是“个人意志自由的实现”⑧。“实在法”即历史上形成的法律是实现个人意志自由的独立王国。他把在实在法基础上产生的由个人意志行为取得的权利叫作“既得权利”，把确定这些权利和意义界限的法学体系叫作“既得权利体系”，根据这一体系，他宣称：“思维和意志的自由是整个权利所依靠的神圣不可侵犯的基本规定。”⑨ 因此当新法律取代旧法律时，凡

① 《拉萨尔言论》，生活·读书·新知三联书店1976年版，第111页。
② 《马克思恩格斯选集》第3卷，人民出版社1972年版，第19－20页。
③ 同上书，第30页。
④ 《拉萨尔言论》，生活·读书·新知三联书店1976年版，第407页。
⑤ 同上书，第410页。
⑥ 同上书，第396页。
⑦ 同上书，第397－398页。
⑧ 同上书，第405页。
⑨ 同上书，第406页。

凭个人意志行为取得的权利，新法律都不得侵犯。据此，拉萨尔在工人中进行鼓动时明确宣称：“一切既得的，合法的财产，都是完全不可侵犯和正当的。”①

正如恩格斯在批判拉萨尔关于法的观点时曾经指出的，拉萨尔“不仅陷于法学家的全部幻想中，而且还陷于老年黑格尔的全部幻想中”②。

当代的民主社会主义者接受了拉萨尔主义的这些基本思想，他们同样用唯心主义的观点来看待国家和法，他们不是把西方国家看作是资产阶级统治劳动人民的工具，而是把它看作是实现阶级联合的“社会国家”，而且认为国家的目的是实现“道德的至善”。他们反对用暴力打碎现成的国家机器，反对变革资产阶级法律对私有财产的保护，只主张在资本主义国家中实行有限度的改良，以便把现在的资本主义国家变得更加“自由”。

三、在革命观方面，拉萨尔提出了所谓“第四等级的革命”的主张

他说如果1789年的法国革命是第三等级的革命，那么这一次的革命就是第四等级的革命。第四等级的革命不是阶级的革命而是一次“全民的全人类的”革命。他说，由于在第四等级的内心里并没有包含任何新的特权的根苗，因此，它同全人类是一致的。“它的事业真正是全人类的事业，它的自由是人类本身的自由，它的统治是一切人的统治。”③ 他还说第四等级的革命所要实现的只是某种“思想的统治”，而不是“某一等级、某一特定人的阶级的统治”④，它不要进行阶级的斗争，而是要实行阶级的和解，他说第四等级即工人阶级的呼声是“和解”的呼声，是消除社会集团之间一切对立的呼声，是“仁爱”的呼声。他说资本主义社会存在种种灾难和不合理的现象，这一切都不应当责备资产阶级，因为“有产者作为个

① 《拉萨尔言论》，生活·读书·新知三联书店1976年版，第406页。

② 《马克思恩格斯选集》第2卷，人民出版社1972年版，第538页。

③ 同上书，第64页。

④ 同上书，第95页。

人决不是自觉自愿地，有意识有责任地制造了资产阶级的统治；相反地，资产者只是世界现状的不自觉不自愿的，因而没有责任的产物，他们不是世界现状的制造者，世界现状是按照国家主观意志完全不同的规律发展而成的”①。“所以我要工人等级同资产阶级在历史上的统治妥协，同时，我指出这种统治在客观上的合理性。我以此让它妥协，因为我们理解束缚着我们的东西的合理性，这是最高的妥协。”②

他说历史上的农民战争由于使用许多的暴力和溅洒了很多鲜血，因而是一种“反动的运动”，它“只是一种自以为革命的运动，一种实际上绝对不是革命的而是反动的运动”③。他说 1765 年纺纱机的发明引起的工业革命才是确实的、真正的革命，这种真正的革命是在和平中逐步实现的。第四等级的革命将像工业革命一样在最安宁的和平中实现。他说：“我认为社会的发展是一种和平的发展。”④“如英国的纺纱机那样，通过完全和平的道路，至少也能够同样好地，甚至更好地导致一种革命。”⑤ 他强调：“我没有在任何地方说过一个字号召工人等级采取任何一种行动。我仅仅号召它具有道德。”⑥“我任何地方也没有号召工人等级去‘实现它本身固有的国家思想’……我只是向工人等级阐明一种本来是自我实现的过程，只是向它说明我们已生活于其中的历史时期的意义，我除了号召它具有一种道德以外，却没有、根本没有号召它去做世界上的任何事情。”⑦

当代民主社会主义者则宣称，他们已经完全抛弃了阶级运动和暴力革命，他们的目的只限于在资本主义制度下进行和平的改良。一个叫维耐尔的民主社会主义者说：“不久以前有人问我，社会民主党真的不打算推翻资本主义了吗？我说，是真的，因为资本主义不是什么可以推翻的事物，

① 《马克思恩格斯选集》第 2 卷，人民出版社 1972 年版，第 84 页。
② 同上书，第 85 页。
③ 同上书，第 86 页。
④ 同上书，第 97 页。
⑤ 同上。
⑥ 同上书，第 95 页。
⑦ 同上书，第 99 页。

要关心的是只不过是使它有所改变罢了。”① 另一个丹麦的民主社会主义者耶思森也说：“现在，我们的任务不是进入社会主义，而是要使这个可恶的资本主义变得好些，我们应该使资本主义起到好的作用。”②

四、在经济理论方面，拉萨尔跟在资产阶级经济家亚当·斯密、大卫·李嘉图和萨伊等人的后面，把现象当作事物的本质大肆宣扬

拉萨尔提出了所谓“铁的工资理论”，说工人阶级的“一切考虑都应当以它为出发点”。这是以马尔萨斯的人口论为依据，用工人的人口增减来解释工资的变动，把工人阶级贫困化的原因归咎于工人人口的增加，把资本主义下工资的微薄说成是绝对规律。他说：“在现今的关系下，在劳动的供求的支配下，决定着工资的铁的经济规律是这样的：平均工资始终停留在一国人民为维持生存和繁殖后代按照习惯所要求的必要的生活水平上。”③ 实际工资总是在它的周围摆动，既不会长久地高于它，也不会长久地低于它。如果实际工资长久高于这个工资数，工人生活状况有所改善，工人结婚和生育子女的机会增多，工人人口就会增加，市场上的劳动力就会增多，结果工资又会被压到原来的或低于原来的水平。如果实际工资长期低于这个水平，贫困又会造成工人人手的短缺，从而使工资回升到原来的水平。他说：“这一规律是任何人所否定不了的。为此我可以向你们举出同国民经济学中著名的大人物一样多的权威人士，即自由主义学派本身中的权威人士来作证，因为发现和证明这个规律的恰恰是自由主义经济学派本身。”④

恩格斯指出：所谓“铁的工资规律”的基础，“是一种陈腐不堪的经

① 《维耐尔的谈话》，引自《什么是“民主社会主义”?》，中国社会科学出版社1984年版，第80页。

② 《现代斯堪的纳维亚社会民主党的理论和实践》，人民出版社1983年版，第263页。

③ 《拉萨尔言论》，生活·读书·新知三联书店1976年版，第124页。

④ 同上书，第125页。

济学观点，即工人只能得到最低的工资，而所以如此，是因为根据马尔萨斯的人口论工人总是太多了（这是拉萨尔的证据）。但是马克思在《资本论》里已经详细地证明，调节工资的各种规律是非常复杂的，随着情况的不同，时而这个规律占优势，时而那个规律占优势，所以它们绝对不是铁的，反而是很有弹性的，这个国家根本不可能象拉萨尔所想象的那样用三言两语来了结”①。

拉萨尔认为，使工人摆脱铁的工资规律的唯一出路，是“以最和平、最合法而且最简单的方法，即工人等级通过自愿建立的合作社成为自己的企业主”②。拉萨尔说，在铁的工资规律的支配下，工人创造的劳动产品，在扣除工资之外，全部剩余都作为利润为企业主所占有。建立合作社之后，工人成了企业主，便能获得自己的全部劳动所得。“如果工人等级是它自己的企业主，那末工资和企业主利润之间的那种区分就会消失，纯工资也会随之而完全消失，代替它的是作为劳动报酬的劳动所得。”③

但是拉萨尔说，要建立合作社，靠个体工人单独的努力是永远不能做到的，必须依靠国家的帮助，向工人提供资金、贷款和“利息保证”。拉萨尔抹杀了普鲁士国家的阶级实质，说普鲁士“国家的事业和任务就是使你们能够做到这一点，就是要把工人等级的自由的个体的合作社的伟大事业抓到国家手中，促进它，发展它，就是要把向你们自己的组织和自己的合作者提供资金和可能性当作国家最神圣的义务”④。拉萨尔认为，普鲁士国家是为一切人而存在的，只要它拿出1亿塔勒来帮助工人建立合作社，德国工人就能全部成为企业主。拉萨尔明白表示他的这种主张绝不是社会主义的要求，“这个要求同所谓的社会主义和共产主义有天壤之别，按照这个要求，劳动阶级完全跟今天一样，保留着个人自由，个人生活方式和个人的劳动报酬，劳动阶级同国家的关系无非是国家向他们的合作社提供必要的资本即必要的信贷”⑤。拉萨尔说，向工人提供资本和信贷正是普鲁

---

① 《马克思恩格斯选集》第3卷，人民出版社1972年版，第28页。
② 《拉萨尔言论》，生活·读书·新知三联书店1976年版，第131页。
③ 同上。
④ 同上书，第132页。
⑤ 同上。

士国家的使命、任务和职责，“国家为此而存在，它永远为此服务而且必须为此服务”①。恩格斯说：“由国家资助成立生产合作社，这是1848年以前追随马拉斯特的‘国民报’的那一派巴黎工人纲领的翻版，因此也就是纯粹共和派针对路易·勃朗的‘劳动组织’而提出的纲领的翻版。”②

拉萨尔认为，要保证国家能够实践自己的使命、任务和职责，即向工人提供必要的资金，工人就必须争得普遍的、平等的、直接的选举权。普选权的实行是使国家的道德本质变成“社会的自觉目的的开始”。因为只有争得这种普选权，工人阶级才能在德国国会中有自己的代表，普鲁士的国家才会成为“自由国家”，这个“自由国家”才会把用于战争的钱拿来帮助工人建立合作社，从而使工人阶级获得社会解放，他说将来的国家就是一个大合作社。“我问过：什么是国家？……你们贫苦阶级的大合作社——这就是国家！”③

拉萨尔认为，要使工人阶级争取普选权的斗争获得胜利，就必须建立一个工人政党，这个党必须以和平改良为目的，必须把普遍的、平等的、直接的选举权作为自己的原则口号和旗帜，为此而进行和平的、合法的鼓动。他说：“工人阶级在德国的立法机构中拥有代表资格——这是它能够在政治上满足自己正当利益的唯一东西。为此而利用一切合法手段进行和平的合法鼓动，这就是而且应当是工人党的政治纲领。”④

马克思在写给恩格斯的一封信中指出，拉萨尔“摆出一副了不起的神气，大谈其从我们这里剽窃去的词句，俨然就是一个未来的工人独裁者。他‘像玩游戏一样轻而易举地’（这是原话）解决了工资和资本之间的问题。就是说工人必须进行争取普选权的运动，然后把像他那样‘带着科学这种闪闪发光的武器’的人送到议会中去。然后他们就创办由国家预付资本的工人工厂，而且这样的设施会逐渐遍布全国。这无论如何是令人吃惊的新鲜事”⑤。

① 《拉萨尔言论》，生活·读书·新知三联书店1976年版，第132－133页。

② 《马克思恩格斯全集》第22卷，人民出版社1965年版，第288页。

③ 同上书，第137页。

④ 同上书，第118页。

⑤ 《马克思恩格斯选集》第4卷，人民出版社1972年版，第347－348页。

1863年5月，德国11个城市的工人代表在莱比锡召开大会，建立了德意志工人联合会，这是德国工人第一个政党性质的组织，拉萨尔当选为联合会主席，他的观点被写进了联合会的章程，成为这一组织的指导思想。章程第一条便提出："本会深信，只有通过普遍的、平等的和直接的选举权，德国工人等级的社会利益才能得到充分的代表，社会的阶级对立才能真正消除。从这一信念出发，本会的宗旨是通过和平的和合法的道路，特别是通过争取公众的信念，为实行普遍的、平等的和直接的选举权而进行活动。"① 在拉萨尔的领导和影响下，德意志工人联合会从一开始建立便成为一个和平改良的组织，甚至成了支持俾斯麦政府自上而下实现德国统一的工具。

拉萨尔死后，1864年其继承人冯·施韦泽创办了《社会民主党人报》作为全德国工人联合会机关报，并邀请马克思为该报撰稿，随信附上一份该报的纲领，纲领包括三点："各国人民利益的一致"，"整个德国是统一的自由的人民国家"，"消灭资本的统治"。马克思接受邀请，同意为该报撰稿，但不久便发现该报继续宣扬拉萨尔的思想和贯彻拉萨尔与俾斯麦政府妥协的策略。马克思先后于1865年2月23日和3月15日发表了《不给"社会民主党人报"撰稿的声明》和《关于不给"社会民主党人报"撰稿的原因的声明》，以表示对冯·施韦泽继续推行拉萨尔主义的反对。

1875年拉萨尔派与爱森纳赫派在哥达大会合并建立统一德国社会民主工党的时候，马克思和恩格斯虽然对充满拉萨尔观点的哥达纲领提出过深刻的、尖锐的批评，但是爱森纳赫派的主要领导人并没有接受马克思和恩格斯的意见，只对纲领草案的个别词句作了修改便提交大会通过了。这个纲领的思想不能不影响德国社会民主党，造成了德国党内思想上的混乱和模糊，并为各种机会主义和后来修正主义的产生提供了一定的思想条件。马克思和恩格斯在世的时候，由于他们在国际工运中的崇高威望和他们对德国工人运动的巨大影响，使德国社会民主党没有过多地偏离自己的航向，并渡过了反社会主义非常法令的难关。马克思和恩格斯相继逝世后，机会主义、修正主义的思潮便在德国党内泛滥起来，并终于使德国党全党

① 《拉萨尔言论》，生活·读书·新知三联书店1976年版，第195－196页。

脱离了无产阶级革命的轨道并蜕变为资产阶级性质的政党。

拉萨尔的思想不仅影响了当时的社会民主主义者，而且对后来及当代的民主社会主义者也产生了重要的影响。1987 年 4 月，新当选的德国社会民主党主席汉斯·约亨·福格尔在波恩艾柏特基金会召开的讨论拉萨尔的历史功绩和现实意义的纪念大会上发表了题为《拉萨尔的遗产和民主社会主义当前使命》的长篇讲话，其中着重阐述了拉萨尔的国家观与德国社会民主党现行政策和新纲领之间的关系。他说，拉萨尔提出的由国家资助工人建立生产合作社的主张表明，在一个受权力和不平等支配的社会里，国家不能执行一种臆想的中立的仲裁职能，而只能通过对社会生活和经济生活的积极塑造来完成自己的职责。“拉萨尔的国家观的基本思想对于社会民主党迄今的实际行动是具有决定性意义的，它迄今仍旧是适用的。受拉萨尔启示的社会民主党国家观的一个历史性胜利在于，就其核心来说已写入我们的基本法，而且在上一世纪的历史经验和发展的基础上已不再能够在原则的基础上受到怀疑了。”“基本法的国家并不是对价值抱中立态度。对它来说，人的生活、人的尊严、人的良心是已经预先确定的。它有义务对这些加以保护，并给每个人提供在自由地自行负责和摆脱物质困苦的情况下发展自己的机会。”“拉萨尔用他的时代的语言所表述的肯定也无非就是这个愿望。”① 这充分说明，拉萨尔主义是当代民主社会主义的思想来源之一，当代民主社会主义的某些思想观点正是拉萨尔主义在新的历史条件下的继承、引申和发展。

（原载于《昆明社科》1992 年第 1 期）

① 《新社会》月刊，波恩 1987，第 6 期，第 504－513 页，转引自《当代西欧社会党的理论与实践》，黑龙江人民出版社 1989 年版，第 39 页。

从平等观念的历史考察看无产阶级的平等要求

恩格斯曾经指出，平等是一个古老的观念。在人类社会漫长的历史过程中，平等观念经历了不同的发展阶段，不同的阶级对它有着不同的理解和认识，赋予它不同的内容和要求。当前，重新回顾和考察平等观念发展的历史，有助于澄清平等问题上的许多糊涂认识，有助于划清马克思主义平等观和非马克思主义平等观的界限，有助于正确认识社会主义制度下的平等。

一、理性的平等

在古希腊的思想家那里，最初谈到平等思想的是智者派的普罗泰戈拉。他说，天神宙斯命令黑梅斯把“廉耻”和“公正”赐给了“所有的人”，“因为假若只有少数人分享那些品质，就不可能有任何社会组合存在了”①。他这里提到的人只是指希腊公民，没有把奴隶包括在“人”的范围之内。在柏拉图的《理想国》中，人生来便归属三个不同的等级，不同等级的人们各有自己的天赋职能，统治者与被统治者天生便有不同的禀赋和严格的界限，平等只在各个等级内部存在，等级之间无平等权利可言。因此马克思说：“他的理想国只是埃及种姓制度在雅典的理想化。”②

① 黑格尔:《哲学史演讲录》第2卷，生活·读书·新知三联书店1957年版，第15页。
② 《马克思恩格斯全集》第23卷，人民出版社1972年版，第406页。

但是，亚里士多德却提出了“人是理性的动物”这一命题。他说：“人的特殊功能是根据理性原则而具有理性的生活。”[①] 这一命题为斯多葛学派接受和发展，并推至于奴隶和自由民的一切阶层。他们一方面指出，一切人都是自然的一部分，都受自然规律的支配；另一方面，一切人都是有人性的。人性的具体表现是：①人作为动物，其特性是努力自我保存。②人作为人，有着追求理性生活、求得内心自由的要求。他们提出，一个奴隶可能因为有理性追求而成为精神自由的人，一个奴隶主，可能因缺少自觉的理性追求而成为一个没有精神自由的自然物。斯多葛学派把奴隶当作人来看待并承认奴隶具有理性的追求，在思想史上是一个伟大的进步。他们中有的思想家甚至提出了：人都是神的子女，他们彼此间都是兄弟。克里西波斯则说，没有任何一个人生来就是奴隶，人们只应当把奴隶看成“终生受雇的劳动者”[②]。

有人认为，犬儒学派在斯多葛学派之前便提出了一切人平等的思想。犬儒学派把德行和修养看作人生崇高的目的，把道德以外的物质生活和关系，平民与贵族，富人和穷人，自由民与奴隶，都一律平等地看作无足轻重的东西，这似乎也是一种平等观念。不过这种平等观念不是把事物和关系作为有价值的东西来看待的，而是采取虚无主义的态度把他们一律看作无价值的东西，对道德修养来说，这些关系都等于零。因此就现实的关系而言，仍应承认斯多葛学派最早明确提出了奴隶主与奴隶、平民与贵族等虽有贤愚之别而无人性之差，提出了一切人都平等地具有人性和理性。他们中的一些人，开始看到了奴隶制的弊病，把婚姻制推行到奴隶中去，改变了以往奴隶不能有家庭的旧制。这是政治思想史和伦理思想史上的进步。

斯多葛学派的平等思想影响了罗马时代的法学家们，他们由人性的平等进而倡导法律面前的平等，在罗马帝国时期，法律面前的平等至少在除奴隶而外的自由民和罗马臣民中开始获得了实现，正如恩格斯指出的：“在罗马帝国时期，所有这些区别，除了自由民和奴隶的区别外，都逐渐

① 周辅成：《西方伦理学名著选辑》上卷，商务印书馆1987年版，第280页。

② 萨拜因：《政治学说史》上卷，商务印书馆1986年版，第188页。

消失了；这样，至少对自由民来说产生了私人的平等，在这种平等的基础上罗马法发展起来了，它是我们所知道的以私有制为基础的法律的最完备形式。"①

二、原罪的平等

罗马帝国时期，代表被压迫者和被征服者要求的宗教——基督教产生并发展起来了。基督教敌视"当局"，代表广大下层群众意愿，因此它必然倡导平等。平等是早期基督教的一面极有号召力的旗帜。《新约全书》中的许多篇章都反映了对有钱有势者的蔑视，主张不分民族、不分贵贱、不分男女的一律平等。马太福音和路加福音中都提到了"大家都是兄弟"，多林哥前书中则说："我们不拘是犹太人，是希利尼人，是为奴的，是为主的，都是从一位圣灵受洗，成了一个身体，饮于一位圣灵。"（第12章12节）加拉太书中说："神的儿子，你们受洗归入基督的，都是披载基督了。并不分犹太人，希利人，自主的，为奴的，或男或女，因为你们在基督里，都成为一了。你们既属乎基督，就是亚伯拉罕的后裔，是照着应许承受产业的了。"（第3章28节）恩格斯说，早期基督教"受到斯多葛派思想的广泛渗透，而形成为一种教义"②。他们继承和发展了斯多葛派的平等观念并使之具体化、明确化，因此早期基督教会充满着平等的、民主的精神，吸引着成千上万的信徒，它虽然一再受到罗马统治者的残暴镇压，但终于未被消灭，后来却迫使罗马帝国的统治者们也不得不承认它的存在和力量，君士坦丁皇帝皈依基督教后，竟宣布基督教为罗马帝国的国教。

西罗马帝国灭亡后，作为征服者的日耳曼人也都抛弃了自己先前信仰的原始宗教而皈依基督，基督教随着大批统治者的相继加入，教会组织和教义发生了巨大变化。在教会组织方面，逐步建立了等级森严的教阶制度，教会以教皇为最高领导，和世俗的君主专制政权一样，划分教区，委

① 《马克思恩格斯选集》第3卷，人民出版社1972年版，第143页。
② 《马克思恩格斯全集》第21卷，人民出版社1965年版，第12页。

派各级神职人员，进行层层统治，不少主教和教士，也和世俗贵族一样，贪赃枉法，欺诈勒索，过着荒淫无耻的生活，早期基督教会的民主、平等精神，在几个世纪之内，已被一扫而空，荡然无存。在教义方面，教父们又重新为奴隶制和农奴制进行辩护，提出上帝创世之初，人类本来是自由平等的，后来有的人趋于堕落，成为罪人，以致沦为奴隶，失去自由，奴隶制和农奴制是对罪恶的惩罚，是对自由的维护。但是在教父们创立的"原罪说"中，仍不得不宣称，所有人的祖先都是有罪的，所有人的人生历程都应当是一个求得上帝宽恕的赎罪过程，所有的人都能平等地根据自己的善行成为上帝的选民。因此恩格斯说："基督教只承认一切人的一种平等，即原罪的平等，这同它曾经作为奴隶和被压迫者的宗教的性质是完全适合的。此外，基督教至多还承认上帝的选民的平等。"① 中世纪的欧洲，贵族与平民，领主与农奴，教士与教民，行会师傅与帮工，各种社会地位的人构成了多级阶梯，基督教早期倡导的平等，已被现实生活无情地否定。那时候，即便有人论及平等，也已经不是在承认人的现实价值的意义上说的，而是从每个人都无价值这个意义上说的，呻吟于国王、教会、大小贵族和农奴主统治下的人民，按照神甫的说教，只能憧憬在死后的天国和末日的审判中去获得上帝选民的平等。

三、法律面前的平等

在极端不平等的、封建贵族和教会享有种种特权的中世纪内部，却孕育了一个要求消灭封建特权、主张权利平等的资产阶级。当 15 世纪末，海上航路的伟大发现为它开辟了一个新的更加广大的活动场所时，它的经济实力日益发展起来了。资产阶级要求自由地、按照买卖双方平等的权利来进行交换，但是这个时期整个欧洲的国家制度和社会制度却限制着这种平等交换的发展，于是资产阶级便把摆脱封建桎梏和通过消除封建不平等来确立权利平等的要求提到日程上来了。

① 《马克思恩格斯选集》第 3 卷，人民出版社 1972 年版，第 143 页。

在近代西方著名的思想家中，最早提出并论述了人生而具有平等权利的是英国的思想家约翰·洛克。洛克在他所著的《政府论》一书中构想了一个自由的、人人享有平等权利的自然状态，“在那种完全平等的状态中，根据自然，没有人享有高于别人的地位或对于别人享有管辖权，所以任何人在执行自然法的时候所能做的事情，人人必须有权去做”①。后来人们由自然状态进入社会状态，订立契约，建立国家时，把任意惩治罪犯和任意自由行动的平等权力交给了国家，国家因此成为公共权力的化身，但并不因此能够对任何人具有“专断”和奴役的权力，“它应该以正式公布的既定的法律来进行统治，这些法律不论贫富，不论权贵和庄稼人都一视同仁，并不因特殊情况而有所出入”②。洛克认为，人民的福利是最高的法律，法律除为人民谋福利这一最终目的外，不应再有其他目的，因此人们虽然失去了自然状态下的平等权利，却获得了在法律保护下的平等权利，他是西方近代最早明确提出法律面前应当人人平等的思想家。

在英国革命的推动和影响下出现的法国启蒙运动，产生了许多启导过人们头脑的伟大的思想家，他们提倡自由、主张平等，其中对平等问题进行了更为深刻论述的是卢梭，他在平等问题方面提出了许多独创的卓越的见解：

（1）卢梭把不平等分为两类：一类是自然或生理的不平等，即由于年龄、健康、体力、智慧的差异引起的不平等，这是与生俱来的，是和人类社会相始终的；另一类是社会的或政治上的不平等，即一些人由于损害别人而得以享受特权，譬如：比别人更富足、更光荣、更有权势，或者甚至叫别人服从他们。他认为人类社会应当解决的是后者而不是前者。

（2）卢梭认为，在自然状态下，人类本来是平等的，但是由于人类具有一种“自我完善化的能力”，即向前不断发展的能力，这种能力促使人们获得了智慧和理性，促使社会生产和文化发展起来，出现了农业、手工业、冶金技术，后来竟导致了私有制的产生，引起了贫困和奴役，使人类社会失去了平等，陷入了种种谬误和邪恶，人类社会一方面在进步，另一

① 洛克：《政府论》下篇，商务印书馆1983年版，第7页。

② 同上书，第88页。

方面又在退步。卢梭天才地看到了私有制是导致人类社会不平等的重大原因，但他却把根本原因说成是人类自我完善化的能力，他不去进一步分析、批判私有制，却把批判的锋芒指向了自我完善化的能力，他说："这种特殊而几乎无限的能力，正是人类一切不幸的源泉；正是这种能力，借助于时间作用使人类脱离了它曾在其中度过安宁而淳朴的岁月的原始状态；正是这种能力，在各个时代中，使人显出他的智慧和谬误、邪恶和美德，终于使他成为人类自己和自然界的暴君。"①

（3）卢梭认为，人类社会每前进一步，不平等也同时前进一步。人类社会的不平等经历了三个发展阶段：第一阶段，即随着私有制的产生，社会分裂为富人和穷人，出现了财产上的不平等。第二阶段，随着国家的建立，社会分裂为统治者和被统治者，出现了政治上的不平等。在第二阶段中，统治者利用国家权力维护自己的特权和利益，统治者一旦尝到了统治的乐趣，便不再把其他的乐趣放在心上，他们像狼一样，尝过一次人肉之后，便厌弃一切别的食物，而只想吃人了。"正是在这种混乱和这些变革中，暴君政治逐渐抬起它的丑恶的头，吞没它在国家各部门中所发现的一切善良和健全的东西，终于达到了蹂躏法律和人民并在共和国废墟上建立起它的统治的目的。"② 暴君政治便是人类社会不平等的第三阶段，在暴君政治下，不平等达到了它的顶点，这是一个封闭圆圈的极点，它又和自己的出发点相遇，成为平等的原因，在暴君面前人人平等，因为大家都等于零，臣民除了暴君反复无常的意志之外，再没有别的法律。

（4）卢梭提出，人民不能忍受极端的不平等，终将发动革命，推翻暴君，"以绞杀或废除暴君为结局的起义行动，与暴君前一日任意处理臣民生命财产的行为是同样合法。暴力支持它，暴力也推翻它"③。暴君政治被推翻后，人们又恢复了自然的平等，并在平等的条件下重新缔结社会契约，这一次缔结的新契约"不是上级与下级之间的一种约定，而是共同体和它的各个成员之间的一种约定"④。每个缔约者都向整个共同体奉献出自

① 卢梭：《论人类不平等的起源和基础》，商务印书馆1962年版，第84页。
② 同上书，第145页。
③ 同上书，第46页。
④ 卢梭：《社会契约论》，商务印书馆1980年版，第44页。

己的一切权力，人人奉献，没有例外，实际上仍等于每个人都没有奉献一样，因为每个人都可以从任何一个结合者那里得到自己本身转让的平等权利，得到自己丧失的权利的等价物，他们失去了自然的自由，却获得了社会保障的自由，他们失去了自然的平等，却获得了社会的权利的平等。他说："社会公约在公民之间确立了这样的平等，以致他们大家全都遵守同样的条件并且全部都应该享有同样的权利。"① 这种平等的权利就是法律面前人人平等的权利。

卢梭的平等观天才地揭示了私有制的出现是不平等产生的重大原因，然而他却在这应该继续深入分析的重大课题面前停顿了，他构想的建立在新的契约条件上的社会，仍然是以生产资料私有制为基础的社会，国家的主要任务，仍然是要保护人们的私有财产权。这个理想的国度在法国资产阶级大革命后获得了实现，"平等归结为法律面前的资产阶级的平等；被宣布为主要人权之一的是资产阶级的所有权；而理性的国家，卢梭的社会契约在实践中表现而且只能表现为资产阶级的民主共和国。十八世纪的伟大思想家们，也和他们的一切先驱者一样，没有能超出他们自己的时代所给予他们的限制"②。

四、无产阶级的平等要求——消灭阶级

从现代资产阶级产生的时候开始，便由它的对立面——现代无产阶级伴随着，因此资产阶级的平等要求，也有无产阶级的平等要求伴随着。如果说资产阶级平等要求的实质是主张"消灭阶级特权"，那么马克思主义认为，无产阶级平等要求的实质，便是主张消灭阶级本身。

马克思主义在卢梭停顿和回避的重大命题面前继续前进，进一步揭示出私有制导致了阶级的产生，阶级的存在和对立是社会不平等的根本原因，要解决这一问题，实现社会全体公民权利和地位的真正平等，只能是

① 卢梭：《社会契约论》，商务印书馆 1980 年版，第 44 页。

② 《马克思恩格斯选集》第 3 卷，人民出版社 1972 年版，第 405 页。

通过消灭私有制，从而消灭阶级本身。经济是社会基础，权利是属于上层建筑的东西，公民权利的平等只能以经济的平等为前提，没有经济的平等，政治权利的平等和法律面前的平等只能是一句空话。恩格斯说："无产阶级抓住了资产阶级的话柄，平等应当不仅是表面的，不仅在国家领域中实行，它还应当是实际的，还应当在社会的、经济的领域中实行。"① 无产阶级的这一平等要求，一方面是对社会极端不平等，是对富人与穷人、主人与奴隶、骄奢淫逸者和饥饿者之间对立的反映；另一方面，它接受了资产阶级平等观的影响，"是从资产阶级平等要求的反应中产生的，它从这种平等要求中吸取了或多或少正确的，可以进一步发展的要求"②。在上述两种情况下，无产阶级平等要求的实际内容都是消灭阶级的要求。恩格斯为无产阶级提出的这一平等要求是在人类长期对平等追求的基础上发展起来的，是在揭示了人类不平等的根本原因的基础上提出的，这是对平等观念认识的一次飞跃，一次质的升华，一个经历了几千年的历史演变才获得的伟大认识。后来，列宁也指出："恩格斯说得万分正确：平等的概念如果与消灭阶级无关，那就是一种极端愚蠢而荒谬的偏见。"③

无产阶级及其先锋队以马克思主义为指导，在推翻资本主义制度的基础上建立了社会主义制度，终于消灭了产生社会不平等的经济根源——生产资料私有制，消灭了作为剥削阶级的地主阶级和资产阶级，并在这一基础上建立了人民当家作主的政治制度，从而也就消灭了私有制社会中的两个重大的不平等现象，即经济剥削和政治压迫。在社会主义制度下开始实现了人类社会的真正平等，这一平等首先便体现为人民平等地成为社会生产资料的主人，人民在社会主义制度下，以各种不同的方式占有并支配着社会的生产资料；其次在政治上，人民平等地成为国家的主人，人民平等地拥有法律所规定的各种权利和义务，并在法律面前一视同仁，就是说，社会主义使广大人民有了真正平等的社会地位和政治权利，这是人类几千年来追求的真正平等，正如斯大林指出的，社会主义平等的实质和内容在于："（一）在推翻和剥夺资本家之后，一切劳动者都平等地摆脱剥削而得

① 《马克思恩格斯选集》第3卷，人民出版社1972年版，第146页。

② 同上。

③ 《列宁选集》第3卷，人民出版社1972年版，第838页。

到解放；（二）在生产资料转归公有后，对于大家都平等地废除生产资料的私有制；（三）大家都有按照各人能力劳动的平等义务，一切劳动者都有按劳取酬的平等权利（社会主义社会）；（四）大家都有按照各人能力劳动的平等义务，一切劳动者都有各取所需的平等权利（共产主义社会）。”①

社会主义的平等主要是就人们的社会经济地位和政治权利而言的，社会主义的平等绝不是指人们工资收入和经济生活差异的消除，平等不是平均，更不意味着人们物质生活方式的千篇一律。马克思指出，在社会主义社会，必须实行按劳分配，这是一种平等的权利，每个生产者在作了各项扣除之后，从社会方面正好领回他给予社会的一切。这比之于资本主义社会的按资分配和劳动力买卖的平等权利是一个伟大的进步。但是由于它默认不同等的个人天赋，因而也就默认不同等的工作能力是天然特权。所以就它的内容来讲，它像一切权利一样仍然是一种不平等的权利。“但是这些弊病，在共产主义社会第一阶段，在它经过长久的阵痛刚刚从资本主义社会里产生出来的形态中，是不可避免的。权利永远不能超出社会的经济结构以及由经济结构所制约的社会的文化发展。”②

在社会主义社会，由于生产力和由生产力制约的社会文化还不够高度发展，阶级差别仍将存在，历史上留下的工农差别、体力劳动和脑力劳动的差别、城乡差别以及先进落后地区的差别，一时无法消除，因此人们在社会生活的某些方面实际上还存在着一定程度的不平等，这种不平等的情况，只有随着社会主义物质文明建设和精神文明建设的巨大发展，才能得到逐步消除。将来到了共产主义高级阶段，在迫使人们奴隶般地服从分工的情形已经消失，从而脑力劳动和体力劳动以及工农差别随之消失之后，在随着个人的全面发展生产力也增长起来，而集体财富的一切源泉都充分涌流之后，人们才能实现和享有更高层次的平等。因此列宁指出：“我们要争取的平等就是消灭阶级，因而也要消灭工农之间的阶级差别。这正是我们的目的。”③

① 《斯大林文选》下卷，人民出版社 1979 年版，第 335 页。

② 《马克思恩格斯选集》第 3 卷，人民出版社 1972 年版，第 12 页。

③ 《列宁选集》第 3 卷，人民出版社 1972 年版，第 838 页。

从上面的论述中可以看出：①人类对平等的认识和追求，经历了各种不同的发展阶段。几千年来，不同的阶级对平等产生过各种不同的认识和理解，赋予它不同的内容和论证。②在生产资料私人占有的剥削社会，无法实现真正的平等，不仅广大群众不能享有经济地位的平等，连法律面前人人平等也只能是一句空话。③马克思主义认为，无产阶级的平等要求是消灭阶级，这是经过几千年发展获得的伟大认识。社会主义在消灭私有制和剥削阶级之后，已经实现了人民社会经济地位和政治权利的平等，随着社会主义经济文化建设的巨大发展，工农、城乡、体力和脑力劳动的差别将逐步消失，人们最终必然要进入更高层次的平等的理想社会——共产主义社会。

（原载于《云南社会科学》1987 年第 5 期）

论西方资本主义国家民主政治进程

一

民主政治作为封建专制的对立物，是在欧洲中世纪被异端学派提出来的。西方最早提出民主思想的是意大利思想家马西利乌斯（1275—1343年），他是中世纪第一个严格地站在世俗立场上向教会宣战的思想家。政治权威必须具有公众一致同意的基础，这种观点便起源于马西利乌斯，他认为一个好的政体不仅要照顾臣民的共同利益，使臣民过美好的生活，而且要按照臣民的意志进行统治，按照臣民的意愿行使国家权力。

他提出，最高统治者的权力是有限的，人民的权力才是至上的无限的，可是人民虽然握有至高无上的权力，人民为数众多，不适宜于掌握国家机关，众多的人民也无法制定法律，统治者和立法者始终只能是少数，但他们必须反映人民的愿望，反映人民的意志。

处于中世纪时期的马西利乌斯，不能不受到时代的局限，他虽然勇敢地、超前地提出了民主的思想，但他却主张推翻君主政体，并且认为民主政治在君主统治下也可以实现。

文艺复兴之后，不少思想家都提出了民主政治的主张，但最早较为完整地提出民主政体理论的是荷兰的斯宾诺莎。斯宾诺莎比马西利乌斯前进了一大步，他提出："在所有政体之中，民主政体是最自然、与个人的自由最相合的政体。"① 他说，民主政体是所有的或大部分的人民掌握权柄的

① 斯宾诺莎：《神学政治论》，商务印书馆1963年版，第271页。

政体，在民主政体中，没有人把它的天赋权利绝对地转让给他人，以致他对国家事务再也无权发表意见，每一个人只是把他的天赋权力交给了一个“社会的大多数”，即在这个政体里，重大问题取决于社会大多数的意志。斯宾诺莎还提出，平等是民主政体的一大特点，而平等主要应当表现为法律面前的人人平等。

继斯宾诺莎之后，卢梭则更进一步提出了人民主权理论，使西方资产阶级的民主理论趋于完善。卢梭提出，国家主权应当属于人民，并为人民的“公意”所指导。他说，国家是民众的结合体，是一个公共的人格。民主国家是在社会契约的基础上产生的，每个缔约者毫无例外地向它交出了自己的全部权利，因此每个公民都是国家权力的主人。但是，国家为了保持自身的存在，必须有一种“普遍的强制性的力量”，才能按照最有利于全体成员的方式来安排社会生活。主权便是这样一种力量，它是一种强制性的统治权力，在民主国家中它以“公意”为指导。

在《社会契约论》中，卢梭提出了“公意”和“众意”这两个概念。他说“公意”是代表全民的共同利益和愿望的意见，“众意”是代表各个个人与全民的共同利益相矛盾的那些意见和要求，公意代表着公利，众意代表着私利，两者是相互对立的。他说：“众意与公意之间经常总有很大的差别，公意着眼于公共的利益，而众意则着眼于私人的利益。”①

卢梭十分强调在一个民主的国家中，主权必须以公意作为自己行使的依据，在民主国家中，是不容许运用图家主权图谋个人私利的。卢梭还提出，主权的核心是立法权，立法权必须属于人民，立法权必须体现公意，立法者必须无比公正。他认为：“法律乃是公意的行为。”②

卢梭提出，领袖、行政长官都不是人民的主人，在民主制的国家中，只有人民才是主权者，任何官吏，不论职位再高，都仅仅是以主权者的名义行使主权者委托给他们的权力，他们执行法律，但仍必须服从法律，如有违法行为，人民可以立即撤换他们。卢梭反对三权分立，他主张把立法权和行政权统一起来。他说：“制定法律的人要比任何人都更清楚，法律

① 卢梭：《社会契约论》，商务印书馆1980年版，第39页。

② 同上书，第51页。

应该怎样执行和怎样解释。因此，看来人们所能有的最好体制，似乎莫过于能把行政与立法权结合在一起的政体了。”①

卢梭的主张代表着法国激进的小资产阶级民主派，反映了一般劳动群众在政治上的部分要求，但在资产阶级统治下，是无法实现的，也是资产阶级所无法接受的。但他的思想却极大地推动了法国人民反封建的斗争，他的民主理论是法国资产阶级大革命时期小资产阶级民主派的思想武器，雅各宾派的领袖罗伯斯庇尔便是卢梭的狂热崇拜者，他把卢梭称作自己的导师。

二

西方资产阶级对民主政治的实践和建设是从资产阶级革命后开始的。英国资产阶级在1640年革命后，和封建王朝继续进行了48年复辟与反复辟的斗争，终于在1688年光荣革命后取得了决定性的胜利。英国资产阶级在政治上向民主制迈出的第一步就是限制专制王权，1689年通过的《权利法案》规定国王无权废止法律，国会必须定期召开，征税须经国会同意，议员享有言论自由，所有重大问题都须由国会决定。1701年又通过了“王位继承法”，对王位继承作出了明确规定并对王权进一步作了限制。英国便从一个君主专制国家转变成为一个君主立宪国家。

早在1265年，英国便有了国会，不过那是由贵族会议演变成的有大贵族、大主教、各郡中小贵族的骑士代表参加的封建国会。英国资产阶级革命后，国会议员大部分仍是贵族，资产阶级仅有少数代表。那时的国会代表名额不是按人口分配，而是按城市名称分配的，每个城市分配两个名额，随着资本主义经济的发展，许多城市已经没落，仅有一座城堡，住着一家地主，便可得到两个议员名额，有的新兴城市，如曼彻斯特，已有七八十万人口，仍只能得到两个代表名额。伦敦作为国家首都，加一倍，有4个代表名额，但伦敦已是百万人口的城市。

① 卢梭:《社会契约论》，商务印书馆1980年版，第87页。

这种按城市分配议员名额的做法，直至1832年第一次议会改革才稍有改变，这次改革剥夺了56个衰败城市和小城市的名额，并把这些名额分配给工业发达、人口剧增的城市，但是英国的贵族、有钱的富翁以及牛津、剑桥毕业的学生，在很长时期却拥有两票以上的复票权，广大的工农群众则因财产、文化、居住年限等的限制而被拒之于选举的大门之外。1837年，英国工人发动了数百万人参加的“大宪章”运动，提出了普选权的问题，但那时还只是要求年满21岁的男子有选举权，妇女的选举权问题还没有被提上日程。英国的妇女直到1918年才获得了选举权，而且本人必须是大学毕业，本人或丈夫有5英镑以上固定资产收入。1867年英国议会第二次选举改革后，1600万居民中仅有200万人获得了选举权。直到第二次世界大战后，1948年才取消了复票权，实现了一人一票。1969年，基本上取消了财产资格、文化程度、性别等方面的各种限制，使年满18岁的公民都获得了选举权。也就是说，英国资产阶级自1640年革命，经过329年的改革，才形成了今天的选举制度，实现了标志西方民主的普选权。而且这种普选权的实质，仍不过像马克思所指出的：普选制不过是“为了每三年或六年决定一次，究竟由统治阶级中的什么人在议会里代表和压迫人民”①。

在西方国家中，以资产阶级民主典范自居的美国，在南北战争前仅有40%的成年居民有选举权，黑人、妇女和一般劳动人民是没有选举权的。1920年，美国才通过了承认妇女有选举权的第19条宪法修正案。1940年，南部各州成年黑人依法登记为选民的仅占成年黑人总数的5%。第二次世界大战后，美国政府再次扩大选民范围，相继取消了以交纳“人头税”和“文化测验”作为取得选举权的条件，直到1971年国会通过的美国宪法第26条修正条款，才规定了年满18岁的公民依法享有选举权。法国部分妇女直到1941年才有了选举权，1974年，年满18岁的公民才获得了普选权。

西方民主政治建设进程之所以如此缓慢，主要原因是西方社会的经济基础是资产阶级私人占有制，这就决定了资产阶级民主的性质是只能在资

① 《马克思恩格斯选集》第2卷，人民出版社1972年版，第367页。

产阶级的范围内以民主的方式来进行权力分配，只能维护资本家的统治。资产阶级害怕广大劳动者在取得选举权后，劳动者代表的增加会危及资产阶级的统治，因此资产阶级政府曾不止一次地对劳动人民争取选举权的斗争予以暴力镇压，对选民资格作种种不合理的限制。直到第二次世界大战后，西方资产阶级的统治已经相当稳固，普选权已经不至于威胁自己的利益时，才给予人民普选权。但是，至今许多资本主义发达国家，虽然已经取消或降低了对选民资格的限制，对候选人的资格却仍然保留了许多限制（如居住年限、文化程度、固定收入、年龄等等），有的国家（如日本），候选人参加竞选尚需交纳相当数额的选举保证金，所获选票达不到一定数额，保证金便被没收，这些都是为了把劳动者排斥于竞选之外的措施。这不能不是资产阶级民主的狭隘性、局限性和虚伪性的表现。

（原载于《创造》1993 年第 1 期）

“英特纳雄耐尔”

——国际工人统一战线的伟大纲领

一

在巴黎公社遭到凡尔赛反动派血腥镇压，五月流血周刚刚结束不久，公社委员欧仁·鲍狄埃在巴黎郊区怀着满腔怒火和沸腾的热血，写下了现在已经传遍世界的《国际歌》的歌词。这首歌词原系六节组成的一个诗篇，现在我们选唱的是其中的一、二、六节，主要表达了无产阶级推翻资本主义旧世界的意志和决心。其余三节，即三、四、五节，着重揭露政府、资本家和国王对劳动人民的欺诈压迫，并号召人民起来争取权利，讨还宿债。

《国际歌》中的“英特纳雄耐尔”一词曾被译为“共产主义”，因不确切，现仍改译为“英特纳雄耐尔”，但一些歌曲集中均附有注解，说“英特纳雄耐尔”一词是按外文音译的，“英特纳雄耐尔就一定要实现”意思是说“国际共产主义理想一定要在全世界实现”。其实，“英特纳雄耐尔”也不能译为“国际共产主义”，因为国际共产主义和共产主义在实质上是没有区别的，共产主义本身就是国际性的，如果其意果真如此，何必一定外文音译，直译为“国际共产主义”岂不明白易懂，唱起来也仍是十分和谐的。

“英特纳雄耐尔”一词是根据法文 Internationale 音译的，Internation 原系“国际”的意思，原诗中，Internationale 一词在句中是以大写字母开头的，这就是说，它是一个专有名词，它指的是“第一国际”（Ler Internationale）。第一国际原名国际工人协会，在当时英法等各国工人中简称“国际”，这里的“英特纳雄耐尔就一定要实现”是指第一国际的原则一定要获得实现，因为鲍狄埃认为，巴黎公社是实践第一国际原则的，公社虽然遭到了凡尔赛反动派的镇压，但第一国际的原则仍然是要获得实现的。他在1878年北美社会主义工党一次公社的纪念会上这样说：“3月18日革命包括了这一切内容，而这正是它的光荣之处。公社实践的是国际的各项原则，而社会主义工党则是国际的新芽。”①

欧仁·鲍狄埃的全名是欧仁·爱德蒙·鲍狄埃（Eugene Edmand Pottier，1816—1887年），他原是一个靠绘制印花希图案维持生活的工人，曾参加过1848年的法国二月革命和六月起义，险遭政府枪杀。他在一封后来给保尔·拉法格的信中说：“1848年革命使我的心灵和头脑开了窍。我阅读了傅立叶的著作；我变成了一个人们所谓的‘狂人’，并且用歌曲来反映傅立叶的思想。”② 19世纪60年代初期，他在巴黎组成了纺织品图案画工会；第一国际建立后，他和他领导的这个有500名会员的工会加入了国际，并担任国际巴黎支部联合委员会委员；巴黎公社革命前夕，他被推选为二十区中央委员会委员及国民自卫军中央委员会委员；公社革命胜利后，于4月16日被补选为公社委员。鲍狄埃是第一国际思想原则的坚定信仰者和积极传播者，从他的诗歌中看出，他对旧世界是如此痛恨，对工人阶级自身的力量是如此信赖，对工人阶级团结战斗的思想是如此明确，他虽然不是一个马克思主义者，但他对国际的原则无疑是有正确认识和理解的。

在第一国际的巴黎支部联合委员会中，大部分人都是蒲鲁东派，但在巴黎公社革命前夕，蒲鲁东派发生了激剧的分化，一部分人虽仍顽固坚持蒲鲁东主义的教条，但另一些人却开始接受科学共产主义的思想，鲍狄埃便是这些开始接受科学共产主义思想的国际会员之一。在1885年他给阿尔吉里亚德斯的信中说：“因为您和我一样，也是共产主义者。但这并不妨碍您和我又都是无政府主义者。”③ 在巴黎公社后期关于建立社会治安委员会的争论中，鲍狄埃是蒲鲁东派中唯一投票赞成建立这一组织的，蒲鲁东派的公社委员几乎都投票反对建立这一高度集中的权力组织，并因此发表宣言退出公社。鲍狄埃是正确的，建立社会治安委员会虽然违背蒲鲁东

① 《鲍狄埃诗选》，人民文学出版社1981年版，第378页。

② 同上书，第364页。

③ 同上书，第391页。

主义的信条，但从当时公社面临的险恶形势看，的确需要有这样一个组织来统一行动，对付敌人。

关于公社委员的情况，恩格斯曾经在《法兰西内战》一书的导言中分析说："公社委员分为多数和少数两派：多数派是布朗基主义者，他们在国民自卫军中央委员会中也占统治地位，少数派是国际工人协会会员，他们多半是蒲鲁东社会主义学派的信徒。那时，绝大多数的布朗基主义者不过凭着革命的无产阶级的本能才是社会主义者，其中只有很少一些人通过熟悉德国科学社会主义的瓦扬，比较清楚地了解基本原理。"① 鲍狄埃大约便是通过瓦扬比较清楚地了解科学社会主义基本原理的国际会员之一。后来他在北美流亡期间加入了社会主义工党，并在帕特森的支部成立大会上发表演说，提出要把消灭生产资料私有制、消灭保卫剥削和财富的资产阶级的警察和军队、取消反动教会等写进党的纲领中。

二

马克思参与建立的第一国际，从一开始便是一个国际工人的统一战线组织，它接收了当时国际工人运动中的各种派别：英国的工联派、欧文派、宪章派，法国的蒲鲁东派，德国的拉萨尔派，后来又接收了俄国的巴枯宁派。马克思认为，在1848年革命失败带来的工人运动的长期沉寂之后，国际工人阶级的这种广泛联合是十分必要的，他为国际所确立的原则包括在他起草的《国际工人协会成立宣言》和《国际工人协会共同章程》这两个纲领性的文献中，这两个文献是原则的坚定性和策略的灵活性结合的光辉范例。在这两个文献中，马克思没有像《共产党宣言》那样鲜明地提出把实现共产主义作为工人阶级的奋斗目标，但是他以委婉的词句表述了科学社会主义的基本原则，《国际歌》中的"英特纳雄耐尔"指的便是这些原则。

（1）在国际《成立宣言》中，马克思首先用无可辩驳的事实证明，

① 《马克思恩格斯选集》第2卷，人民出版社1972年版，第332页。

资本主义是一个极不合理的制度，是使劳动人民遭受贫困和奴役的制度，在资本主义制度下，劳动生产力的任何新的发展，都不可避免地要加深社会的对立和加强社会的对抗。欧仁·鲍狄埃在《国际歌》原诗第四节有这样一段揭露资本家剥削工人阶级的描述：“矿山和铁路大王的显赫声势，遮不住他们丑恶的本质，除掉掠夺我们的劳动，他们哪里做过什么事，这帮家伙的钱柜里，熔入了我们的劳动果实。人民勒令他们交出来，不过是讨还应有的产值。”①

（2）在国际《成立宣言》中，马克思用工人运动的实践经验证明，工人阶级要获得解放，就必须夺取政权。“夺取政权已成为工人阶级的伟大使命。工人们似乎已经了解到这一点，因为英国、德国、意大利和法国都同时活跃起来了，并且同时都在努力从政治上改组工人政党。”②《国际歌》中“不要说我们一无所有，我们要做天下的主人”，“旧世界打个落花流水”以及把“炉火烧得通红，趁热打铁才能成功”等句，都包含有号召工人阶级起来推翻资产阶级统治，夺取政权的意思。

（3）在国际《共同章程》中，马克思一开始就指出，“工人阶级的解放应该由工人阶级自己去争取”③，这是马克思和恩格斯一贯的重要思想，早在《神圣家族》一书中，他们就曾经指出：“无产阶级能够而且必须自己解放自己。”④《国际歌》用这样的诗句把这一思想表达出来：“从来就没有什么救世主，也不靠神仙皇帝。要创造人类的幸福，全靠我们自己。”这是非常确切而又通俗易懂的。

（4）在国际《共同章程》中，马克思指出：“劳动者在经济上受劳动资料即生活来源的垄断者的支配，是一切形式奴役即一切社会贫困、精神屈属和政治作附的基础；因而工人阶级的经济解放是一切政治运动都应该作为手段服从于它的伟大目标。”⑤《国际歌》则用“是谁创造了人类世界？是我们劳动群众。一切归劳动者所有，哪能容得寄生虫！”和“我们要夺回

① 《鲍狄埃诗选》，人民文学出版社 1981 年版，第 108 页。

② 《马克思恩格斯选集》第 2 卷，人民出版社 1972 年版，第 134 页。

③ 同上书，第 136 页。

④ 《马克思恩格斯全集》第 2 卷，人民出版社 1957 年版，第 45 页。

⑤ 《马克思恩格斯选集》第 2 卷，人民出版社 1972 年版，第 136 页。

劳动果实”等诗句，正确地表达了“经济解放”这一重要的理论原则。

(5)《成立宣言》和《共同章程》都十分强调国际工人阶级的团结合作，指出：“工人们已经具备了作为成功因素之一的人数；但是只有当群众组织起来并为知识所指导时，人数才能起决定胜负的作用。”①《国际歌》三段都用“这是最后的斗争，团结起来到明天”正确地表达了这一思想，原诗中引用这两句加上“英特纳雄耐尔就一定要实现”，作为开头结尾的重复段。正如马克思在《成立宣言》中指出的：“过去的经验证明：忽视在各国工人之间应存在的兄弟团结，忽视那应该鼓励他们在解放斗争中坚定地并肩作战的兄弟团结，就会使他们受到惩罚，——使他们分散的努力遭到共同的失败。”②

(6)《国际歌》原诗中还有一节十分强调权利和义务的一致性，这一思想也来源于国际的《共同章程》。原诗第三节是：“政府在压迫，法律在欺骗，捐税吮吸不幸者的血汗，富人不承担任何义务，穷人的权利是一句空谈。被桎梏的‘平等’受尽熬煎。”它要改变现存的法律：“讲平等，有权利就应有义务，尽了义务就应享受权利。”③ 马克思在《共同章程》中指出：“工人阶级的解放斗争不是要争取阶级特权和垄断权，而是要争取平等的权利和义务，并消灭任何阶级统治。”④ 并说：“协会认为，没有无义务的权利，也没有无权利的义务。”⑤

第一国际建立的时候，马克思认为，新兴的工人运动允许使用《共产党宣言》那样勇敢的言词还需要一些时候，他不能不把他的观点用当时工人阶级所能接受的形式委婉地表达出来，正因为这样做，第一国际才具有那样广泛的规模和强大的阵容。后来恩格斯在《共产党宣言》1888年英文版序言中这样说：国际工人协会“成立的明确目的是要把欧美正在进行战斗的整个无产阶级团结为一个整体，因此，它不能立即宣布《宣言》中所申述的那些原则。国际应该有一个充分广泛的纲领，使英国工联，法

① 《马克思恩格斯选集》第2卷，人民出版社1972年版，第134页。
② 同上。
③ 《鲍狄埃诗选》，人民文学出版社1981年版，第108页。
④ 《马克思恩格斯选集》第2卷，人民出版社1972年版，第137页。
⑤ 同上。

国、比利时、意大利和西班牙的蒲鲁东派及德国的拉萨尔派都能接受"①。这个充分广泛的纲领便是国际的《成立宣言》和《共同章程》，它所表述的科学社会主义原则便是《国际歌》中所要实现的"英特纳雄耐尔"，它是国际工人阶级统一战线的伟大纲领。

三

建立国际工人统一战线的思想是马克思和恩格斯的一贯思想，早在共产主义者同盟建立时，他们便提出了"全世界无产者，联合起来!"的口号。统一战线可以是多形式和多层次的广泛联盟，从马克思和恩格斯的思想看，他们最重视的是无产阶级自身的团结和联盟，这是工农联盟以及劳动者和非劳动者联盟的基础。马克思和恩格斯在他们革命活动的过程中，对各种不同观点的工人派别总是先团结、先联合，然后再讨论、再说服。他们坚信自己理论的正确性，坚信科学共产主义自有它的生命力在，但他们从不闭门谢客、孤芳自赏。因为只有先团结、联合，才有利于说服、讨论，才有利于共同斗争。

当欧洲工人运动开始兴起的时候，马克思主义还没有诞生，那时在工人运动中流行的是各种各样的空想社会主义、平均共产主义和无政府主义思想，工人中存在着各式各样的政治派别。1846 年，当马克思和恩格斯建立布鲁塞尔共产主义通讯委员会时，便采取广泛联合的策略，邀请了许多与自己观点不同的人参加委员会，他们一方面印发了一些油印和铅印的小册子阐述自己的观点，另一方面通过委员会的共同讨论说服人们接受自己的思想，他们试图把欧洲信仰各种共产主义的团体和个人首先团结起来。共产主义者同盟的前身正义者同盟原不是一个马克思主义的政党，而是信仰魏特林、蒲鲁东和德国"真正社会主义"的工人密谋组织，先是同盟的领导读了马克思和恩格斯写的小册子，逐步相信了他们的观点是正确的，然后他们被邀请加入并改组了原来的组织，建立了共产主义者同盟，在同

① 《马克思恩格斯选集》第 1 卷，人民出版社 1972 年版，第 235 页。

盟第二次代表大会上，马克思和恩格斯全面介绍了科学社会主义的原则，经过近两周的反复讨论，代表们才消除了一切怀疑，接受了新原则，并请马克思和恩格斯起草党的纲领作为宣言发表。

第一国际建立的时候，信仰马克思主义的人还是寥寥无几，但是马克思以天才的笔触为国际起草的宣言和章程却获得了国际的接受。后来，许多工人活动家通过历次代表大会和代表会议的讨论，特别是通过工人运动的实践，终于逐步认识到马克思主义的正确性。他们大多都是通过熟悉和接受第一国际宣言和章程所确立的原则，进而才熟悉和接受马克思主义的整个理论体系的。恩格斯曾这样描述第一国际时期马克思主义的传播过程："反资本斗争中的种种事件和变迁——而且失败比胜利更甚——不能不使人们认识到他们各种心爱的万应灵丹毫不中用，并使他们更透彻地了解工人阶级解放的真实条件。"① 当第一国际解放时，法国的蒲鲁东主义和德国的拉萨尔主义已经奄奄一息，甚至极端保守的英国工联也有了进步，《共产党宣言》的原则在世界各国工人中得到了广泛的传播，马克思主义已经成为国际工人运动的伟大旗帜。

在《国际歌》中，鲍狄埃用形象的精练的诗的语言，正确地表述了马克思为第一国际确立的革命原则，使人更易理解、更易接受，因此，自1888 年由工人作曲家狄盖特把它谱写成歌曲后，很快便被译为各国文字，广为传唱，成为全世界无产阶级的歌。正如列宁所说的："一个有觉悟的工人，不管他来到哪个国家，不管命运把他抛到哪里，不管他怎样感到自己是异邦人，言语不通，举目无视，远离祖国——他都可以凭《国际歌》的熟悉曲调，给自己找到同志和朋友。"② 当我们引吭歌唱这首歌曲的时候，应当更确切地理解和认识"英特纳雄耐尔"的含义。愿全世界无产者，在"英特纳雄耐尔"的伟大纲领下广泛地团结起来，更加自觉地为共产主义的明天而英勇战斗！

（原载于《统一战线理论研究》1986 年第 3 期）

---

① 《马克思恩格斯选集》第 1 卷，人民出版社 1972 年版，第 235 页。

② 《列宁选集》第 2 卷，人民出版社 1972 年版，第 434 页。

鸿篇巨帙　呕心力作

——评徐大同先生主编的《西方政治思想史》五卷本

自20世纪80年代以来，我国出版的有关西方政治思想的著作有近50部，取得了极其可喜的成绩。徐大同教授任总主编的《西方政治思想史》（天津人民出版社1985年版）五卷本的出版（以下简称五卷本），是西方政治思想史上具有里程碑性质的重大研究成果。它的出版为西方政治思想史教学研究工作的深化与拓展提供了一个更加坚实的基础与更加广阔的视野，把我国西方政治思想史的教学与研究升华到一个更高、更广的层次。

该著第一卷较详尽地论述了古希腊和古罗马时期的政治思想，时间跨度为公元前800年到公元476年。这一时期不仅是西方政治思想产生的萌芽时期，也是西方多种政治学说和思潮的始创时期。这一时期西方许多眼光敏锐、思想深邃的思想家和政治家对政治体制、政治目标、统治方式、决策方式以及理想的政治模式，都发表了许多颇有见地的意见，对国家的起源、目的、发展开始进行论述，一些思想家开始构建自己的理论体系，发表了有相当理论深度和理论思考的著作，开创了西方政治学说的先河，为后世提供了丰富的思想遗产。他们所阐发的各种政治观点，对中世纪乃至近现代西方政治学说的发展产生了极其深远的影响。本书主编和作者力图通过对这1000多年政治学说始创时期的论述和研究，把握其纷繁庞杂的政治观点，为各种政治学说在这一时期的建立和发展梳理出一条简明、清晰的线索，资料丰厚、内容翔实。

第二卷论述了西方中世纪时期的政治思想，这个时期的政治思想发展仍有其鲜明的特色，在研究主题的转换和思想内容的创新等方面都开创了一个新的时代，在西方政治思想的发展史上占有重要地位。中世纪时期的政治思想，由于缺乏标志性的独立、完整的著作，资料分散，观点零乱，且译著较少，因此给这一时期政治思想的研究带来许多困难，但本卷的主编和作者，仍从零散的资料整理中为中世纪政治思想（特别是世俗政治观）的发展挖掘整理出一条比较完整、清晰的脉络。在第六章、第八章、第九章中增加了我国学者过去较少使用过的许多资料，丰富了中世纪西方政治思想的内容，引发了人们对中世纪和近现代西方政治思想关系的进一步思考，给读者许多的启迪，这是十分难能可贵的。

第三卷论述了 15 世纪到 18 世纪西方近代早期和中期的政治学说和思想。这一时期，随着西方资本主义的发展和市场经济主导地位的确立，权力政治观取代神学政治观。自然法和社会契约论成为论证权力政治的基本出发点，自由主义有了比较完整的政治内涵，成为西方占统治地位的政治思潮。同时，资本主义发展所引发的各种尖锐复杂的矛盾，又造成了各种政治思潮之间的激烈碰撞，并使西方各种学派的政治思想形成了较为鲜明的特征。本卷结构合理，评价公允。对 17 世纪英国政治思想及 18 世纪法国和德国的政治思想，特别是对休谟、柏克和康德的政治思想的论述和分析均有相当的深度。

第四卷论述了 19 世纪初期至第二次世界大战爆发西方政治思想的发展和演变。这是近代西方政治思想发展的重要阶段，也是西方政治思想从近代向当代过渡的时期。该时期自由主义在对资产阶级革命时期政治思想的继承、批判和超越的过程中，以及与其他各种思想的较量和碰撞中确立了自己的主流地位，另一方面马克思主义的产生和科学社会主义的出现，展示了前所未有的活力和影响，实现了西方政治思想的空前变革。这一时期西方政治思想的发展和演变，是资本主义经济自由发展、资产阶级民主制度不断调整、无产阶级力量日益壮大的结果，反映了当时社会发展的状况。此时的政治思想更趋于实际，“以事实为基础，以经验为准绳”的实证主义开始广泛传播，随之实用主义和行为主义也得到不断发展并渐趋成熟。本卷不仅资料丰实、归纳有序、论述清晰，分析评价亦颇得当，主编与作者均十分用力，把这一时期纷繁复杂的西方政治思想明晰地呈现在读者的面前。

本书第五卷是当代卷，主要论述第二次世界大战以来西方政治思想的发展与演变。第二次世界大战后，西方各种政治思潮异彩纷呈，既相互冲突，又相互借鉴、渗透。这一时期，新自由主义和社会民主主义两大思潮在西方均得到发展，成为多数欧美国家的政治取向和政策依据，极大地推动了西方福利国家的建设。由于福利国家建设中出现的新问题，又促使新“左”翼激进主义的崛起和新“左”派运动的爆发。20 世纪 60 年代末 70 年代初出现的资本主义的政治经济危机，又引发了新保守主义思潮的兴起，并且导致了生态主义、女权主义等新思潮的涌现。进入 80 年代后，随着苏联的解体，国际共产主义运动的低落，新保守主义一度盛行，但 90 年代后，社会主义开始复兴，社会民主主义再度兴起。

当代西方政治思潮历来是西方政治史研究中一个十分重要但又十分艰难的部分，无论是外文原著还是中文译文的有关资料都比较晦涩难懂，著作和思想家又如此之多，要对他们的思想进行提炼、概括，进行明晰条理的陈述，有相当难度。本卷有些思想家的思想以及新概念、新观点都是第一次呈现在读者的面前，反映了本卷主编和作者的学养和功力，他们的开拓性工作，为今后进一步深入广泛研究当今西方政治思潮打下了一个坚实的基础。

总的来说，这部 200 多万字的鸿篇巨帙是近 20 位专家和学者集体倾尽全力、历时近 7 年的巨大成就。五卷本不仅注意对各个时代思想家思想的准确把握，而且十分注意历史背景、思想家生平著作的介绍。在归纳、阐述、评价方面坚持实事求是、不贴标签的做法，这也是本书与过去一些西方政治思想史著作不同的地方。

当然，这样一个许多专家学者共同合作完成的宏著，由于各自形成的写作习惯，遣词造句的风格各异，也有个别可以挑剔的地方，但白璧微瑕，无伤大雅。现在，五卷本已经呈现在读者的面前，随着时间的推移和同仁们学习研究的深入，它的学术价值、它对政治学专业特别是西方政治思想史的教学和研究工作的重大意义，将会进一步为学人所认识。

（原载于《政治学研究》2005 年第 2 期）

蒲鲁东主义对巴黎公社事业的危害

110年前，作为把人类从阶级社会中永远解放出来的社会革命曙光的巴黎公社，为建立无产阶级民主政权进行了伟大的尝试。公社的先烈为历史首创精神的热诚的激发，艰苦奋斗，努力工作，用心思索，以自己的生命和鲜血谱写了光辉的历史篇章，给国际无产阶级留下了丰富的经验和宝贵的教训。

马克思主义经典作家对公社事业予以高度赞扬，认为公社的伟大历史功绩在于它摧毁了那起源于君主专制时代的“像蟒蛇一样地用官僚、常备军、僧侣、法官把社会机体从四面八方围绕起来的庞大的政府寄生虫”①，建立了无产阶级民主政权。它是大多数人当家作主的政权，是维护工人阶级和劳动人民利益的政权，是一个廉价政府，是“终于发现的，可以使劳动在经济上获得解放的政治形式”②。

公社最重要的措施就是它本身的组织，这个组织的特点是：它建立在普选制的民主基础之上，人民群众对公社领导者有监督和罢免权，公社公职人员是没有任何特权地领取和工人同等工资的社会公仆。马克思说：“公社是由巴黎各区普选选出的城市代表组成的。这些代表对选民负责，随时可以撤换。……从公社委员起，自上而下的公职人员，都只应领取相当于工人工资的薪金。国家高级官吏所享有的一切特权以及支付给他们的办公费，都随着这些官吏的消失而消失了，社会公职已不再是中央政府走

① 马克思：《法兰西内战》第二稿，载《马克思恩格斯列宁斯大林论巴黎公社》，人民出版社1971年版，第182页。

② 马克思：《法兰西内战》，人民出版社1964年版，第58页。

卒们的私有物。"①

建立在无产阶级民主制基础之上的公社，使国家由社会的主人重新变为社会的仆人。公社已不再是资产阶级国家那样，只是"容许被压迫者每隔几年决定一次研究由压迫阶级中的哪些代表在议会里代表和镇压他们"②。公社的领导人不再是凌驾于群众之上的官僚，他们来自人民，代表人民，对人民负责，因此他们能够密切联系群众，倾听群众意见，关心群众疾苦，接受群众监督。公社成立后，为了便于群众了解公社活动的情况，每天的决议都及时刊载在公报上，公社委员也经常回到选举自己的各区里去，宣传解释公社的决议，听取群众的批评建议。马克思称赞说，这些勤务员光明正大地进行工作，"在众目睽睽下进行活动，不自命为绝对正确，没有文牍主义的敷衍拖拉作风，不耻于承认和改正错误"③。

公社的民主政权极大地调动了人民群众的政治积极性，鼓舞了人民的革命热情，充分发挥了人民群众创造历史的伟大力量。公社存在的 72 天是与凡尔赛反动派生死搏斗的 72 天，是战火纷飞、硝烟弥漫的 72 天，它一直处在紧张尖锐的战争环境中，但它却做了那么多的工作。它作出了 210 个决议，发布了 389 件公告。公社委员夜以继日，忘我劳动，工作卓有成效，在政治、经济、文化各方面采取了许多重大的改革措施，以自己的首创精神给国际无产阶级巨大的启示和鼓舞。

但是公社是自发产生的，领导公社的布朗基派和蒲鲁东派都不是真正的无产阶级的政党。布朗基派是按阴谋学派的精神培养起来的，这个学派认为少数坚决和组织严密的分子在顺利条件下不仅能够夺取政权，而且能够用极果断坚决的措施来保持政权，直到把人民群众吸引到革命方面，并使他们团结在少数领袖的周围。这个派别的内部有极严格的组织纪律，他们最大的缺点是不相信、不依靠广大群众。蒲鲁东派在组织上反对一切集中纪律，主张个人意志的绝对自由，在政治上反对一切强制和暴力，主张用人道仁慈感化一切；在经济上企图实现私有财产的普遍化，幻想创造一个小生产者占统治地位的时代，回到自然经济、自种自食、自由自在、自

① 马克思：《法兰西内战》，人民出版社 1964 年版，第 55 页。

② 列宁：《国家与革命》，人民出版社 1949 年版，第 78 页。

③ 《马克思恩格斯全集》第 17 卷，人民出版社 1963 年版，第 590 页。

生自灭、天马行空、独往独来的状态中去。在巴黎公社时期，蒲鲁东派虽然只是少数派，但恩格斯说："那时的事实还是：二十年来，除了蒲鲁东的著作以外，操罗曼语的工人就没有过任何别的精神食粮，至多再加上'无政府主义之父'巴枯宁对蒲鲁东主义所做的更加片面的说明，在巴枯宁的眼中，蒲鲁东是'我们共同的导师'。"① 因此蒲鲁东主义对法国工人运动有很大侵蚀，公社建立后，蒲鲁东派虽然主要负责经济方面的工作，但在政治上和组织上以至军事上都不可避免地受到他们的影响，导致了许多严重的错误。

一、公社没有形成一个坚强的统一的领导中心

由于蒲鲁东派过分强调个人的行动自由和独立自主，公社虽然实行代表制和委员制，但公社及其所属各委员会，都没有设置负责人。公社委员会甚至拒绝设立由委员选举产生的可以作为领导中心的常务主席团，只决定选举一个任期仅有一周的临时主席团（主席一人、委员二人、秘书二人）。因此，事无巨细，都需要全体委员会集体讨论，公社自3月28日成立至5月21日凡尔赛匪徒攻进巴黎，几乎天天开会，白天开会，夜间还要开会，甚至一天举行三次会议。许多委员不得不经常泡在会里讨论问题、起草文件。联系群众、接触实际、冷静考虑重大问题的时间相对减少。翻看会议记录，公社对如何建立工农联盟，怎样取得其他城市支援，如何组织巴黎财务，怎样对付反革命分子的猖狂活动，以及采取什么步骤才能使公社立于不败之地等重大问题，都没有认真讨论，相反，许多细枝末节的问题却花去了公社委员会的不少时间，一些问题也是议而不决，决而不行。

公社建立后，蒲鲁东派的代表提出"公社不应该执行政府机关的职

① 恩格斯：《论住宅问题》，载《马克思恩格斯全集》第21卷，人民出版社1965年版，第373页。

能”[①]，“公社应该是一个会议”[②]。但比较熟悉科学社会主义的布朗基派代表瓦扬则提出，公社应当“成为一个巴黎公社（指1893年至1894年的雅各宾专政）那样的东西，也就是若干工作委员会的联合会议，而不是七嘴八舌的议会”[③]。瓦扬的正确意见立即遭到了蒲鲁东派代表的激烈反对。

4月底，布朗基派的代表鉴于局势的严重和公社领导的软弱无力，提议建立由5名委员组成的社会公安委员会，这个委员会“只对公社负责，对其他委员会享有最广泛的权力”[④]。这一提案在公社会议上连续几天展开排论。蒲鲁东派代表提出，社会公安委员会是“伪装的君王制度”[⑤]。建立社会公安委员会就使人想起雅各宾专政，他们坚决反对专政。5月1日的会议上，蒲鲁东派17名代表联名提出，建立社会公安委员会就是“建立丝毫也不能增强公社力量的专政”，“与公社所代表的选民群众的政治愿望发生矛盾”，“是对人民主权的真正篡夺”，他们一致反对。[⑥] 最后公社用按名询问的办法进行表决，有68人参加投票，赞成的45人，反对的23人，社会公安委员会便宣告成立。由于它采取了一些镇压反革命的果断措施，与蒲鲁东派意见更加分歧。蒲鲁东派在公社会议下不断对它进行指摘，使它的工作受到很大牵制，不能充分发挥集中领导的作用。不久，公安委员会的工作又出现了一些缺点，例如不与军事委员会协商便直接向部队发号施令，取代和打乱了军委的工作。他们下令把230营调到某一地点，而230营同时又接军委发出的另一道命令，在实际工作中引起了许多混乱。蒲鲁东派借此进行严厉批评，并于5月15日，不顾巴黎局势的危急，由泰斯率领，公然在邮电总局召开派系会议，草拟宣言，采取步骤，实行分裂。会后泰斯等人带着21人签名的宣言到市政府去参加当日的公社会议，准备在会上宣读，但当时布朗基派仅有四五个人到会，公社会议没有开成，于是蒲鲁东派便把宣言交送巴黎各报发表。他们在宣言中提

① 《巴黎公社会议记录》第1卷，商务印书馆1961年版，第49页。

② 同上书，第394页。

③ 同上书，第640页。

④ 同上书，第602页。

⑤ 同上书，第638页。

⑥ 《巴黎公社会议记录》第2卷，商务印书馆1963年版，第25页。

出，公社把自己的政权交给一个叫社会公安委员会的专政机关，放弃了自己的政权，他们不承认这个专政机关，他们要离开公社委员会，“退回可能被人过分轻视的我们的区里去”①。蒲鲁东派宣言的发表，引起巴黎的极大混乱，满城风雨，议论纷纷，布朗基派及其报纸，严厉谴责蒲鲁东派的分裂行动，《杜歇老爹报》甚至著文要求逮捕宣言的签名者，并把他们交法庭审判。但蒲鲁东派的拥护者及其报纸，却积极赞扬他们的分裂行动。双方争议在群众中造成了极为恶劣的影响，涣散了军民的斗志，转移了人们对千钧一发的严重局势的注意力。直到5月20日在抒情剧院召开的第四区选民大会，两派争论仍未了结，最后大会作了一项“完全不责备自己的代表，只号召他们重新回到公社去担任自己的职务”的和解性决定。②但为时已晚，第二天凡尔赛匪徒便攻进巴黎，公社社员开始了五月流血周的最后战斗。

二、公社内部存在着各行其是的无纪律状态

列宁说：“无产阶级实行无条件的集中制和极严格的纪律，是它战胜资产阶级的基本条件之一。”③ 但公社由于受蒲鲁东无政府主义的思想影响，既缺乏无条件的集中制，又缺乏严格的纪律，各自为政，各行其是，多中心，造成了思想上和工作中的极大混乱。

3月18日革命胜利后，政权掌握在国民自卫军中央委员会的手里。3月28日公社委员会建立，中央委员会便把政权移交公社，并在3月30日发布了“中央委员会为政权移交公社告巴黎居民书”。但中央委员会却继续存在，并在军队中继续发号施令，许多重大问题，不交公社讨论，不与公社军事委员会商议，便自行决定。例如它不经公社批准，便自作主张地发布了国民自卫军新选举法，并把它刊登在公社的公报上。不少公社委员

---

① 《巴黎公社会议记录》第2卷，商务印书馆1963年版，第413-414页。

② 同上书，第555页。

③ 列宁：《共产主义运动中的左派幼稚病》，载《列宁全集》第31卷，人民出版社1963年版，第6页。

提出，或者取消中央委员会，或者明确职权划分。委员沙兰在3月31日会议上指出："在目前情况下，两个互相竞争的政权机关都想消灭对方，应当确定，是中央委员会从属公社，或者相反地是公社从属中央委员会。"①公社与中央委员会代表一再协商，都未能作出明确规定。中央委员会甚至不经过公社军事委员会便直接任命高级军官，引起群众对它的怀疑，认为它企图篡夺公社权力。4月6日，公社下令解散中央委员会的各区分会，4月7日，中央委员会再次发表公告宣称："我们最后一次声明，我们没有，也不想掌握什么权力，因为任何分庭抗礼的想法都成为巴黎内讧的萌芽，使我们丧心昧理的弟兄由于自己的无知和野心家的欺骗而抱着极端仇视的情绪强加于我们的内战局势更趋复杂。"② 但是到了4月9日的公社会议上，有的委员继续提出，中央委员会各区的分会并未解散，十八区的分会已由中央委员会恢复，"必须消除这种对抗行动，委员会分会所干的不法活动很多，必须加以制止"③。第十七区中央委员会分会的委员由于非法行为被公社治安委员会逮捕关押了一个时期，后来便释放了，他们竟对治安委员会威胁说："等着瞧吧，看一看将来谁占上风，是公社还是中央委员会。"④ 有人还在国民自卫军中煽动分裂，要人们只服从中央委员会，不服从公社领导。关于中央委员会与公社职权的争议，直到局势十分严重的5月份仍在进行，分散了对国民自卫军的统一指挥，削弱了巴黎的军事防御，并使凡尔赛特务间谍有机可乘。

公社所属的10个委员会，思想行动也不一致。蒲鲁东派代表强调"每一位代表有自己负责的独立自主权"，强调要"实现个人的意志"，强调在自己职责范围内有"绝对的行动权"。公社每个委员会都由两名以上的委员负责（4月21日对公社组织作了调整，执行委员会由9名代表组成，其他9个委员会各由5名代表组成），其中没有一个是主要的负责人，因此只要一个委员缺席，这个委员会便不能作出决定。大家都按自己的见解处理问题，步调不一，工作是比较混乱的。在4月20日的公社会议上，

---

① 《巴黎公社会议记录》第1卷，商务印书馆1961年版，第81页。
② 罗新璋编译：《巴黎公社公告集》，上海人民出版社1978年版，第114－115页。
③ 《巴黎公社会议记录》第1卷，商务印书馆1961年版，第176页。
④ 同上书，第510页。

韦尔莫烈尔提出："必须说实现的，我们已经有一个月停顿不动了，我们没有组织。""每一个政权垮台的时候，总被人重复着一句老生常谈，我们也可以这样说：'我们在火山上睡大觉。'那么我们醒醒吧！现在还来的及。"最后他提出每个委员会都要有一个对公社负责的代表，要加强监督工作，大家要有责任心，否则就会消灭自己。① 但公社并未对此作出决议。

事实上，公社对各委员会是缺乏监督的。公社执行委员会曾派代表到治安委员会调查，了解到"它的工作人员粗心大意，敷衍塞责，甚至叛逆"②。治安委员会甚至没有执行公社关于没收梯也尔政府文件的指示，他们拘留了一些穷人，却放走了重大罪犯。执行委员派人到警察局了解情况，却一个人也找不到。布朗基派代表执行委员会委员特里东在公社会议上严厉批评治安委员会，指出："你们对我们说，你们是革命家，不，你们不是革命家！你们纵容梯也尔和一切反动分子。执行委员会如果没有治安委员会来执行命令，那末执行委员会就等于零。"③ 特里东提出取消治安委员会，立即在会上引起争论，有人认为"不公正"，有人认为执委会无权取消治委会，治委会是直属公社的，公社才是"争议双方的裁判者"，特里东认为，如果自己的意见不被接受便向公社申请辞职，治委会的委员也向公社提出辞职要求。公社只得决定由 3 人组成特别委员会，对执委会与治委会之间的冲突提出调查报告，在此之前，公社拒绝接受任何辞职。这样，对治委会失职的批评，就变成了执委会和治委会两个委员会职权划分的争议，治委会的失职问题也就不了了之，后来便不见下文。在公社会议上，一些委员如果受到其他委员的批评指摘，动辄便提出辞职要求相威胁，使公社不得不一再作出不接受公社委员辞职申请的决议。

公社建立的第二天，便发布了废除征兵制的命令，规定"除国民自卫军外，任何军事力量，均不得建立或调入巴黎"④。但 4 月 13 日公社会议上勒弗朗塞提出："尽管法令宣布除国民自卫军外，在巴黎不得建立任何武装力量，但已组成了一些小部队，他们发号施令，设置守卫岗哨，例

① 《巴黎公社会议记录》第 1 卷，商务印书馆 1961 年版，第 344 页。

② 同上书，第 318 页。

③ 同上。

④ 罗新璋编译：《巴黎公社公告集》，上海人民出版社 1978 年版，第 71 页。

如，未经允许便擅自组织的巴士底义勇军。”① 因此他希望公社采取措施，制止这种情况。执委会委员瓦扬当即表示，这样的命令已下达给军事委员，军事委员已答应解散一切擅自组织的卫队。但事实上，群众自发组织的许多武装力量都没有解散，例如芒卢日侦察队、贝尔维尔义勇队、巴黎复仇义勇队、弗路朗斯复仇义勇队、革命志愿军步兵营等等，都还继续存在。虽然这些义勇队的建立反映了巴黎人民的战斗热情，并在巴黎公社保卫战中发挥了一定作用，但同时也说明巴黎公社组织纪律的松弛，许多命令并没有得到严格执行。

三、公社受蒲鲁东派思想影响，没有剥夺剥削者，没有对少数反革命分子和坏人实行坚决镇压

列宁在《公社的教训》一文中指出，有两个错误葬送了公社光辉的胜利果实：第一个错误是没有剥夺剥削者，“第二个错误是无产阶级过于宽大。本来应当消灭自己的敌人，但是它竭力从精神上去感化他们”②。这两个错误事实上都应当由蒲鲁东派负主要责任。

从经济上看，公社建立后，从市政府金库中得到了450万法郎的现金，加上各项收入，公社每月平均仅有进款3000万法郎，但公社每天都要支付30万国民自卫军的生活费用，还有其他各项支出，每月平均至少需要4600万法郎。公社虽然从旧法国财政部的金库中找到了21400万法郎的有价证券，但是由于蒲鲁东派对私有财产的敬畏心理，没有出售和动用这些有价证券。当然，最严重的是不敢剥夺当时有30亿法郎存款的法兰西银行，仅向它借支了1600万法郎，而法兰西银行暗中接济凡尔赛政府的竟达27500万法郎之多，这一方面使得公社在抗击凡尔赛匪徒的斗争中缺乏必要的经济力量和物资手段，另一方面，正如恩格斯所指出的，法兰西银行掌握在公社手中，比扣留10000个人质有更大的意义，它会迫使爱

① 《巴黎公社会议记录》第1卷，商务印书馆1961年版，第221页。

② 《马克思恩格斯列宁斯大林论巴黎公社》，人民出版社1964年版，第337页。

财如命的法国资产阶级向凡尔赛政府施加压力，逼使它和公社议和。

从军事上看，由于蒲鲁东派和其他一些巴黎的革命者，害怕引起国内战争，没有及时向凡尔赛进军，使梯也尔获得喘息时机，能够收集反动势力来扑灭巴黎革命。

从政治上看，蒲鲁东派一味主张对城里的反革命势力讲仁慈，讲人道，企图从精神上去感化他们，没有坚决镇压，这也是导致公社迅速失败的一个重要原因。

3 月 18 日革命后，巴黎的反革命分子惶恐万状，害怕无产阶级将来对他们采取坚决的镇压措施，但他们很快就发现，国民自卫军中央委员会并不准备这样做，于是便肆无忌惮地活动起来。3 月 22 日举行游行示威的反革命分子，居然开枪打死国民自卫军 2 人，打伤 9 人，国民自卫军也没有逮捕首恶分子，却让他们成群结队地跑到凡尔赛去了。

3 月 28 日公社建立后，仍未对敌人的破坏活动进行坚决镇压。马克思说，梯也尔为破坏巴黎公社所设置的暗探，“其规模远胜过第二帝国时代”①。凡尔赛反动派为了进行反对巴黎公社的特务活动，设立了专门机构，由梯也尔的得力助手巴尔特列米·圣依列尔等人指挥。他们以各种身份混入公社，刺探情报，制造谣言，收买叛徒，煽动变乱。有的竟然混进国民自卫军中，担任了重要职务，由于他们的收买煽动，在公社保卫战中，先后有 20 名国民自卫军的指挥官叛变投敌，给公社防务带来重大损失。

公社建立之后，有的委员便注意到凡尔赛特务间谍破坏活动的危险，在 3 月 30 日公社会议上，拉斯都尔提出：“凡尔赛政府警察局、宪兵队和市近卫军所属人员，凡换上士兵、国民自卫军军人制服或穿另一种为其所属兵种规定的服装者，以间谍论，在查明身份后立即执行枪决。”② 这一提案被移交至下次会议讨论，但下次会议却没有讨论。公社对防止间谍特务的问题并不重视。公社治安机关逮捕到凡尔赛的特务和被收买的叛徒，一般只是解除他们的公社职务，拘留数日，便轻易释放。甚至逮捕到化装成

① 马克思：《法兰西内战》，人民出版社 1964 年版，第 73－74 页。
② 《巴黎公社会议记录》第 1 卷，商务印书馆 1961 年版，第 77 页。

国民自卫军军官带着燃烧弹企图纵火的特务，也给予宽大处理。治安机关由于保留了单独监禁制度，在公社会议上，竟受到蒲鲁东派委员的责难，说“单独监禁是一种不道德的制度。这是对体罚（额外增加）的精神折磨”①。

到了5月中旬，公社处境日益危急，特务活动更加猖獗，公社发表文告指出，凡尔赛“企图用收买手段来瓦解巴黎的力量。他们大把抛撒黄金，居然在我们之中找到了出卖良心的人。弃守伊西炮台的坏蛋自己出布告宣布炮台失守，这只是整出戏的第一幕。接着，保皇分子将在城内作乱，同时打开某个城门，置我们于万劫不复的深渊”②。于是公社逮捕了一批叛徒特务，并在全城颁发身份证，以防止凡尔赛特务混入国民自卫军和公社机关，但执行却极不严格，身份证不仅可以转借，而且可以出卖。公社军事委员会的一个工作者蒙捷尔说：“在那里签发证件非常容易，并且常把空白证件转让给任何愿意要的人。”③ 因此，反革命的破坏活动不仅没有收敛，反而更加嚣张。5月17日，公社火药厂被特务炸毁，当场死伤50余人。21日巴黎西区的圣克卢门被叛徒打开，凡尔赛匪徒终于攻进巴黎。列宁说：“公社就是无产阶级专政，而马克思、恩格斯曾经责备过公社，他们认为公社失败的原因之一，就是它在运用自己武力镇压剥削者的反抗时不够坚决。”④

当然，领导公社的布朗基派特别是蒲鲁东派虽然有许多严重错误和失策之处，但他们在人民群众的推动和革命热情的鼓舞下，也采取了许许多多正确的措施。他们都按照历史的讽刺，做了许多恰恰与他们学派信条相反的事情。“公社是旧的、法国特有的社会主义的坟墓，而同时对法国来说又是新的国际共产主义的摇篮。”⑤ 公社仍然是19世纪最伟大的无产阶级运动的光辉典范，它是处在诞生的阵痛中的新社会，它与彻底虚伪的充

---

① 《巴黎公社会议记录》第1卷，商务印书馆1961年版，第427页。

② 罗新璋编译：《巴黎公社公告集》，上海人民出版社1978年版，第399页。

③ 凯尔任策夫：《巴黎公社史》，生活·读书·新知三联书店1961年版，第533页。

④ 列宁：《被旧事物破产吓坏了的和为新事物而斗争的》，载《列宁全集》第26卷，人民出版社1959年版，第375页。

⑤ 恩格斯：《给奥·倍倍尔的信》，载《马克思恩格斯列宁斯大林论巴黎公社》，人民出版社1971年版，第290页。

满谎言的凡尔赛旧社会截然对立。“它说明无产阶级能够怎样同心协力地实现资产阶级只能宣布的民主任务。夺取了政权的无产阶级没有经过任何特别复杂的立法手续，就切切实实地实行了社会制度的民主化、废除了官僚制，实行了官吏由人民选举的制度。”① 公社的事业是无产阶级和劳动人民谋求政治经济解放的光辉事业，是一次伟大的革命实践，在这个意义上，公社是永垂不朽的。

（原载于《新疆大学学报》1981 年第 1 期）

① 列宁:《公社的教训》，载《马克思恩格斯列宁斯大林论巴黎公社》，人民出版社 1964 年版，第 337 页。

论我国社会主义民主政治建设的条件

社会主义的民主政治建设需不需要条件，需要哪些条件？这是在我国经历了数十年民主政治建设的努力和在民主建设的过程中经历了不少失误之后，越来越引起理论界关注和思考的一个重要问题。

从理论上说，作为国家形态的民主是上层建筑，必然要受到经济发展的制约。马克思在《哥达纲领批判》中就曾经指出："权利永远不能超出社会的经济结构以及由经济结构制约的社会的文化发展。"① 因而民主政治是有条件的，不是无条件的。特别是在一个经济、文化比较落后的国家，高度发展的民主政治是不可能一蹴而就的。民主政治建设需要有一个创造条件和逐步完善的过程，这个过程不仅社会主义国家需要，资本主义国家同样需要，而且由于资产阶级的阶级局限及其偏见，资产阶级创造民主政治的条件和实现较高民主层次的过程，整整经历了几百年。

一

民主政治作为封建专制的对立物，是在欧洲中世纪被异端学派提出来的。西方最早提出民主思想的是意大利思想家马西利乌斯（1275—1343年），他是中世纪第一个严格地站在世俗立场上向教会宣战的思想家。政治权威必须具有公众一致同意的基础，这种观点便起源于马西利乌斯，他认为一个好的政体不仅要照顾臣民的共同利益，使臣民过美好的生活，而

① 《马克思恩格斯选集》第3卷，人民出版社1972年版，第12页。

且要按照臣民的意志进行统治，按照臣民的意愿行使国家权力。

他提出，最高统治者的权力是有限的，人民的权力才是至上的、无限的。人民虽然握有至高无上的权力，但人民为数众多，不适宜于掌握国家机关，众多的人民也无法制定法律，统治者和立法者始终只能是少数，但他们必须反映人民的愿望，反映人民的意志。

处于中世纪时期的马西利乌斯，不能不受到时代的局限，他虽然勇敢地、超前地提出了民主的思想，但他却不主张推翻君主政体，并且认为民主政治在君主统治下也可以实现。

文艺复兴之后，不少思想家都提出了民主政治的主张，而最早较为完整地提出了民主政体理论的是荷兰的斯宾诺莎。斯宾诺莎比马西利乌斯前进了一大步，他提出："在所有政体之中，民主政体是最自然、与个人的自由最相合的政体。"① 他说，民主政体是所有的或大部分的人民掌握权柄的政体，在民主政体中，没有人把它的天赋权利绝对地转让给他人，以致他对国家事务再也无权发表意见，每一个人只是把他的天赋权利交给了一个"社会的大多数"，即在这个政体里，重大问题取决于社会大多数的意志。斯宾诺莎还提出，平等是民主政体的一大特点，而平等主要应当表现为法律面前的人人平等。

继斯宾诺莎之后，卢梭则更进一步提出了人民主权理论，使西方资产阶级的民主理论趋于完善。卢梭提出，国家主权应当属于人民，并为人民的"公意"所指导。他说，国家是民众的结合体，是一个公共的人格。民主国家是在社会契约的基础上产生的，每个缔约者毫无例外地向它交出了自己的全部权力，因此每个公民都是国家权力的主人。但是，国家为了保持自身的存在，必须有一种"普遍的强制性的力量"，才能按照最有利于全体成员的方式来安排社会生活。主权便是这样一种力量，它是一种强制性的统治权力，在民主国家中它以"公意"为指导。

在《社会契约论》中，卢梭提出了"公意"和"众意"这两个概念。他说"公意"是代表全民的共同利益和愿望的意见，"众意"是代表各个个人与全民的共同利益相矛盾的那些意见和要求。公意代表着公利，众意

① 斯宾诺莎：《神学政治论》，商务印书馆1963年版，第271页。

代表着私利，两者是相互对立的。他说："众意与公意之间经常总有很大的差别，公意着眼于公共的利益，而众意则着眼于私人的利益。"①

卢梭十分强调在一个民主的国家中，主权必须以公意作为自己行使的依据，在民主国家中，是不容许运用国家主权谋取个人私利的。卢梭还提出，主权的核心是立法权，立法权必须属于人民，立法权必须体现公意，立法者必须无比公正。他认为："法律乃是公意的行为。"②

卢梭提出：领袖、行政长官都不是人民的主人，在民主制的国家中，只有人民才是主权者，任何官吏，不论职位再高，都仅仅是以主权者的名义，行使主权者委托给他们的权力，他们执行法律，但仍必须服从法律，如有违法行为，人民可以立即撤换他们。卢梭反对三权分立，他主张把立法权和行政权统一起来，他说："制定法律的人要比任何人都要清楚，法律应该怎样执行和怎样解释。因此，看来人们所能有的最好体制，似乎莫过于能把行政与立法权结合在一起的政体了。"③

卢梭的主张代表着法国激进的小资产阶级民主派，反映了一般劳动群众在政治上的部分要求，而在资产阶级统治下，是无法实现的，也是为资产阶级所无法接受的。但他的思想却极大地推动了法国人民反封建的斗争，他的民主理论是法国资产阶级大革命时期小资产阶级民主派的思想武器，雅各宾派的领袖罗伯斯庇尔便是卢梭的狂热崇拜者，他把卢梭称作自己的导师。

二

西方资产阶级对民主政治的实践和建设是从资产阶级革命后开始的。英国资产阶级在1640年革命后，和封建王朝继续进行了48年复辟与反复辟的斗争，终于在1688年革命后取得了决定性的胜利。英国资产阶级在政治上向民主制迈出的第一步就是限制专制王权。1689年通过的《权利法

① 卢梭：《社会契约论》，商务印书馆1980年版，第39页。
② 同上书，第51页。
③ 同上书，第87页。

案》规定国王无权废止法律，国会必须定期召开，征税须经国会同意，议员享有言论自由，所有重大问题都须由国会决定。1701年又通过了《王位继承法》，对王位继承作出了明确规定并对王权进一步作了限制，使英国从一个君主专制国家转变成一个君主立宪国家。

早在1265年，英国就有了国会，只不过那是由贵族会议演变成的有大贵族、大主教、各郡中小贵族和骑士代表参加的封建国会。英国资产阶级革命后，国会议员大部分仍是贵族，资产阶级仅有少数代表。那时的国会代表名额不是按人口分配，而是按城市名称分配，每个城市分配两个名额，随着资本主义经济的发展，许多城市已经没落，仅有一座城堡，住着一家地主，便可得到两个议员名额，有的新兴城市，如曼彻斯特已有七八十万人口，仍只能得到两个代表名额。伦敦作为国家首都，加一倍，有4个代表名额，当时伦敦已是百万人口的城市。

这种按城市分配议员名额的做法，直至1832年第一次议会改革才稍有改变。这次改革，剥夺了56个衰败城市和小城市的名额，并把这些名额分配给工业发达、人口剧增的城市。但是英国的贵族、有钱的富翁以及牛津、剑桥大学毕业的学生，在很长时期内，却拥有两票以上的复票权；广大的工农群众则因财产、文化、居住年限等的限制而被拒之于选举的大门之外。1837年，英国工人发动了数百万人参加的“大宪章”运动，提出了普选权的问题，但那时还只是要求年满21岁的男子有选举权，妇女的选举权问题还没有被提上日程。英国的妇女直到1918年才获得了选举权，而且本人必须是大学毕业，本人或丈夫有5英镑以上固定资产收入。1867年英国议会第二次选举改革后，1600万居民中仅有200万人获得选举权。直到第二次世界大战后，1948年才取消了复票权，实现了一人一票。1969年，基本上取消了财产资格、文化程度、性别等方面的限制，年满18岁的公民都获得了选举权。这也就是说，英国资产阶级自1640年革命，经过329年的改革，才形成了今天的选举制度，实现了标志西方民主的普选权。而且这种普选权的实质，仍不过是像马克思所指出的：普选制不过是“为了每三年或六年决定一次，究竟由统治阶级中的什么人在议会里代表和压迫人民”①。

① 《马克思恩格斯选集》第2卷，人民出版社1972年版，第367页。

在西方国家中，以资产阶级民主典范自居的美国，在南北战争前仅有40%的成年居民有选举权，黑人、妇女和一般劳动人民是没有选举权的。1920年，美国才通过了承认妇女有选举权的第19条宪法修正案。1940年，南部各州成年黑人依法登记为选民的仅占成年黑人总数的5%。第二次世界大战以后，美国政府再次扩大选民范围，相继取消了以交纳“人头税”和“文化测验”作为取得选举权的条件，直到1971年国会通过的美国宪法第26条修正条款，才规定了年满18岁的公民依法享有选举权。法国部分妇女直到1941年才有了选举权，1974年，年满18岁的公民才获得了普选权。

西方民主政治建设进程之所以如此缓慢，主要原因是西方社会的经济基础是资产阶级私人占有制，这就决定了资产阶级民主的性质。它只能在资产阶级的范围内以民主的方式来进行权力分配，只能维护资本家的统治。资产阶级害怕广大劳动者在取得选举权后，劳动者代表的增加，会危及资产阶级的统治，因此资产阶级政府曾不止一次地对劳动人民争取选举权的斗争予以暴力镇压，对选民资格作种种不合理的限制。直到两次世界大战后，西方资产阶级的统治已经相当稳固，普选权已不至于威胁自己的利益时，才给予人民普选权。但是，至今许多资本主义发达国家，虽然已经取消或降低了对选民资格的限制，对候选人的资格仍然保留了许多限制（如居住年限、文化程度、固定收入、年龄等），有的国家（如日本），候选人参加竞选尚需交纳相当数额的选举保证金，所获选票达不到一定数额，保证金便被没收，这些都是为了把劳动者排斥于竞选之外的措施。这不能不说是资产阶级民主的狭隘性、局限性和虚伪性的表现。

事实上，共产党人才是真正的民主派。马克思和恩格斯虽然批评把民主主义作为无产阶级奋斗的最终目的的社会民主主义者，但他们认为彻底的民主制有助于把社会引上社会主义和共产主义的道路。而且社会主义的经济基础是以生产资料公有制为主体的，它必然要求其上层建筑必须体现人民当家作主的性质，马克思和恩格斯生前虽然只看过存在72天的巴黎公社对社会主义的实践，但他们却把公社这个无产阶级专政的政权看作是高度民主、彻底民主的政权。公社委员都是人民公仆，是由普选产生的、可以随时撤换的、只领取和工人同等工资的勤务员。公社，是立法和行政高度统一的工作机关，但却是对人民负责、为人民服务的机构。公社委员来自人民，代表人民，对人民负责，倾听人民的意见，关心人民的疾苦，光明正大，廉洁奉公，在众目睽睽的监督下工作，不以承认错误为耻，能勇于改正错误。公社的这种民主精神，受到了马克思和恩格斯的高度称赞。列宁也曾经说过，巴黎公社用来代替资产阶级政权的，仅仅是要完全的民主制。列宁在十月革命前夕所写的《国家与革命》一书中构想的无产阶级专政的国家的蓝图，基本上依据的也是巴黎公社的模式，他设想用一种新型民主，用一种比资产阶级民主更加完备和彻底的民主来塑造一个新型的无产阶级国家，让人民像挑选监工和会计一样来挑选国家官吏，建立廉价政府和简化国家管理职能，让广大人民都来参与国家的管理和监督，用让每个公民都成为“官僚”的办法来消灭国家机关中的官僚。

然而，俄国毕竟不是西欧，西欧工人在洋溢着革命热情的 72 天所能做到的，俄国工人未必能够做到，俄国在经济上文化上比西欧落后得多。十月革命胜利以后，列宁这位求实的领袖立即就发现了这一理想与现实的矛盾。他们想要建立高度民主的苏维埃政权，而现实却不具备实行高度民主的条件。

中国的情况也是这样，搞真民主的是共产党人，共产党人在解放区就建立了许多民主制度。1945 年，毛泽东主席在回答民主人士黄炎培先生关于共产党如何防止走王莽新朝“其兴也勃焉”“其亡也忽焉”的历史道路时说：“我们已经找到了防止的道路，这就是民主。”

但是中国毕竟是一个经济文化十分落后的国家，人民群众文化水平太低，对民主缺乏认识，实行起来问题的确太多，常常不是包办代替就是形式主义。新中国成立以后，在经济文化如此落后而且又是广土多民的国家中搞真正的民主，加强领导，常被指责为形式主义，放弃领导，又成为无政府状态。经过几十年的民主实践，人们对民主问题进行总结、反思，逐步认识到作为上层建筑的民主是有条件的，不是无条件的，真正完备的民主制只有在较长时期的民主实践中才能逐步建立起来。民主政治建设不能脱离国情、民情和经济发展，高度的民主不可能招之即来，一蹴而就。在缺乏民主基本条件的国家，对民主政治建设急于求成，除了只会引起混乱之外，将什么也得不到，这是西方资产阶级民主发展的过程和一些社会主义国家的演变教训告诉我们的，也是我国在数十年的民主实践中曾经一度体验过的。

三

民主的基本条件，概括起来，最基本的是以下几条：

（一）公民相当程度的文化水平是实现高度民主的前提

民主意味着公民有权参与对国家的管理，公民对国家管理的参与是与公民依法享有民主选举、民主参政、民主议政、对政府机关的民主监督等的权利联系在一起的，而这些权利的行使，都必须是以广大群众有相当的文化水平为前提的。这里所说的文化水平，不仅仅是指识字，仅仅识字是不够的，要能经常读书看报，对党的方针政策和社会政治问题有一定的理解，能明确表达自己的意愿，在参与民主管理和民主监督的过程中，能独立思考等。这一要求当然是比较高的，在当前的某些地区和单位，这也许是一种脱离实际的要求，但这一基本的文化要求对于建设高度民主的政治来说是十分必要的，对于没有一定文化水平的群众来说，民主常常流于两种状态，即无政府主义状态或形式主义、包办代替。

当前我国仅在区县一级实行直接的民主选举，民主的层次自然较低，但由于我国是一个文盲半文盲人口占总人口 1/3 的国家，新中国成立前又处于半殖民地半封建的社会，缺乏民主的传统，在广大农村和城镇居民中，有相当一部分的公民对民主政治还比较缺乏认识，对选举的权利、责任、目的、意义都不十分明白，不明白选举对他们到底有何好处，与他们的切身利益到底有何联系。因而有许多人对选举权利既不珍惜，也不关心，选票拿在手里，随意画圈。在日常生活中，对干部的官僚主义和各种不正之风，既不能抵制，也无力抵制；对一些人的贪污腐败既不敢揭发，也无能力揭发。上级党委虽然规定对于党员干部要经常进行民主评议、民主考核，党员干部要听取群众意见，但大城市的机关学校和某些企事业单位，这方面往往搞得太民主，民主到了干部怕群众、干部不敢批评错误的地步。而一到县乡，一到农村，某些地区的干部作威作福，群众真叫诉苦无门、有苦难言，没有文化，往往便任人摆布。民主对于没有文化的群众来说，就像美味佳肴对于一个胃病严重的人一样，是难以享受的。

逝世前夕，列宁十分关心苏维埃的民主政治建设，提出要改组工农检察院，加强对干部的民主监督，要提高机关干部的素质，“宁肯少些，但要好些”，同时提出了要进行“文化革命”，迅速提高农村人口的文化水平，而要提高人民文化水平就要迅速发展教育，发展教育又要受经济发展的制约，没有经济的高度发展，教育文化的高度发展便不可能。

（二）增强公民的民主意识是实现高度民主的重要条件

何谓民主意识？民主意识就是公民对社会公共事务的责任心和参与意识。民主既然简而言之曰“人民当家作主”，因此民主意识就可以称之为主人翁意识，即公民必须以主人翁的态度来看待国家和社会，以负责任的态度来关心国家大事和周围的公共事务，自觉维护社会法纪和公德，支持国家的建设与改革，以极端负责任的态度来参与民主选举、民主管理和对干部的民主监督，在这个意义上，民主与其说是权利，不如说是责任。

由于我国缺乏民主传统，而实行社会主义民主的时间也还不长，因此一部分群众对民主和对民主意识的理解是存在片面性的。有人认为民主就是领导要采纳我的意见，我提出的意见、要求，领导不同意就是不民主；有人认为，民主就是事事要征求群众的意见，群众说要怎么办就要怎么办；有人甚至还认为，民主就是群众爱干啥就干啥，领导不能干预；当然，有更多的人认为，民主就是事事集体讨论，不能领导个人说了算。

列宁说过，民主是一种国家形式，一种国家形态。从本质上说，民主是国家政治权力的一种分配方式。在阶级社会中，民主涉及的是由什么阶级采用什么方式来分配政治权力和进行国家管理的问题，在资本主义国家，民主就是每隔几年可以让人民群众用投票的方式来选择由哪些资产阶级中的代表和“精英”来进行统治，选举是严格按程序进行的，候选人由政党提名。候选人竞选必须组织强大有力的竞选班子，有财团的支持，获得大笔的竞选费用。西方国家的生产资料是私人占有的，在企事业内部，都是老板和上级说了算，一般工人和职员是无权与资本家讲民主的。

社会主义国家的生产资料是全民所有的，这就使得社会主义国家的企事业以至党政机关内部都显得十分民主，广大干部和职工可以通过各种渠道反映个人的意见和要求。由于经济地位的平等，政治地位和社会地位也都相当平等，社会等级观念十分淡薄，平等心态比较强烈，领导对于群众的利益、意见、生活稍有关心不够之处，便会立即受到群众乃至上级的批评。许多事情，领导个人均不能拍板，必须召开许多会议来讨论决定。有人说“共产党会多”，实际情况的确如此。会多固然不好，但民主必然会多。这里有一个简单的计算公式，如果60个人对一个问题进行民主讨论，每人发言10分钟，就需要10个小时，如果要对这个问题作出决定，那就需要更多的时间。因此民主与会议总是结下了不解之缘。西方社会企事业内部会议极少，经理厂长发号施令，大家照办。因此，从某种意义上说，我国的企事业乃至国家机关内部，不是缺少民主，而是缺少集中，缺少权威和效率，缺少纪律和约束。

关于社会责任心的问题，英国19世纪的一位思想家约翰·弥尔曾经就公民投票的问题这样说过：有记名的投票或公开表决的主要弊病在于，投票人因顾虑某种威胁和强制，不能自由表达个人的意志；反之，无记名投票的弊病则在于，因投票人无须公开对公众表明自己的态度，也就可以无须对公众负责，出于投票人自己的自私和利己的偏心，无记名投票也可以成为极不公正的投票。因此，要使民主成为真正的民主，就必须提高和增强公民的社会责任心，必须教育公民正确认识个人、集体和社会的关系。但提高公民责任心是一项比提高公民文化程度更加艰难、更为复杂的任务，是一项需要较长时期的教育和宣传才能使之明显见效、蔚然成风的工作。

要实现高度民主，还必须增强广大群众的社会参与和政治参与意识，主动关心和参加各种社会的和国家政治的重大问题的学习讨论，积极维护公共利益，勇于与各种损害公共利益的行为及违法乱纪的行为作坚决斗争，不把社会管理和国家管理仅仅看作是某一部分干部的事情，采取“不在其位，不谋其政”的局外人态度，而应主动承担公民自身的责任。据1987年有关部门关于中国公民政治心理的抽样调查显示：在1025名公民中，有72.7%的人参加了区人大的选举，但其中，出自真正心愿的仅占

61.78%，有37.3%的公民是随大流甚至是被迫参加的。目前虽然有一部分公民开始积极参与社会政治活动，但总的来说，相当一部分公民参与的主动性、自觉性、理性化程度都比较低，缺乏稳定性和程序性。

参与意识的提高，还有赖于增强人民大众的爱国主义情感，树立“位卑未敢忘忧国”“天下兴亡，匹夫有责”的思想，不能认为自己不担任领导职务就可以对国家和社会不负任何责任。现实生活中，有许多错误倾向，一种是某些人牢骚怪话特别多，成天埋怨领导这也不行，那也不行；本职工作不好好干；看到有损集体和国家的事情，不闻不问，甚至幸灾乐祸，袖手旁观，只等领导来管，好像单位以及国家社会的事，都与己无关，只有领导才有责任，自己可以不负任何责任似的。还有另一种人，就好像只有他才关心单位及国家社会的事，他的意见绝对正确，不按照他的意见办，便是独裁，便是不民主。

必须认识，国家和社会是由个人组成的，离开广大人民群众，便无所谓国家与社会。只有国家的发展，社会的稳定与繁荣，才会给大多数人带来富裕和幸福。国家和社会的贫困与灾难，只会给大多数人带来痛苦与不幸，国与家、家与个人总是密切联系、无法分割的。当然，对国家与社会的作用和个人所应承担的责任，常因各人所处的岗位和职务的高低而有所不同，但每一个公民对国家和社会都是有责任的，都是应该承担公民义务的。

从马克思主义的观点看，在历史的长河中，每个人都在对历史的发展起作用，站在历史前台的领袖人物，其作用自然较大，并能明显地看到。一般群众，作为个人来说，作用可能比较小或不明显，但由于人民群众人数众多，归根结底，仍然是人民在决定着历史的发展方向，因此说，人民群众在创造历史。他们，只有他们才是历史的真正主人。因此，只有大多数人对民主、对国家和社会与个人的关系有了正确的认识，怀有爱国情感，关心国家大事，维护社会法纪，恪尽职守，以高度负责的态度来对待国家和社会的各种问题，整个社会也才有可能出现既有民主又有集中，既有自由又有纪律的令人心情舒畅的政治局面。

（三）民主的建设过程也是一个民主的实践过程

民主建设需要实践。中国是一个具有4000多年君主专制历史、缺乏民主传统的国家。辛亥革命后，以孙中山为代表的民主主义者才十分热情地从西方引进了民主政治，但民主政治是以广大群众具有一定的文化水平、民主意识和民主心态等为条件的，在一个缺乏上述条件而人民大众对民主尚属无知的国家里，突然来搞西方的选举制、议会制、总统制，结果民主便变成了军阀官僚愚弄百姓的工具。从袁世凯做总统、当皇帝，以及曹锟贿选、“猪仔议会”，直到蒋介石的伪国大选举，无不是对民主政治的玷污和践踏。中国共产党成立后，在党内、在解放区开始了真正的民主政治建设的实践，逐步建立了各种民主法规和民主制度，新中国成立后的43年，是民主政治实践的43年，但由于对民主问题缺乏认识，仍然犯过错误，有过许多教训，特别是“文革”十年，一方面搞大民主，搞无政府状态，大鸣大放，大字报，大批判，取消党组织，砸烂公检法，战斗队夺权；另一方面搞个人迷信，“一句顶一万句”“以红太阳为中心”“三忠于、四无限”“早请示、晚汇报”。

“文革”后，人们开始对民主问题重新思考、重新探讨、重新认识。党的十一届三中全会公报中提出：“由于过去一个时期，民主集中制没有真正实行，离开民主讲集中，民主太少。当前这个时期，特别需要强调民主，强调民主和集中的辩证统一关系，使党的统一领导和各个生产组织的有效指挥建立在群众路线的基础上。”三中全会后，党的第十二次代表大会又提出要把建设高度民主作为党的一项根本任务。但民主建设必须考虑国情、考虑条件。急于求成、一蹴而就只会引起混乱。

同时，民主和法制也是相辅相成的。民主权利是依法享有的，民主权利的行使必须依法进行，民主是要按照一定的法律程序进行的，法制的完善需要有一个过程，而高度民主的享有必须以群众高度的法制观念为条件，而高度法制观念的形成，除进行法制宣传教育外，只有在长期的民主实践中才能逐步培养，形成自觉，养成习惯，造成风气。

此外，还有一个民主心态的培养问题，如对待不同意见者的宽容心态、自觉接受监督批评而不以此为难堪的心态、在差额选举中落选而不以此为“丢面子”的心态等等，这些都要在民主的实践中才能逐步培养起来，绝非一朝一夕依靠几篇文章、几个报告就能使人们具有的。

总之，民主政治建设是有条件的，是一个需要在长期的实践基础上才能逐步解决的重大任务。作为上层建筑的民主必须随国家的经济建设和文化教育的发展而发展。正如邓小平同志指出的："现在我们已经坚决纠正了过去的错误，并且采取各种措施努力扩大党内民主和人民民主。没有民主就没有社会主义，就没有社会主义现代化。当然，民主和现代化一样，也要一步一步地前进。"[①] 诚然，经过努力，可以使民主政治建设的过程短一些，但民主只能一步一步地前进，在民主的实践中逐步创造条件的这个过程是不可缺少的。

（原载于《社会科学论丛》，云南人民出版社1993年版）

① 《邓小平文选》第2卷，人民出版社1983年版，第154页。

马克思主义关于民主政治建设的理论

一、应当使国家从社会主人变为社会公仆
——马克思、恩格斯论民主

马克思和恩格斯都是从民主主义者转变为共产主义者的，青年时代，曾投身反对德国封建制度的民主革命洪流，为在德国实现民主主义而奋斗。马克思、恩格斯在确立共产主义世界观后，并没有抛弃革命的民主主义传统，而是应用历史唯物主义的原理，更加科学地、深入地探讨了民主的一系列问题。民主问题仍然是马克思主义理论中的重大问题。马克思、恩格斯在为无产阶级制定的第一个革命纲领《共产党宣言》中指出："工人革命的第一步就是使无产阶级上升为统治阶级，争得民主。"① 明确地把民主作为无产阶级解放运动的第一个伟大目标。按照马克思和恩格斯的观点，社会主义不是对民主的否定，而是使民主更加广泛，更加完备，更加彻底。

第一，马克思和恩格斯揭露了资产阶级民主的狭隘性和局限性，指出政治民主的基础应当是社会经济的平等，但是资本主义却建立在资产阶级生产资料私人占有制的基础上，因此，尽管资产阶级把反对封建特权作为自己的斗争目标，主张实现政治平等，从而实现政治民主，但由于资本主义是一个以资本剥削雇佣劳动为基础的社会制度，社会在事实上存在着严重的阶级对立，因此，"当国家宣布出身、等级、文化程度、职业为非政

① 《马克思恩格斯选集》第1卷，人民出版社1972年版，第272页。

治的差别的时候，当国家不管这些差别而宣布每个人都是人民主权的平等参加者的时候，当它从国家的观点来观察人民现实生活的一切因素的时候，国家就是按照自己的方式废除了出身、等级、文化程度、职业的差别。尽管如此，国家还是任凭私有财产、文化程度、职业按其固有的方式发挥作用，作为私有财产、文化程度、职业来表现其特殊的本质。国家远远没有废除这些实际差别，相反地，只有在这些差别存在的条件下，它才能存在，只有它同这些因素处于对立的状态，它才会感到自己是政治国家，才会实现自己的普遍性。"① 由于资本主义社会中存在着政治上的形式平等与经济上的实际不平等的矛盾，在国家政治生活中，每个公民表面上都是平等的参政者，而实际上，由于财产占有与社会地位的差异，大多数人无法在事实上参与政治生活，公民的普选权在本质上只是为了每隔三年或六年决定一次，究竟由统治阶级中的什么人在议会里代表和压迫人民。

马克思和恩格斯指出，在资本主义社会，民主总是为金钱所操纵。恩格斯说："资产阶级的力量全部取决于金钱，所以他们要取得政权就只有使金钱成为人在立法上的行为能力的唯一标准，他们一定得把历代的一切封建特权和政治垄断权合成一个金钱的大特权和大垄断权。资产阶级的政治统治之所以具有自由主义的外貌，原因就在于此。"② 资产阶级消灭了国内各个封建等级之间的一切旧的差别，取消了一切依靠封建领主的专横而取得的特权和豁免权。他们把选举权当作统治的基础，就是说，他们在原则上承认平等。他们解除了君主制度下的书报检查制度，取消了王国的特殊法官阶层，建立了陪审制，"就这一切而言，资产阶级真像是真正的民主主义者。但是资产阶级实行这一切改良，只是为了用金钱的特权代替以往的一切个人特权和世袭特权。这样，他们通过选举权和被选举权的财产资格的限制，使选举原则成为本阶级独有的财产。平等原则又由于被限制为仅仅在'法律上的平等'而一笔勾销了，法律上的平等是在富人和穷人不平等前提下的平等，即限制在目前主要的不平等的范围内的平等，简括地说，就是简直把不平等叫做平等"③。

① 《马克思恩格斯全集》第1卷，人民出版社1956年版，第427页。
② 《马克思恩格斯全集》第2卷，人民出版社1957年版，第647页。
③ 《马克思恩格斯全集》第1卷，人民出版社1956年版，第648页。

第二，马克思、恩格斯提出了社会决定国家的理论，指出民主的目的是应当使国家成为社会的公仆。

马克思、恩格斯说，以往国家的特征是什么呢？那就是国家决定社会，国家主宰社会，国家凌驾于社会之上并支配着社会，国家是“社会的主人”。他们提出，无产阶级的民主要求不应当是国家决定社会，而应当是社会决定国家。即全体人民直接或间接地参与国家管理，控制和制约着国家的各种权力及其活动，社会即社会的广大人民成为国家的真正主人。在批判黑格尔反民主的神圣国家观时，马克思说：“民主因素应当成为整个国家机体中创立自己合理形式的现实因素。”① 又说：“民主制独有的特点，就是国家制度无论如何只是人民存在的环节，政治制度本身在这里不能组成国家。”② 马克思在这里说的“政治制度本身不能组成国家”，是指在民主制下，政府不等于就是国家。他接着说：“民主制从人出发，把国家变为客体化的人。正如同不是宗教创造人而是人创造宗教一样，不是国家制度创造人民，而是人民创造国家制度。”“在民主制中，不是人为法律而存在，而是法律为人而存在；在这里人的存在就是法律，而在国家制度的其他形式中，人却是法律规定的存在。民主制的基本特点就是这样。”③

马克思、恩格斯认为，实现无产阶级民主的目的是使国家由社会的主人变为社会的公仆。马克思、恩格斯生前所看到的唯一的一次无产阶级革命——巴黎公社革命，便是使国家成为社会公仆的范例。马克思说：“公社——这是社会把国家政权收回，把它从统治社会、压制社会的力量变成社会本身的生命力；这是人民群众把国家政权重新收回，他们组成自己的力量去代替压迫他们有组织的力量；这是人民群众获得解放的政治形式，这种政治形式代替了被人民群众的敌人用来压迫他们的社会人为力量（即被人民群众的压迫者所篡夺的力量）。”④

恩格斯说，社会起初用简单分工的办法为自己建立一些特殊的机关来保护自己的利益。但是，后来，这些机关，而其中主要是国家政权，为追

① 《马克思恩格斯全集》第 1 卷，人民出版社 1956 年版，第 389 – 390 页。
② 同上书，第 281 页。
③ 同上。
④ 《马克思恩格斯选集》第 2 卷，人民出版社 1972 年版，第 413 页。

求自己的特殊利益，从社会的公仆变成了社会的主人。国家终于成为“独立于社会之上又与社会对立的利益，这种国家利益交由那些担任经严格规定的、等级分明的职务祭师们管理”①。这种情形不但在世袭的君主国内可以看到，而且在民主的共和国内也可以看到。“正是在美国，‘政治家’比在任何其他地方都更加厉害地构成国民中一个特殊的和富有权势的部分，那里两个轮流执政的大政党中的每一个政党，都是由这样一些人操纵的，这些人把政治变成一种收入丰厚的生意，拿合众国国会和各州议会的议席来投机牟利，或是以替本党鼓动为生，而在本党胜利后取得相当职位作为报酬。”②

巴黎公社的建立，使国家重新恢复了社会公仆的地位，而且为了防止国家机关的再度蜕变，即由社会公仆再度变为社会主人，再度成为凌驾于社会之上的压迫者，公社采取了两个办法：一是它把行政、司法和国民教育方面的一切职位交给被选举出来的人担任，而且规定选举者可以随时撤换被选举者。二是它对所有公职人员，不论职位高低，都只付给跟其他工人一样的工资。因此，公社是“新的真正民主的国家政权”③。

第三，马克思、恩格斯批判了资产阶级的分权制衡原则，提出了“议行合一”原则。

两百多年来，资产阶级一直把分权制衡奉为代议制政府的主要原则，企图用立法权来制约行政权，防止行政权力的滥用和维护资产阶级的自由。马克思指出，资产阶级的分权在实际上并不能达到真正的制衡目的。因为资产阶级为了保护自己的经济利益，为了镇压工人阶级的反抗，必然倾向于扩大行政权力，建立一个庞大的国家机器。他说：“统治阶级对生产者大众不断进行十字军讨伐，使它一方面不得不赋予行政机关以愈来愈大的权力来镇压反抗，另一方面不得不逐渐剥夺它自己的议会制堡垒（国民议会）用以防范行政机关的一切手段。”④ 时至今日，资本主义各国也都仍然不同程度地存在着行政权力控制立法权力、行政权力压制立法权力

① 《马克思恩格斯选集》第2卷，人民出版社1972年版，第409页。
② 同上书，第335页。
③ 同上。
④ 同上书，第373页。

的情况，权力制衡在实际上并没有能完全实现。

马克思、恩格斯针对资产阶级国家制度的弊端，在总结巴黎公社经验时，提出了“议行合一”原则。认为无产阶级的革命政权应当是立法与行政统一的权力，应当是一个统一的工作机关。马克思说：“公社不应当是议会式的，而应当是同时兼管行政和立法的工作机关。一向作为中央政府工具的警察，立即失去了一切政治职能，而变为公社的随时可以撤换的负责机关。”①马克思提出的“议行合一”原则是对资产阶级“三权分立”原则的否定，但马克思否定的并不是对国家权力的制约与监督，而是主张用人民的真正民主权利来约束和监督国家权力，使所有的公民都来执行监督与监察的职能。这样，公社就彻底清除了国家机关的官僚等级制，以随时可以罢免和撤换的勤务员来代替旧时那些骑在人民头上作威作福的老爷。“以真正的负责制来代替虚伪的负责制，因为这些勤务员经常是在公众监督之下进行工作的。”②马克思指出，由于立法行政权力的统一和公民广泛的监督制约，“公社给共和国奠定了真正民主制度的基础”③。

第四，批判了“国家崇拜”和无政府主义思想。

马克思和恩格斯对“国家崇拜”及无政府主义的批判，也是他们民主理论的重要部分。“国家崇拜”思想在各国工人运动发展的过程中都曾有过反映。德国工人运动中出现的“国家崇拜”思想则根源于黑格尔。黑格尔用唯心主义的观点对国家和社会进行区分，认为市民社会是主观意志与个人利益的结合形式，国家则以其至高无上的意志、伦理精神把整个社会凝结为一个有机的统一体。国家先于并高于家庭和市民社会，是它们存在的前提和决定力量，是人类生活的最高形式。它是自我与他人、个人与社会、特殊利益与普遍利益的统一。个人只是国家的一些环节。只有生活在国家中，才能使个人获得人格、自由和价值。同时，黑格尔认为，世袭君主制是国家制度的顶峰，王权是普遍利益的最高代表。

黑格尔的上述思想，在德国工人运动中的反映主要是一些人对资产阶级国家产生崇拜，特别是对资产阶级的议会制产生崇拜，认为依靠资产阶

---

① 《马克思恩格斯选集》第2卷，人民出版社1972年版，第375页。

② 同上书，第414页。

③ 同上书，第377页。

级的国家，通过议会便可以使无产阶级获得解放。有的人则对“一般国家”产生崇拜，以为国家将永远存在下去，看不到国家自行消亡和权力回归社会的趋势。拉萨尔便是这些思想的典型代表。

拉萨尔和黑格尔一样，认为“国家是真正的道德意志的实现，是普遍精神的自我体现”①。他不是把现存社会当作现存国家的真实基础，而是把国家看作一种具有自己精神、道德和自由基础的“独立本质”，他抽去了国家的阶级特性，抹杀了国家作为暴力机构和阶级压迫工具的事实。据此，他向德国工人阶级提出了三条纲领：①依靠普鲁士国家的帮助，由普鲁士国家出资1亿塔勒来帮助工人建立合作社，使工人成为企业主，从而免除剥削，获得经济上的解放。②为保证普鲁士国家能为工人的解放提供资金，必须争得工人普遍的、平等的、直接的选举权。普选权是使国家变为“社会的自觉目的的开始”。有了普选权，工人阶级就能在普鲁士议会中有自己的代表，就能控制和监督普鲁士国家。③建立“自由国家”。拉萨尔认为，德国工人阶级政治斗争的最终目的就是要建立一个“自由国家”，只有在“自由国家”中，工人阶级才能在政治上获得真正的解放。

马克思、恩格斯认为，资产阶级的民主制只是资产阶级实现其经济统治的一种政治手段，在民主制下，资产阶级对工人的剥削并不比在其他政治形式下更缓和。依靠资产阶级的议会和其他民主形式便企图使工人阶级获得政治经济的解放纯属幻想。马克思在一封给恩格斯的信中指出：拉萨尔“摆出了一副了不起的神气，大谈其从我们这里剽窃去的词句，俨然是一个未来的工人独裁者，他‘像玩游戏一样轻而易举地’（这是原话）解决了工资和资本之间的问题。就是说，工人必须进行争取普选权的运动，然后把像他那样‘带着科学这种闪闪发光的武器’的人送到议会中去。然后他们就创办由国家预付资本的工人工厂，而且这样的设施会逐渐遍布全国。这无论如何是令人吃惊的新鲜事”②。马克思认为，由国家资助成立生产合作社，这是1848年以前追随法国马拉斯特“国民报”的那一派巴黎工人纲领的翻版，这种认为依靠资产阶级政治民主就能使无产阶级获得经

① 《拉萨尔言论》，生活·读书·新知三联书店1976年版，第333页。

② 《马克思恩格斯选集》第4卷，人民出版社1972年版，第347－348页。

济解放的说教，早已为资本主义发展的进程和工人自身的实践所完全否定。至于把建立“自由国家”作为工人阶级政治斗争的目的，更是荒谬。他说：“使国家成为‘自由的’，这决不是已经摆脱了狭隘的奴才思想的工人的目的。在德意志帝国，‘国家’差不多是和在俄国一样地‘自由’。”①恩格斯也批判说：“从字面上看，自由国家就是可以自由对待本国公民的国家，即具有专制政府的国家。应当抛弃这一切关于国家的废话……当无产阶级还需要国家的时候，它之所以需要国家，并不是为了自由，而是为了镇压自己的敌人，一到有可能谈自由的时候，国家本身就不再存在了。”② 马克思认为，德国工人阶级的任务，首先应当是彻底清除封建残余，在德国实现政治制度的民主化，他说：“政治制度到现在为止一直是宗教的领域，是人民生活的宗教，是同人民生活现实性的人间存在相对立的人民生活普遍性的上天。”③“历史的任务就是要使政治国家返回实在的世界。”④ 第二步是建立无产阶级专政，实现无产阶级民主，并通过无产阶级专政的道路，过渡到消灭阶级，从而促使国家逐渐消亡。

当拉萨尔在德国以极右的观点鼓吹“国家崇拜”的时候，俄国的巴枯宁却从极“左”的观点出发，鼓吹24小时之内立即消灭一切国家。巴枯宁认为，国家按其性质来说，必然是对外实行侵略、对内庇护特权的剥削人民劳动的暴政独裁工具。有国家必然有统治，有统治必然有奴役，有奴役必然无自由。自由是个人的绝对权利，是道德为唯一基础，无自由即无幸福。他主张立即摧毁一切国家，认为国家是资本产生的根源，只有国家的消灭，才有资本、剥削和奴役的消灭。他反对一切权威，主张绝对“自治”，他的信条是“自由即至善”。

马克思、恩格斯认为，无产阶级虽然反对“国家崇拜”，主张推翻资本主义国家并最终促使国家消亡，但是，无产阶级在一定的历史时期内仍然需要国家。在无产阶级夺取政权，争得民主后，要建立无产阶级专政的国家，并要依靠国家的力量，组织人民来发展生产力，最终达到消灭资

① 《马克思恩格斯选集》第3卷，人民出版社1972年版，第19－20页。
② 同上书，第30页。
③ 《马克思恩格斯全集》第1卷，人民出版社1956年版，第283页。
④ 同上。

本、剥削，消灭阶级和促使国家消亡的目的。恩格斯在一封信中说：“巴枯宁有一种独特的理论——蒲鲁东主义和共产主义的混合物，其中最主要的东西就是：他认为应当消除的主要祸害不是资本，就是说，不是由于社会发展而产生的资本家和雇佣工人的阶级对立，而是国家。广大的社会民主党工人群众都和我们抱有同样的观点，认为国家权力不过是统治阶级——地主和资本家——为维护其社会特权而为自己建立的组织，而巴枯宁却硬说国家创造了资本，资本家只是由于国家的恩赐才拥有自己的资本。因此，既然国家是主要祸害，那就必须首先废除国家，那时资本就会自行完蛋。而我们的说法恰巧相反：废除了资本，即废除了少数人对全部生产资料的占有，国家就会自行垮台。差别是本质性的：要废除国家而不预先实现社会变革，这是荒谬的；废除资本正是社会变革，其中包括对全部生产方式的改造。”①

针对巴枯宁反对权威的错误主张，恩格斯指出，无产阶级需要民主、需要自由，但无产阶级并不反对权威。权威一方面是指把别人的意志强加于我们；另一方面，权威又是以服从为前提的。虽然这两种说法都不好听，而且它们所表现的关系又使服从的一方感到“难堪”，但权威在任何社会都是必要的。我们不可能创造出一种制度来，使权威成为没有意义的东西而归于消灭。随着生产力的发展，“联合的活动，互相依赖的工作过程的复杂化，正在取代各个人的独立活动。但是，联合活动就是组织起来，而没有权威能够组织起来吗?”② 经济领域需要权威，政治领域更加需要权威，“革命无疑是天下最有权威的东西”③，获得胜利的无产阶级政党如果不依靠革命的权威，它将一天也不能维护自己的统治。

上述马克思、恩格斯关于民主的理论，是我们进行社会主义民主政治建设的指针，是我们研究和宣传民主问题应遵循的基本原理。民主政治建设是社会主义建设的一个重要的有机组成部分，随着社会主义经济建设的发展，社会主义的民主政治建设也将日益发展，这是无疑的。但社会主义民主政治建设的目标是什么，应当遵循哪些原则，注意什么问题，是我们

① 《马克思恩格斯选集》第4卷，人民出版社1972年版，第400页。
② 《马克思恩格斯选集》第2卷，人民出版社1972年版，第552页。
③ 同上。

必须结合对马克思主义理论的学习和社会主义建设实践认真思考研究的问题。马克思、恩格斯的论述虽然经过一百多年，但至今仍闪耀着科学和智慧的光辉。特别是国家应当由社会主人变为社会公仆的主张，至今仍是我们进行政治体制改革的指针。

二、民主是一种国家形式，一种国家形态——列宁论苏维埃政权的民主建设

为俄国无产阶级夺取政权和建设政权终生奋斗的列宁，对资产阶级的民主政治持坚决批判的态度，不遗余力地揭露资产阶级民主政治的狭隘性、虚伪性和欺骗性。

第一，列宁把民主作为一种国家制度来看待，认为民主是与专政相结合的一种权力的支配形式。他给民主所下的定义是："民主是一种国家形式，一种国家形态。因此，它同任何国家一样，也是有组织有系统地对人们使用暴力，这是一方面。但另一方面，民主意味着在形式上承认公民一律平等，承认大家都有决定国家制度和管理国家的平等权利。"① 列宁认为，历史上的任何一种民主制国家，都是一定阶级的民主与一定阶级的专政相结合的政权形式。资产阶级的共和国，"是资产阶级所能采取的最好的政治外壳"②，是资产阶级民主与资产阶级专政相结合的最好的政权形式，反之，无产阶级的社会主义共和国，则是体现多数人民主的政权形式，是新型民主与新型专政的结合，列宁称之为："最高限度的民主制，同时它又意味着与资产阶级民主制的决裂和具有世界历史意义的新型民主制的产生，即无产阶级专政的产生。"③

列宁提出，在无产阶级夺取政权，上升为统治阶级，争得民主，建立了无产阶级专政之后，将对极少数压迫者、剥削者实行镇压，将他们排斥于民主之外。列宁对过渡时期民主的特点作过如下概括：①被压迫者先锋

① 《列宁选集》第3卷，人民出版社1972年版，第257页。
② 同上书，第181页。
③ 《列宁选集》第4卷，人民出版社1972年版，第568页。

队把无产阶级组织成为统治阶级来镇压压迫者，用强力粉碎他们的反抗；②把民主大规模地扩大，使民主第一次成为供穷人享受、供人民享受而不是供富人享受的民主；③无产阶级政权还要对压迫者、剥削者、资本家采取一系列剥夺自由的措施，以便使劳动者能从雇佣奴隶制下彻底解放出来。“显然，凡是实行镇压和使用暴力的地方，也就没有自由，没有民主。”“绝大多数人享受民主，对那些剥削和压迫人民的分子实行强力镇压，即把他们排斥于民主之外——这就是从资本主义向共产主义过渡的条件下形态改变了的民主。”① 这就是十月革命后的俄国和新中国成立后的中国在初期都曾实行过的无产阶级民主与无产阶级专政的主要特征。

第二，列宁指出，民主是上层建筑，归根结底是由经济基础决定，并为经济基础服务的。他说：“任何民主，和一般的任何政治上层建筑一样（这种上层建筑在阶级消灭之前，在无产阶级的社会建立之前是必然存在的），归根到底是为生产服务的，并且归根到底是由该社会中的生产关系决定的。”②

列宁提出，从古代的民主萌芽时期起，在几千年来的过程中，民主的形式曾随生产关系的变更而变更，随统治阶级的更换而更换，在社会发展的不同阶段上，曾经出现过四种不同形态的民主，即奴隶制民主、封建城市共和国民主、资产阶级民主和社会主义民主。他说：“在古代希腊各共和国中，在中世纪各城市中，在先进的各资本主义国家中，民主有不同的形式和不同的运用程度。”③ 但从比较完整的意义上说，民主作为封建专制的对立物，是在近代资产阶级推翻封建主义统治的基础上才作为国家制度建立起来的。

作为封建专制对立物而产生的资产阶级民主，归根结底是由资本主义的经济基础决定的，是为资产阶级的经济利益服务的。在资产阶级革命时期，资产阶级借助民主自由的旗帜，联合劳动工农，推翻封建主义统治，目的是为了发展资本主义的生产力。当资产阶级的统治建立后，则进一步利用民主来巩固自身的阶级统治，维护资本家对工农大众的剥削和资本主

① 《列宁选集》第3卷，人民出版社1972年版，第247页。

② 《列宁选集》第4卷，人民出版社1972年版，第439页。

③ 同上书，第723页。

义的生产关系。列宁说："资产阶级民主同中世纪制度比较起来，在历史上是一大进步，但它始终是而且在资本主义制度下不能不是狭隘的、残缺不全的、虚伪的、骗人的民主，对富人是天堂，对被剥削者、对穷人是陷阱和骗局。"①

第三，列宁十分强调民主的阶级性，指出，在阶级社会中，只有阶级的民主，没有超阶级的"纯粹民主""一般民主"和"全民民主"。

列宁指出，民主既然是一种国家形态、国家形式，它必然具有强烈的阶级性。"如果不是嘲弄理智和历史，那就很明显，只要有不同的阶级存在，就不能说'纯粹民主'，而只能说阶级的民主。（附带说一下，'纯粹民主'不仅是既不了解阶级斗争也不了解国家实质的无知的论调，而且是十足的空谈，因为在共产主义社会中，民主将演变成为习惯，消亡下去，但永远也不会是'纯粹的'民主。）"②

列宁尖锐地指出，"纯粹民主"是自由主义者用来愚弄工人的谎话。他在批判考茨基用维护"纯粹民主"来赞美资产阶级民主，用反对"一般专政"来攻击无产阶级专政的错误时，引用马克思和恩格斯的论述说，民主不仅在古代国家和封建主义国家，而且现代的代议制的国家，也只是剥削阶级压迫劳动群众的工具。既然国家只是在斗争中、在革命中必须用来对敌人实行暴力镇压的一种暂时的机关，那么，说自由的人民国家，就纯粹是无稽之谈了。当无产阶级还需要国家的时候，它之所以需要国家，并不是为了自由，而是为了镇压自己的敌人，一到有可能谈自由的时候，国家本身就不再存在了。"国家无非是一个阶级镇压另一个阶级的机器，这一点即使在民主共和制下也丝毫不比在君主制下差。"③

列宁进一步揭露了资产阶级民主的局限性和狭隘性。指出，尽管资本主义各国的宪法上都写着集会自由、出版自由以及公民在法律上一律平等，但每个诚实的、有觉悟的工人都很熟悉资产阶级民主的虚伪性，世界上任何一个国家，即使是最民主的国家，在宪法上总是留下许多后路或保留条件，以保证资产阶级在有人破坏秩序时，实际上就是在被剥削阶级

① 《列宁选集》第3卷，人民出版社1972年版，第630页。
② 同上书，第629页。
③ 《马克思恩格斯选集》第2卷，人民出版社1972年版，第336页。

"破坏"自己的奴隶地位和试图不像奴隶那样俯首听命时，有可能调动军队来镇压工人、实行戒严等等。

列宁还指出，只有自由主义者才会像考茨基那样忘记资产阶级议会制的历史局限性和条件性。"在最民主的资产阶级国家中，被压迫群众随时随地都可以碰到这样惊人的矛盾：一方面是资本家'民主'所标榜的形式上的平等，一方面是使无产者成为雇佣奴隶的千百种事实上的限制和诡计。正是这个矛盾使群众认清了资本主义的腐朽、虚假和伪善。"①

第四，列宁认为，无产阶级民主比任何资产阶级民主要民主百万倍。只有"浸透资产阶级偏见因而在客观上变成资产阶级奴才的人，才会看不见这一点"②。

列宁指出，无产阶级民主与资产阶级民主的本质区别在于：无产阶级的民主，是对穷人的民主，而不是对富人的民主，反之，任何的，甚至最完善的资产阶级民主，实际上都是对富人的民主，而不是对穷人的民主。因而，无产阶级的民主是多数人的民主，资产阶级的民主是少数人的民主。"无产阶级民主……在世界上史无前例地发展和扩大了的正是绝大多数居民，即对被剥削劳动者的民主。"③ 列宁指出，在世界上最民主的资产阶级国家里，哪一个国家平常的、普通的工人，平常的、普通的雇农或一般农村半无产者（占人口绝大多数的被压迫群众的一分子），能够多少像在苏维埃俄国那样，享有在最好的大厦里开会的自由，享有利用最大的印刷所和最好的纸库来发表自己的意见、维护自己利益的自由，享有推选本阶级的人去管理国家、建设国家的自由呢？

列宁还指出，资产阶级的议会制度总是把民主与官僚制度连在一起，而无产阶级的民主制则采取措施，想办法根除官僚制度，使民主成为能真正供人民享受的民主。当然，无产阶级民主制需要有一个由建立到逐步完善的过程，而且"只有当全体居民都参加管理工作时，才能彻底进行反对官僚主义的斗争，才能完全战胜官僚主义"④。

---

① 《列宁选集》第3卷，人民出版社1972年版，第633页。
② 同上书，第635页。
③ 同上书，第633页。
④ 《列宁全集》第29卷，人民出版社1956年版，第156页。

第五，列宁提出，要加强苏维埃政权的民主建设，要彻底改进国家机关工作，加强监督机构，改组工农检察院，提高国家机关工作人员的素质。

列宁晚年，深感加强苏维埃政权民主建设的必要，认为要进行民主建设，必须彻底改进国家机关工作，他说："我们国家机关的情形，即使不令人厌恶，至少也非常可悲。"① 为了改进党和国家的工作，清除腐败和官僚主义，列宁提出，首先要加强党的中央监察委员会，要让中央监察委员会的委员和中央委员会的委员一样，享有权力。同时要加强国家监督机构，改组工农检察院。他说，对工农检察院的职员要进行认真的挑选，要经过特殊的审查，看他们是否忠实，是否了解国家机关的情况，要经过特别的考试，看他们是否懂得科学地组织管理工作。

列宁认为改进国家机关工作的关键在于提高机关工作人员的素质，他为当时苏维埃国家机关工作人员提出这样的任务："第一，是学习；第二，是学习；第三，还是学习。然后要检查，使学问真正深入到我们的血肉里面去。"②

列宁特别强调，国家机关工作人员必须是"优秀分子"，"宁肯数量少些，但要质量高些"。③ 他们必须非常熟练业务，非常可靠，国家应给他们"很高的薪金"。列宁反复谈到国家机关工作人员的素质和条件，说他们不仅要有知识、有文化，"要求真正受过教育的而且可以保证决不相信空话，决不说昧心话的分子，不怕承认任何困难，不怕为达到自己庄严的目的而进行任何斗争"④。在改进国家机关、重建新机构和吸收新的工作人员时，要慎重从事，遵循"七次量衣一次裁"的原则，不能急于求成，暂时找不到优秀人才，应宁缺毋滥，可以等一等。

列宁强调，无产阶级民主不应当把重心放在空洞的口号上，而应当放在实际的内容上，应当使民主的原则与实践一致，形式与内容一致。他说："无产阶级的或苏维埃的民主则不是把重心放在宣布全体人民的权利

---

① 《列宁选集》第4卷，人民出版社1972年版，第698页。
② 同上书，第699－700页。
③ 同上书，第700页。
④ 同上。

和自由上，而是实际保证那些曾受资本压迫和剥削的劳动群众能实际参预国家管理，实际使用最好的集会场所、最好的印刷所和最大的纸库（储备）来教育那些被资本主义弄得愚昧无知的人们，实际上保证这些群众有真正的（实际的）可能来逐渐摆脱宗教偏见等等的压迫，苏维埃政权应坚定不移地继续进行一项重要的工作，即在实际上使被剥削劳动者能够真正享受文化、文明的民主的福利。”① 反之，资本主义国家则把重心放在冠冕堂皇地宣布各种自由民主权利上，而实际上则不让大多数居民即工人和农民稍微充分地享受这些权利，这是资产阶级的民主和议会制与苏维埃和无产阶级的民主的重要区别之一。

列宁虽然尖锐地批判和揭露资产阶级民主的虚伪性和狭隘性，但他并不否定无产阶级民主也要利用资产阶级所创立的民主程序和民主机构。他说：“摆脱议会制的出路，当然不在于废除代议制机构和选举制，而在于把代议制机构由清谈馆变为‘工作’机构。”②“如果没有代议机构，那我们就很难想象什么民主，即使是无产阶级民主。”③

列宁关于苏维埃民主政治建设的理论，大部分是在十月革命前后提出来的，至今已近80年，虽然经过种种历史的变迁，但他的理论所揭示的民主的实质和阶级的特性，他所揭露的资产阶级民主与无产阶级民主的区别，以及资产阶级民主的局限性、狭隘性和无产阶级民主发展的方向，至今对我们认识和研究社会主义的民主政治建设，仍有重要的指导意义。

三、开创既有民主又有集中，既有自由又有纪律的生动活泼的政治局面——毛泽东论民主

在中国革命的过程中，以毛泽东为代表的中国共产党人，创造性地运用马克思列宁主义的基本原理，把它和中国革命的具体实践结合起来，对中国长期革命实践中的一系列创造性的经验作了理论概括，形成了适合中

① 《列宁选集》第3卷，人民出版社1972年版，第745页。
② 同上书，第210页。
③ 同上书，第211页。

国情况的科学的指导思想，这就是毛泽东思想。坚持群众路线，充分发扬民主，开创既有民主又有集中，既有自由又有纪律的生动活泼的政治局面，是毛泽东思想的重要组成部分，是马克思列宁主义关于民主政治理论与无产阶级专政理论在中国革命实践中的运用和发展，具有显著的中国民族特点。

（一）中国缺乏民主，但世界上只有具体的民主，没有抽象的民主，必须正确看待民主

早在1937年，在《为争取千百万群众进入抗日民族统一战线而斗争》一文中，毛泽东便批评了那种认为“强调民主是错误的，仅仅应该强调抗日”的错误观点，指出：“民主对于中国人是缺乏而不是多余，这是人人明白的。”“日常的反日斗争和人民生活斗争，要和民主运动相配合，这是完全对的，也是没有任何争论的。但目前阶段里中心和本质的东西，是民主和自由。”①

1940年在《新民主主义的宪政》演说中，毛泽东又提出：“中国缺少的东西固然很多，但主要的就是少了两件东西：一件是独立，一件是民主。这两件东西少了一件，中国的事情就办不好。”② 他还说，把独立和民主结合起来，就是民主的抗日，或称抗日的民主。没有民主，抗日是要失败的。没有民主，抗日就抗不下去。有了民主，则抗他十年八年，我们一定会胜利。

毛泽东指出，旧式的民主，在外国也行过，现在已经没落，变成反动的东西了，我们万万不能要。中国需要的是新的民主政治，即新民主主义的政治，或称“新民主主义的宪政”。新民主主义的政治逻辑是真正的民主原则，即：“中国的事情是一定要由中国的大多数人作主，资产阶级一个阶级来包办政治，是断乎不许可的。”③ 孙中山先生在《中国国民党第一次全国代表大会宣言》中曾经提出：“近世各国所谓民权制度，往往为资产阶级所专有，适成为压迫平民之工具。若国民党之民权主义，则为一

① 《毛泽东选集》第1卷，人民出版社1991年版，第274－275页。
② 《毛泽东选集》第2卷，人民出版社1991年版，第731页。
③ 同上书，第732页。

般平民所共有，非少数人所得而私也。”毛泽东说，上述《宣言》中提出的“为一般平民所共有，非少数人所得而私也”就是新民主主义政治的具体内容，即几个阶级联合起来的民主专政，这就是抗日民族统一战线的民主政治。

中国是一个有着几千年的封建专制历史的国家，辛亥革命后，中国人从西方引进了民主政治，天天讲要民主自由，制定宪法，选举总统。结果，宪法，中国已经有过了，曹锟不是颁布过宪法吗？但是民主自由在何处呢？大总统，那就更多了，第一个是孙中山，他是好的，但却被袁世凯取消了。第二个便是袁世凯，第三个是黎元洪，第四个是冯国璋，第五个是徐世昌，可谓多矣！但是他们和专制皇帝又有什么区别呢？“他们的宪法也好，总统也好，都是假东西。像现在的英、法、美等国，所谓宪法，所谓民主政治，实际上都是吃人政治。这样的情形，在中美洲、南美洲，我们也可以看到，许多国家都挂起了共和国的招牌，实际上却是一点民主也没有。”①

毛泽东和马克思、恩格斯、列宁一样，严格地把民主作为具体的政治范畴，作为给特定的经济基础服务的上层建筑来考察，反对抽象地、一般地离开具体的国家、阶级、社会来谈论民主。

1956年匈牙利事件后，毛泽东批评有的人想在中国也搞一个匈牙利事件。这些人认为，我国的人民民主制度自由太少，不如西方民主制度自由多，要求实行西方的两党制，这一党上台，那一党下台。毛泽东说，这种两党制不过是维护资产阶级专政的一种方法，不能保障劳动人民的自由权利。“实际上，世界上只有具体的自由，具体的民主，没有抽象的自由，抽象的民主。在阶级斗争的社会里，有了剥削阶级剥削劳动人民的自由，就没有劳动人民不受剥削的自由。有了资产阶级的民主，就没有无产阶级和劳动人民的民主。”② 毛泽东接着指出，有些资本主义国家也容许共产党合法存在，但是以不危害资产阶级的根本利益为限度，超过这个限度是不容许的。要求抽象的自由民主的人们认为，民主是目的，而不承认民主是

① 《毛泽东选集》第2卷，人民出版社1991年版，第736页。

② 《毛泽东选集》第5卷，人民出版社1977年版，第367页。

手段。“民主这个东西，有时看来似乎是目的，实际上，只是一种手段。马克思主义告诉我们，民主属于上层建筑，属于政治这个范畴。这就是说，归根结蒂，它是为经济基础服务的。自由也是这样。民主自由都是相对的，不是绝对的，都是在历史上发生和发展的。”①

（二）只有建立民主制度，才有利于动员群众、组织群众进行革命斗争。只有党内生活的民主化，才能调动广大党员的政治积极性

1928 年，毛泽东在井冈山建立了革命民主政权，建立了工农兵执行委员会（政府）和工农兵代表大会。执委会，即政府由工农兵代表大会选举产生。后者本应是最高权力机关，但建立初期，人们对它缺乏认识，它却成了政府即工农兵执行委员会的附属物，成了执行委员会的临时选举机构，“选举完毕，大权揽于委员会，代表会不再谈起”②。当时，名副其实的工农兵代表大会，不是没有，而是少极了。毛泽东说，这种情况之所以产生，一方面固然是对工农兵代表大会这种新的政治制度缺乏宣传教育；另一方面则由于“封建时代独裁专断的恶习惯深埋于群众乃至于一般党员的头脑中，一时扫除不净，遇事贪图便利，不喜欢麻烦民主制度”③。他提出，这种民主制度一定要建立起来，使它在革命斗争中显出效力。要使群众了解它是最能发动群众力量和最利于斗争的，要使它成为普遍地真实地应用于群众的组织。“我们正在制定详细的各级代表会组织法（根据中央的大纲），把以前的错误逐渐纠正。”④

毛泽东指出，中国革命要胜利，必须依靠中国共产党的领导。中国共产党的领导要坚强有力，必须充分调动广大党员和干部的积极性，而要调动广大党员和干部的积极性，就必须充分发扬民主，必须在党内、在军内实行民主主义。他在《井冈山的斗争》一文中说，井冈山红军的物质生活如此菲薄，战斗如此频繁，为何能维持不敝，除党的组织和领导作用外，就是靠军队内实行的民主主义。官长不打士兵，官兵待遇平等，士兵有开

① 《毛泽东选集》第 5 卷，人民出版社 1977 年版，第 368 页。
② 《毛泽东选集》第 1 卷，人民出版社 1991 年版，第 72 页。
③ 同上。
④ 同上。

会说话的自由，废除烦琐的礼节，经济公开，士兵自己管理伙食，仍然能从每日一分的油盐柴菜钱中节余一点作零用，名曰“伙食尾子”，每人每日得六七十文。这些办法，士兵很满意。尤其是新来的俘虏兵，他们感觉国民党军队和我们军是两个世界。他们虽然感觉红军的物质生活不如白军，但是精神得到了解放。“同样二个兵，昨天在敌军不勇敢，今天在红军很勇敢，就是民主主义的影响。红军像一个火炉，俘虏兵过来马上就熔化了。中国不但人民需要民主主义，军队也需要民主主义。”① 在井冈山斗争时期建立起来的三大民主，即政治民主、军事民主、经济民主，后来发展成为中国人民解放军的优良传统，成为调动广大革命战士战斗积极性的重要武器之一。

1938 年，毛泽东在总结党内“左”倾错误、确定抗日民族统一战线方针的第六届中央委员会扩大的第六次全体会议的报告中，全面深入地谈了党内的民主化问题。他说，处在伟大斗争面前的中国共产党，要求整个党的领导机关，全党的党员和干部，高度发挥其积极性，才能取得胜利。所谓积极性的发挥，必须具体地表现在领导机关、干部和党员的创造能力，负责精神，工作的活跃，敢于和善于提出问题、发表意见、批评缺点，以及对于领导机关和领导干部从爱护观点出发的监督作用。没有这一切，所谓积极性就是空的。“而这些积极性的发挥，有赖于党内生活的民主化。党内缺乏民主生活，发挥积极性的目的就不能达到。大批能干人材的创造，也只有在民主生活中才有可能。”②

毛泽东指出，由于我们的国家是一个小生产的家长制占优势的国家，在全国范围内至今还没有民主生活。这种情况反映到党内，就产生了党内缺乏民主生活的现象。这种现象，既妨碍了全党积极性的发挥，同时，也影响到统一战线，影响到民众运动。他提出，必须在党内施行有关民主的教育，使党员懂得什么是民主制，懂得民主制和集中制的关系，并懂得如何实行民主集中制。一方面，确实扩大党内的民主生活，另一方面，不至于走到极端民主化，走到破坏纪律的自由放任主义。他提出，要对干部进

① 《毛泽东选集》第 1 卷，人民出版社 1991 年版，第 65 页。

② 《毛泽东选集》第 2 卷，人民出版社 1991 年版，第 529 页。

行教育，在党内外都要大大提倡民主作风，不论什么人，只要不是敌对分子，不是恶意攻击，都要允许大家讲话，讲错了也不要紧。各级领导干部都有责任听别人讲话，正面反面的意见都要听，并且实行两条：一条是知无不言，言无不尽；一条是言者无罪，闻者足戒。他说，如果没有“言者无罪”这一条，并且真正做到，不是假的，就不可能收到“知无不言，言无不尽”的效果。

（三）只有民主，才能使中国共产党不再重蹈历史覆辙，才能打破历史的“周期率”

1945年7月，民主人士黄炎培等人去延安参观，在同毛泽东谈话时，黄炎培提出：“我生六十多年，耳闻的不说，所亲眼看到的，真所谓：‘其兴也勃焉’，‘其亡也忽焉’，一人、一家、一团体、一地方，乃至一国，不少单位都没有跳出这周期率的支配力。大凡初期聚精会神，没有一事不用心，没有一人不卖力，也许那时艰难困苦，只有从万死中觅取一生。既而环境渐渐好转了，精神也就渐渐放下了。有的因为历时长了，自然也惰性发作，由少数演为多数，到风气养成，虽有大力，也无法扭转，并且无法补救……一部历史，‘政怠宦成’的也有，‘人亡政息’的也有，‘求荣取辱’的也有。总之没有能跳出这个周期率。中共诸君从过去到现在，我略略了解了的，就是希望找出一条新路，来跳出这个周期率的支配。”当时毛泽东回答说：“我们已经找到新路，我们能跳出这个周期率，这条新路，就是民主。只有让人民来监督政府，政府才不敢松懈，只有人人起来负责，才不会人亡政息。”①

后来，毛泽东曾多次在不同的场合谈过，只有不断完善民主制度，让人民群众广泛地关心国家大事，才能有效地监督国家机关及其工作人员，官僚主义才有可能得到克服。党和国家的干部是普通的劳动者，不是骑在人民头上的老爷，既要当“官”，又要当老百姓，要同劳动人民保持最广泛的、经常的、密切的联系，党的宗旨是为人民服务，只有坚持为人民服务，才能使党和社会主义不致蜕变。

① 黄炎培：《延安归来》，载《八十年来》，文史资料出版社1982年版，第148－149页。

（四）民主必须与集中相结合，自由必须与纪律相结合，必须反对极端民主化的倾向

井冈山斗争时期，毛泽东在军队和地方创建民主制度的时候，就把民主与集中连在一起，把他所创建的民主制度称之为“民主集中主义制度”。1937 年毛泽东在和英国记者贝特兰的谈话中，对这一制度作了全面的阐述。贝特兰问毛泽东：“‘民主集中’在名词上不是矛盾的东西吗?”毛泽东回答说：“应当不但看名词，而且看实际。民主和集中之间，并没有不可越过的深沟，对于中国，二者都是必需的。一方面，我们所要求的政府，必须是能够真正代表民意的政府；这个政府一定要有全国广大人民群众的支持和拥护，人民也一定要能够自由地去支持政府，和有一切机会去影响政府的政策。这就是民主制的意义。另一方面，行政权力的集中化是必要的；当人民要求的政策一经通过民意机关而交付与自己选举的政府的时候，即由政府去执行，只要执行时不违背曾经民意通过的方针，其执行必能顺利无阻。这就是集中制的意义。”① 毛泽东认为，民主集中制不仅在国家和政府的体制上应当得到体现，而且在党的各级组织中都要贯彻。他说：“党内的民主是必要的。要党有力量，依靠实行党的民主集中制去发动全党的积极性。在反动和内战时期，集中制表现得多一些。在新时期，集中制应该密切联系于民主制。用民主制的实行，发挥全党的积极性。用发挥全党的积极性，锻炼出大批的干部，肃清宗派观念的残余，团结全党像钢铁一样。”②

在“左”倾机会主义统治时期，党内一方面是少数人独断专行，对持有不同意见者“残酷斗争，无情打击”。另一方面则是极端民主化思想的泛滥。红军第四军中不少人提出，要在军队中实行“由下而上的民主集权制”，即凡事必须“先交下级讨论，再由上级决议”，一切大小事情都要按群众的意见办理。这种极端民主化的思想，受到了毛泽东的严厉批评。他指出，这种思想与无产阶级的斗争任务是不相容的，在党、政、军各级组

① 《毛泽东选集》第 2 卷，人民出版社 1991 年版，第 383 页。
② 《毛泽东选集》第 1 卷，人民出版社 1991 年版，第 278 页。

织上，必须厉行集中指导下的民主生活：第一，党的领导机关要有正确的指导路线，遇事要拿出办法，以建立领导中枢。第二，上级机关要明了下级机关的情况和群众的生活情况，成为正确指导的客观基础。第三，党的各级机关解决问题不要太随便，一旦决定，就须坚决执行。第四，上级机关的决议，凡属重要一点的，必须迅速传达到下级机关和党员群众中去。第五，党的下级机关和党员群众对于上级机关的指示，要经过详尽讨论，以求彻底地了解指示的意义，并决定对它的执行方法。①

毛泽东还把民主集中制与党的群众路线结合起来，提出了“从群众中来，到群众中去”的工作方法，指出：“在我党的一切实际工作中，凡属正确的领导，必须是从群众中来，到群众中去。这就是说，将群众的意见（分散的无系统的意见）集中起来（经过研究，化为集中的系统的意见），又到群众中去作宣传解释，化为群众的意见，使群众坚持下去，见之于行动，并在群众行动中考验这些意见是否正确。然后再从群众中集中起来，再到群众中坚持下去。如此无限循环，一次比一次地更正确、更生动、更丰富。”② 毛泽东还提出了“在民主基础上的集中，在集中指导下的民主”的原则，同时把党内的民主集中制具体化为：“少数服从多数，下级服从上级，局部服从全体，全党服从中央。”③ 毛泽东多次指出，不但民主必须与集中相结合，而且自由应当与纪律相结合。他说，在人民内部，民主是对集中而言的，自由是对纪律而言的。这些都是一个统一体的两个侧面，它们是矛盾的，又是统一的。我们不应当只片面地强调某一个侧面而否定另一个侧面。当然，我们强调有领导的民主，有纪律的自由，这在任何意义上都不是说，人民内部的思想问题，是非的辨别问题，可以用强制的方法去解决。“企图用行政命令的方法，用强制的方法解决思想问题、是非问题，不但没有效力，而且是有害的……凡属于思想性质的问题，凡属于人民内部的争论问题，只能用民主的方法去解决，只能用讨论的方法、批评的方法、说服教育的方法去解决，而不能用强制的、压服的方法去解

---

① 《毛泽东选集》第1卷，人民出版社1991年版，第89页。

② 《毛泽东选集》第3卷，人民出版社1991年版，第899页。

③ 同上书，第821页。

决。”① 他提出，我们民主政治建设的目标，应当是开创一个既有民主又有集中，既有自由又有纪律的生动活泼的政治局面。

（五）必须坚持人民民主专政

人民民主专政的理论是毛泽东从中国的实际出发，根据马克思列宁主义关于无产阶级专政的理论经过长期革命斗争的实践提出来的。早在1939年《青年运动的方向》一文中，毛泽东便提出了中国人民在推翻帝国主义和封建主义的统治之后，要建立一个“人民民主的共和国”。后来毛泽东在《新民主主义论》中把这个共和国称作“新民主主义共和国”，提出，在这个共和国中，“无产阶级、农民、知识分子和其他小资产阶级，乃是决定国家命运的基本势力”。这些阶级，必然成为“国家构成和政权构成的基本部分，而无产阶级则是领导力量”②。

1945年，毛泽东在党的第七次代表大会上所作的《论联合政府》的报告中，对建立包括革命阶级和民主党派在内的联合政府及其施政纲领作了阐述，这样，毛泽东的人民民主专政理论的基本思想就形成了。1949年6月发表的《论人民民主专政》一文，进一步阐述了即将建立的中华人民共和国的性质，各阶级在国家政治生活中的地位和相互关系，人民民主与专政的结合及人民民主专政的任务，这样便形成了人民民主专政的理论。

人民民主专政理论的基本内容是：

第一，建立人民民主专政，是中国历史的总结，是中国革命经验的总结，是一百年来人民大众奋斗牺牲的结晶。“总结我们的经验，集中到一点，就是工人阶级（经过共产党）领导的以工农联盟为基础的人民民主专政。这个专政必须和国际革命力量团结一致，这就是我们的公式，这就是我们的主要经验，这就是我们的主要纲领。”③

第二，人民民主专政是工人阶级领导的、以工农联盟为基础的国家政权。毛泽东指出：“人民民主专政的基础是工人阶级、农民阶级和城市小资产阶级的联盟，而主要是工人和农民的联盟，因为这两个阶级占了人口

① 《毛泽东选集》第5卷，人民出版社1977年版，第368页。

② 《毛泽东选集》第2卷，人民出版社1991年版，第674－675页。

③ 《毛泽东选集》第4卷，人民出版社1991年版，第1480页。

百分之八十到九十。”“人民民主专政需要工人阶级的领导。因为只有工人阶级最有远见，大公无私，最富于革命的彻底性。”“民族资产阶级在现阶段上，有其很大的重要性……中国必须利用一切于国际民生有利而不是有害的城乡资本主义因素，团结民族资产阶级，共同奋斗。”①

第三，人民民主专政包括对人民实行民主和对反动派实行专政两个方面。毛泽东说：“对人民内部的民主方面和对反动派的专政方面，互相结合起来，就是人民民主专政。”② 对人民的民主方面，是指在人民内部要实行民主制度，人民享有民主和自由等各方面的广泛权利；对于人民内部出现的问题、产生的矛盾，要使用民主的方法、教育的方法加以解决。人民的国家要保护人民，保护人民的利益不受侵犯。对反动派的专政方面，是指要压迫这些人，只许他们规规矩矩，不许他们乱说乱动，如要乱说乱动，立即取缔，予以制裁。民主和专政两方面是统一的，是相辅相成的，只有在人民内部实行民主和发展民主，才能形成强大的统治力量，对阶级敌人实行强有力的专政；只有对阶级敌人实行强有力的专政，才能保障人民民主。

第四，人民民主专政的基本任务，是要在建立人民民主专政的基础上，以此作为条件，“使中国有可能在工人阶级和共产党的领导之下稳步地由农业国进到工业国，由新民主主义进到社会主义社会和共产主义社会，消灭阶级和实现大同”③。这就是说，人民民主专政担负着发展社会生产力和建设社会主义，并从社会主义向共产主义过渡的任务。

毛泽东关于人民民主专政的论述，奠定了我国国家制度的理论，统一了全国的思想。按照人民民主专政的理论，新中国成立以后，在全国范围内建立了各级人民政权，并不断完善了人民民主专政制度。我们当前进行社会主义的民主政治建设，必须坚持人民民主专政制度，必须以毛泽东的理论为指导，开创一个既有民主又有集中，既有自由又有纪律的生动活泼的政治局面。

---

① 《毛泽东选集》第4卷，人民出版社1991年版，第1478－1479页。

② 同上书，第1475页。

③ 同上书，第1476页。

四、没有民主就没有社会主义现代化——邓小平论建设有中国特色的社会主义民主政治

邓小平同志在中国社会主义建设的伟大实践中，坚持把马克思主义的原理与中国的具体实际相结合，逐步形成和发展了建设有中国特色的社会主义理论，第一次系统地回答了中国这样一个经济、文化比较落后的国家如何建设社会主义，如何巩固与发展社会主义的一系列基本问题，用新的思想、观点，继承和发展了马克思主义。邓小平同志关于民主政治建设的理论是他的建设有中国特色的社会主义理论的一个有机组成部分，是他在创造性地应用马克思主义，并把马克思主义与中国社会主义民主政治建设实际相结合的基础上提出的。

（一）民主是解放思想的重要条件

在“四人帮”被粉碎，“文化大革命”结束后不久，1978 年在为党的十一届三中全会作准备的中央工作会议上，邓小平同志作了《解放思想，实事求是，团结一致向前看》的重要讲话。在讲话中他提出，解放思想是当前的一个重要政治问题。十多年来，林彪、“四人帮”大搞禁区、禁令，制造迷信，把人们的思想封闭在他们假马克思主义的禁锢圈内，不准越雷池一步，否则，就要追查，就是“扣帽子”“打棍子”，党的民主集中制受到严重破坏，党内确实存在权力过分集中的官僚主义，是非不分，功过不清，赏罚不明。人们害怕打击，因循守旧，思想僵化，不动脑筋，不讲党性，说话看“来头”，做事看“风向”。邓小平同志振聋发聩地严肃指出：“不打破思想僵化，不大大解放干部和群众的思想，四个现代化就没有希望。”① 邓小平认为，在党内和人民群众中肯动脑筋、肯想问题的人愈多，对我们的事业就愈有利。干革命，搞建设，都要有一批勇于思考、勇于探索、勇于创新的闯将。“没有这样一大批闯将，我们就无法摆脱贫困

① 《邓小平文选（1975—1982 年）》，人民出版社 1983 年版，第 133 页。

落后的状况，就无法赶上更谈不到超过国际先进水平。”①

怎样才能打破因循守旧、思想僵化的局面，使肯动脑筋的干部和群众多起来呢？邓小平同志提出，民主是打破僵化、解放思想的一个重要条件。他说：“解放思想，开动脑筋，一个十分重要的条件就是要真正实行无产阶级的民主集中制。”“当前这个时期，特别需要强调民主。因为在过去一个相当长的时间内，民主集中制没有真正实行，离开民主讲集中，民主太少。”② 他认为，只有发扬民主，人民才会有责任心，才会想办法。“要切实保障工人、农民个人的民主权利，包括民主选举、民主管理和民主监督。不但应该使每个车间主任、生产队长对生产负责任、想办法，而且一定要使每个工人农民都对生产负责任、想办法。”③ 他提出，要创造民主的气氛，重申“三不主义”，在党内和人民内部的政治生活中，只能采取民主手段，不能采取压制、打击的手段。人民群众提出的意见，当然有对的，也有不对的，要进行分析。要真正实行“双百方针”，“一听到群众有点议论，尤其是尖锐一点的议论，就要追查所谓‘政治背景’、所谓‘政治谣言’，就要立案，进行打击压制，这种恶劣作风必须坚决制止”④。

（二）没有民主，就没有社会主义现代化，但民主必须与专政相结合

1979年3月，邓小平同志在党的理论工作务虚会上作了关于《坚持四项基本原则》的讲话，他在讲话中指出，林彪、“四人帮”宣传什么“全面专政”，实际上是对人民实行“封建法西斯专政”，这种专政与无产阶级专政毫无共同之点。无产阶级专政对人民来说，就是要实行社会主义民主；这是工人、农民、知识分子和其他劳动者所共同享受的民主，是历史上最广泛的民主。“没有民主就没有社会主义，就没有社会主义的现代化。”⑤ 1985年邓小平同志在一次会见外国朋友的谈话中又指出：“在总结经验的基础上，党的十一届三中全会提出一系列新的政策。就国内政策而

① 《邓小平文选（1975—1982年）》，人民出版社1983年版，第133页。
② 同上书，第134页。
③ 同上书，第136页。
④ 同上书，第135页。
⑤ 同上书，第154页。

言，最重大的有两条，一条是政治上发展民主，一条是经济上进行改革，同时相应地进行社会其他领域的改革。”① 1986年邓小平同志又指出：“现在看，不搞政治体制改革不能适应形势。改革，应该包括政治体制改革，而且应该把它作为改革向前推进的一个标志。我们要精兵简政，真正下放权力，扩大社会主义民主，把人民群众和基层组织的积极性调动起来。”②

邓小平同志认为，发展社会主义民主，绝不是不要对敌视社会主义的势力进行专政。他指出，我们反对阶级斗争扩大化，但是必须看到，在社会主义社会，仍然有反革命分子，有敌特分子，有贪污盗窃分子，投机倒把分子，有各种破坏社会主义秩序的刑事犯罪分子和其他坏分子，并且这种现象在长期内不可能完全消灭。当然，同他们的斗争不同于过去历史上阶级对阶级的斗争，它是一种特殊形式的阶级斗争，对于一切反对社会主义的敌对分子仍然必须实行专政，“不对他们专政，就不可能有社会主义民主”③。在当前条件下，国家专政机关及国家的专政职能不能消亡。它们的存在与社会主义民主并不矛盾，它们正确有效的工作不是妨碍而是保证社会主义国家的民主化。没有人民民主专政，我们就不可能保卫从而也不可能建设社会主义。1986年邓小平同志又指出：“四项基本原则必须讲，人民民主专政必须讲。要争取一个安定团结的政治局面，没有人民民主专政不行，不能让那些颠倒是非、混淆黑白、造谣诬蔑的人畅行无阻，煽动群众。”④

（三）民主政治建设不能照搬西方，必须具有中国社会主义特色

从中国的国情出发，从中国社会主义建设的实际出发，学习、借鉴西方资本主义国家某些对中国有益的东西而不完全照搬西方，是邓小平同志的一贯主张。他倡导的“解放思想，实事求是”的一个重要内容，就是讲改革、开放不能离开中国实际，既不能教条式地照搬马克思主义，也不能盲目崇拜西方，搞所谓“全盘西化”。1986年在和几位中央负责同志的谈

① 《邓小平文选》第3卷，人民出版社1993年版，第116页。
② 同上书，第160页。
③ 《邓小平文选（1975—1982年）》，人民出版社1983年版，第155页。
④ 《邓小平文选》第3卷，人民出版社1993年版，第195页。

话中他说："我们讲民主，不能搬用资产阶级的民主，不能搞三权鼎立那一套。我经常批评美国当权者，说他们实际上有三个政府。当然，美国资产阶级对外用这一手来对付其他国家，但对内自己也打架，造成了麻烦。这种办法我们不能采用。"① "不能搬用西方的那一套，要搬那一套，非乱不可。"②

邓小平同志反复讲，西方好的东西，当然应当借鉴学习，但中国搞社会主义，必须坚持党的领导，坚持社会主义方向，坚持人民民主专政，坚持马克思主义的指导，学习借鉴西方要有分析有选择，要结合中国实际。他说："我们实行的民主不是搬用西方的民主。最近我同美国人谈话时讲过，中国只有坚持搞社会主义才有出路，搞资本主义没有出路。"③ "一般讲政治体制改革都讲民主化，但民主化的含义不十分清楚。资本主义社会讲的民主是资产阶级的民主，实际上是垄断资本主义的民主，无非是多党竞选，三权鼎立，两院制。我们的制度是人民代表大会制度，共产党领导下的人民民主制度，不能搞西方那一套。"④

邓小平同志提出，社会主义国家有一个最大的优越性，就是干一件事情，一下决心，就可以较快作出决议，并可以立即付诸执行，不受过多牵扯，因此从总的效率看，社会主义比资本主义高得多，这是我们的优势，要保持这个优势。至于具体的经济管理、行政管理的效率，资本主义国家在许多方面比我们好，我们要向他们学习。"我们的官僚主义确实多得很。就拿人事制度来说，社会主义国家恐怕有个共同的问题，就是干部老化僵化，首先表现在思想上，组织上也有这种状况。所以，我们必须进行政治体制改革，而这种改革又不能搬用西方那一套所谓的民主，不能搬用他们的三权鼎立，不能搬用他们的资本主义制度，而要搞社会主义民主。"⑤

邓小平同志认为，民主集中制是我们的优越性。这种制度便利于团结人民，比西方的民主好得多。例如，解决民族问题，我国采取的不是民族

---

① 《邓小平文选》第3卷，人民出版社1993年版，第195页。
② 同上书，第196页。
③ 同上书，第212页。
④ 同上书，第240页。
⑤ 同上书，第241页。

共和国联邦的制度，而是采取民族区域自治制度，这个制度就比较好，比较适合中国的国情。邓小平同志说："我们要发扬民主，但是同时需要集中。也许现在和以后一个相当时候，更要着重强调该集中的必须认真集中，以便把效率提高一些。"① 后来邓小平同志又说："我们有很多优越的东西，这是我们社会制度的优势，不能放弃。"② 邓小平同志还指出："我们提出反对资产阶级自由化，就是反对全盘西化，反对否定党的领导和社会主义制度。"③

（四）建设社会主义民主政治不能急于求成，要根据国情一步一步地进行，必须以保持安定团结的局面为前提

邓小平同志早在1979年讲社会主义民主政治建设的重要性时便指出，社会主义愈发展，民主也愈发展，这是确定无疑的。但是"民主和现代化一样，也要一步一步地前进"④。后来，邓小平同志又说："民主只能逐步地发展"⑤。

邓小平同志强调指出，政治体制改革很复杂，每一个措施都涉及千千万万人的利益。"所以，政治体制改革要分步骤、有领导、有秩序地进行。"⑥ 他还强调，建设社会主义民主政治绝不是要搞"大民主"。他说："'文化大革命'时搞'大民主'，以为把群众哄起来，就是民主，就能解决问题。实际上，哄起来就打内战。我们懂得历史的经验教训。"⑦ "我们有过'大民主'的经验，就是'文化大革命'，那是一种灾难。"⑧ 邓小平同志认为，民主的目的是调动广大干部和群众的积极性，"调动积极性是最大的民主"⑨。但各种民主的形式怎样搞，要看实际情况，比如讲普选，

① 《邓小平文选（1975—1982年）》，人民出版社1983年版，第246页。
② 《邓小平文选》第3卷，人民出版社1993年版，第257页。
③ 同上书，第235页。
④ 《邓小平文选（1975—1982年）》，人民出版社1983年版，第154页。
⑤ 《邓小平文选》第3卷，人民出版社1993年版，第196页。
⑥ 同上书，第252页。
⑦ 同上书，第200页。
⑧ 同上书，第252页。
⑨ 同上书，第242页。

现在我们在基层，就是在乡、县两级和城市区一级、不设区的市一级搞直接选举，省、自治区、设区的市和中央是间接选举。像我们这样一个大国，人口这么多，地区之间又不平衡，还有这么多的民族，高层搞直接选举现在条件不成熟，首先是文化素质不行。又比如讲党派，我们也有好多个民主党派，都接受共产党的领导，实行中国共产党领导下的多党合作政治协商制度。像中国这样一个大国，如果没有共产党来领导，许多事情就难办，首先吃饭问题就解决不了。搞民主政治建设，搞政治体制改革，都不能推开共产党的领导，不能离开社会主义道路。

邓小平同志多次指出，进行社会主义建设必须有一个安定团结的环境。社会稳定、政治稳定是实行改革、开放的前提，进行民主政治建设和改革政治体制也要把稳定放在压倒一切的地位。他说："中国不能乱哄哄的，只有在安定团结的局面下搞建设才有出路。"① 1989 年 2 月在会见美国总统布什的谈话中又一次强调："中国的问题，压倒一切的是需要稳定。没有稳定的环境，什么都搞不成，已经取得的成果也会丢掉。"② 他指出，中国正处在特别需要集中注意力发展经济的过程中，如果追求形式上的民主，结果必然是，民主既实现不了，经济也得不到发展，只会出现国家混乱、人心涣散的局面。邓小平同志多次谈到"文化大革命"的沉痛教训及其恶果，他说，如果搞形式上的民主，中国人这么多，今天这个示威，明天那个游行，一年三百六十五天，天天有人示威游行，那就根本谈不上搞经济建设。"我们是要发展社会主义民主，但匆匆忙忙地搞不行，搞西方那一套更不行。如果我们现在十亿人搞多党竞选，一定会出现'文化大革命'那样的'全面内战'的混乱局面。内战不一定用枪炮，动拳头、木棒也打得很凶。民主是我们的目标，但国家必须保持稳定。"③

（五）民主政治建设必须与法制建设紧密结合

1978 年，十一届三中全会前夕，邓小平同志在谈到民主政治建设的同时，便提出了法制建设的问题。他说："为了保障人民民主，必须加强法

① 《邓小平文选》第 3 卷，人民出版社 1993 年版，第 212 页。
② 同上书，第 284 页。
③ 同上书，第 285 页。

制。必须使民主制度化、法律化，使这种制度和法律不因领导人的改变而改变，不因领导人的看法和注意力的改变而改变。”① 他指出，现在的问题是法律不完备，许多法律还没有制定出来，人们往往把领导人说的话当作“法”，谁不赞同领导人说的话，就叫做“违法”。领导人的话改变了，“法”也就跟着改变了。所以一定要集中力量制定法律，做到有法可依，有法必依，执法必严，违法必究。邓小平同志还指出：“国要有国法，党要有党规党法。党章是最根本的党规党法。没有党规党法，国法就很难保障。”② 后来，在1987年他又提出：“在发扬社会主义民主的同时，还要加强社会主义法制，做到既能调动人民的积极性，又能保证我们有领导有秩序地进行社会主义建设。这是一套相互关联的方针政策。”③

邓小平同志指出，要实现政治生活的民主化，除了需要制定一系列的法律来保障和规范人民的民主权利外，还要切实改革和完善国家制度，他说：“这要从制度方面解决问题。我们过去的一些制度，实际上受了封建主义的影响，包括个人迷信、家长制或家长作风，甚至包括干部职务终身制。……我们这个国家有几千年封建社会的历史，缺乏社会主义民主和社会主义法制。现在我们要认真建立社会主义民主制度和社会主义法制。只有这样，才能解决问题。”④ 邓小平同志还慎重指出，改革完善国家制度，需要认真调查研究，比较各国经验，集思广益，提出切实可行的方案和措施。不能搞什么政治运动和宣传运动，不能搞什么政治性的大批判，“不能认为只要破字当头，立就在其中了”⑤。必须用扎扎实实、稳步前进的办法去解决法制建设和制度改革的问题。

总的来说，邓小平同志关于社会主义民主政治建设的论述，是对马克思主义民主理论的发展，是我国进行民主政治建设和国家政治体制改革的指针，是我们进行民主政治研究和宣传必须遵循的原则。通过学习，我们更加深切地认识到，民主政治是我国实现四化的需要，是社会主义发展的

① 《邓小平文选（1975—1982年）》，人民出版社1983年版，第136页。
② 同上书，第137页。
③ 《邓小平文选》第3卷，人民出版社1993年版，第210页。
④ 《邓小平文选（1975—1982年）》，人民出版社1983年版，第307页。
⑤ 同上书，第296页。

需要，我国的社会主义民主政治建设必须与社会主义的经济建设的伟大实践紧密结合，一步一步地进行，决不能离开我国的基本国情、人口素质追求形式上的民主。灾难深重的中华民族有过无数宝贵的经验和教训，当前社会稳定、经济繁荣的局面来之不易。"过去我们多灾多难，党和国家经过许多波折。有些事情人们难以理解也不奇怪，但我们自己是有清醒估计的。"① 民主政治建设必须以保持安定团结为前提，不能急于求成，更不能搞"大民主"，重蹈"文化大革命"的历史错误，更不能背离四项基本原则，搞所谓"全盘西化"。邓小平同志1992年在武昌、深圳、珠海、上海等地的谈话中语重心长地指出："我们搞社会主义才几十年，还处在初级阶段。巩固发展社会主义制度，还需要一个很长的历史阶段，需要我们几代人、十几代人，甚至几十代人坚持不懈地努力奋斗，决不能掉以轻心。"②

（原载于《民主政治建设研究》，云南大学出版社1995年版）

① 《邓小平文选》第3卷，人民出版社1993年版，第235页。
② 同上书，第380页。

坚持真理的赫胥黎

达尔文的《物种起源》在1859年出版后，立即遭到教会和保守势力的攻击。长期被疾病纠缠的达尔文，决心以微弱的力量来为自己的学说辩护了。当他准备挺身而战的时候，许多科学家已经撰写论文，发表演讲，起来捍卫和传播他的学说。当时，走在最前列的就是托马斯·亨利·赫胥黎。

赫胥黎1825年5月4日生于伦敦附近的伊林。按照英国传统的说法，一个刚出生的婴儿，如果恰好飞来一只蜜蜂叮在他的嘴上，将来无疑会成为一位伶牙俐齿的雄辩大师。赫胥黎出生的时候，恰值邻舍蜜蜂迁居，成群结队地闯进了他母亲的卧室，被来来往往的蜜蜂吓得惊慌失措的女仆，急忙赶走蜂群，关闭窗户。赫胥黎在自传中说，这位女仆无意中做了一件“蠢事”，使他失去了让蜜蜂叮在嘴上的天赐良机，从此“笨嘴拙舌，终身悔恨”。其实赫胥黎正是一位能言善辩的科学家，他以自己精博的学识、风趣的言谈、机智的辩论，在伦敦大学、牛津大学发表了许许多多演说，他的一些科学著作，就是他的演说文集。那时住在伦敦的马克思，也曾去听过他的演讲，并且鼓励周围的人去向他学习生物、地质方面的科学知识。

17岁时，赫胥黎和哥哥詹姆士到查理·克劳斯医科学校学习，这所学校的生理学老师沃顿·琼斯先生广博精湛的学识和严格正确的教学方法，给赫胥黎以很大的影响。早先一直怀有做一个机械工程师理想的赫胥黎，现在对人体这个有生命的机器发生了极大兴趣。他把自己的大部分精力都花在生理学的学习和研究上，并于1845年在琼斯先生的帮助下，发表了自己的第一篇生理学方面的科学论文。

毕业后，1846 年经伦敦大学医学院考试合格，赫胥黎到皇家海军哈士勒医院担任助理外科医生，后经院长约翰·理查森的推荐，就任皇家海军“响尾蛇”舰的外科医生，得以随舰出国远洋考察。在历时 4 年的单调枯燥、严格艰苦的军舰生活中，赫胥黎奋力学术研究，写了好几篇论文寄交伦敦“林奈学会”，都如石沉大海，音信杳无。接二连三的失败没有使他灰心，他又根据自己对热带海洋浮游生物的考察，写了一篇关于从解剖看水母家族亲密性的论文，寄交英国皇家学会，终获发表。1851 年他当选为皇家学会会员，后又荣获皇家学会会章。

1854 年赫胥黎脱离海军，到伦敦矿物学院担任自然史讲师，悉心从事生理、解剖与古生物学方面的研究，对物种之间的内在关系取得了和达尔文同样的见解。《物种起源》一书出版，他立即站到达尔文一边，热情欢呼这一科学巨著问世。他认为进化论的提出，是科学发展的必然趋势，假如达尔文不提出这一学说，那么其他的古生物学家也会提出的。当英国教会和保守势力对这一发现进行攻击的时候，赫胥黎奋起应战，捍卫这一伟大的科学成果。他不畏权贵，不顾安危，坚持“真理伟大而能取胜”。1860 年在英国科学促进会于牛津大学召开的学术演讲会上，他以渊博的学识，旁征博引，有力地驳倒了塞缪尔·威尔伯福斯主教对进化论的污蔑。在此之前，赫胥黎的挚友劳伦斯爵士曾为了刊行一本《论人类》的著作，触犯教律，几被流放，但赫胥黎仍坚持与教会斗争，他认为：“一切可以预料到的痛苦，比起我要放弃那些我认为应该去做和已下决心去做的事时所感到的痛苦要小些。”

赫胥黎又连续发表演说，驳斥了比较解剖学权威理查德·欧文的伪科学见解。理查德站在传统观念一边，企图用解剖来证明人和其他任何生物毫无共同之处。赫胥黎也引用了大量解剖学和古生物化学的材料证明，人是由猿进化而来的，是选择变异的结果。这些演讲于 1863 年汇编为《人类在自然界的地位》一书。

赫胥黎 1870 年后便忙于社会工作，他在近 10 个学术团体任职，1871 年至 1880 年又担任皇家学会秘书，1883 年至 1885 年担任皇家学会主席。繁忙的工作并没有使他放弃学术研究，他仍定期发表演讲。1893 年又把自己在牛津大学的演讲汇集成《进化论与伦理学》一书。我国清代进步学者严复于1895年用文言文意译了该书的主要内容，并附加了自己的许多见解，取“物竞天择”之意，译名“天演论”。这本书给予了当时我国正在寻求救国救民真理的一代知识分子很大的启示。

1895年6月29日，赫胥黎在经受长期疾病折磨后，不幸逝世，他生前说过：总有一天，真理会取胜，即使真理在他一生中未能取得胜利，为了坚持真理也会使他变得更好，更加聪明。他的一生确是寻求真理、坚持真理和传播真理的一生。

（原载于《光明日报》，1984年5月26日）

要管理就要内行

——学习列宁关于干部必须学习管理本领的论述

1920年，随着苏维埃政权反对帝国主义武装干涉的胜利和国内反革命武装叛乱的平息，列宁立即把经济建设的任务提上日程，提出要吸取外国的管理经验，加强经济管理。革命前的俄国是一个经济文化比较落后的国家，当时工农业生产又受到严重破坏，布尔什维克长期处于革命和战争环境，既缺乏管理经验，又缺乏管理人才，随着工作重心的转移，这一问题便显得特别尖锐。

列宁认为党必须承认这一严峻现实，他说：我们的政治权力是非常充分的，主要的经济力量也操在我们手里，那么，我们缺少的是什么？“很明显：做管理工作的那些共产党员缺少文化”，“就是管理的本领”。“要管理就要内行，就要精通生产的一切条件，就要懂得现代高度的生产技术，就要有一定的科学修养。”不会，不内行，应当怎么办？列宁指出：必须从头学起。向谁学习呢？列宁认为首先应当向有学识、有经验的管理人员、技术人员、专家们学习，即使有的专家是资产阶级的，也应当尊敬他们，向他们请教。因为社会主义不是从天上掉下来的，它是建立在资本主义的文化知识和科学技术基础之上的。当时，有的“‘左’派共产主义者”一听说共产党人向资产阶级学习，立即大发雷霆，摆出俨然的“左”派面孔，著文攻击说只有右派布尔什维克才向资产阶级学习。列宁尖锐地回答说：“如果这种言论是出于诗人所描写的‘年方十五，不会多一点？……’这种年龄的人思主义者，学习了不利用大资本主义所达到的技术上和文化上的成就，社会主义便不可能实现的理论，竟讲出了这种话，这就未免叫人有些奇怪了。这里已丝毫嗅不出马克思主义的气味。”

列宁指出，要吸取外国的管理经验，要把资本主义所积累的、为我们所需要的一切管理经验和科学知识，从资本主义的工具变为社会主义的工具，“要善于吸取、掌握、利用先前的阶级的知识和素养，为本阶级的胜利而运用这一切”。为了说明向外国学习管理经验和科学技术的意义，列宁在1918年3月写的《苏维埃政权的当前任务》一文的提纲中，曾经提出一个简明的公式：“乐于吸取外国的好东西：苏维埃政权+普鲁士的铁路管理制度+美国的技术和托拉斯组织+美国的国民教育等等等等++=总和=社会主义。”要前进，就要架梯子。这是列宁当时提出的另一问题。所谓架梯子，就是把那些有管理经验、有建设才干的人，大胆地选拔到领导岗位上来，尊重他们的经验，充分发挥他们的作用。在《论教育人民委员部的工作》一文中列宁指出：“在我国，头脑清晰、学识渊博和富有实际教育经验的人虽然不多，但是无疑这样的人毕竟还是有的。问题是我们不善于发现他们，不善于把他们安置在适当的领导岗位上，不善于和他们一起研究苏维埃建设的实际经验。”列宁还提出把能否及时地把有才华的、能干的人才提拔到领导岗位上来，作为衡量一个部门工作成绩的重要标志。

现在我国正在进行四化建设，需要大量内行的管理干部，不内行就要学习。我们必须遵循列宁教导，下定决心，努力学习管理经验，学习科学技术，学习建设本领，变外行为内行，用较短的时间作出较大的成绩来。

（原载于《云南日报》，1990年12月6日）

坚持社会主义民主原则

——学习新宪法的一点体会

理论，在宪法总纲中增加了社会主义民主的条文，规定：“国家坚持社会主义的民主原则，保障人民参与管理国家，管理各项经济事业和文化事业，监督国家机关和工作人员。”这项规定，恢复了无产阶级的民主传统，对巩固无产阶级专政有很大的意义。

列宁指出，社会主义的民主即“绝大多数人享受民主，对那些剥削和压迫人民的分子实行强力镇压，即把他们排斥于民主之外，——这就是从资本主义向社会主义过渡的条件下形态改变了的民主”。反之，极少数人享受的民主，有产阶级和富人享受的民主，这就是资产阶级的民主。民主是手段，不是目的。世界上只要有阶级存在，就没有“纯粹的”“全民的”民主，民主和专政就只能是一个事物不能分割的两个方面。

坚持社会主义的民主原则，是我们国家政治生活中一个带根本性的问题。充分发扬社会主义民主，健全民主集中制，我们的工作才能越做越好，无产阶级专政才能巩固加强，社会主义事业才能不断取得胜利。毛主席说：“没有广泛的人民民主，无产阶级专政不能巩固，政权会不稳。”“要使全党、全民团结起来，就必须发扬民主，让人讲话。”对人民内部来说，发扬民主与加强集中领导有着相辅相成的辩证统一关系。无产阶级需要民主，是因为只有发扬民主，才有利于加强团结，调动一切可以调动的积极因素，充分发挥人民群众的智慧和才能，进行社会主义革命和建设。为了取得革命和建设的胜利，就必须把人民群众的力量拧成一股绳，把人民群众分散的智慧和才能统一起来，这就是集中。没有集中，就没有组织和纪律，就没有统一的意志和行动，就不能把分散的力量集中在一个攻击点上，革命和建设就会失败。

毛主席教导我们，在民主基础上的集中，在集中指导下的民主，这种制度就是民主集中制。只有实行民主集中制，才能充分发挥人民群众的力量和智慧，制定出符合马克思主义的路线、方针和政策，及时发现和纠正我们工作中的缺点错误，使反对或破坏社会主义制度的少数阶级敌人，陷于广大人民群众的严密监视之下，使社会主义法制具有牢固的基础和可靠的保证，无产阶级专政的政权才能获得真正的巩固。

贯彻民主集中制，必须发扬党的群众路线与批评和自我批评的优良传统和作风。群众路线是党的组织路线和工作路线，党的干部必须密切联系群众，倾听群众意见，接受群众的批评监督。只有群众路线的工作方法才能保证党和国家的集中领导有广泛的民主基础。贯彻民主集中制的原则必须坚持从群众中来、到群众中去的工作方法，同时必须认真对待群众的来文来访，决不能压制群众意见，更不能对群众意见进行打击报复。

“四人帮”多年来背离毛主席的教导，抛弃了党的民主传统，抛弃了党的群众路线、批评和自我批评的作风，利用篡夺的那一部分权力，对社会主义的民主原则肆意摧残践踏。他们一方面打着发扬“民主”的旗号，疯狂推行老干部是“民主派”，“民主派”是“走资派”的反革命政治纲领，鼓吹“踢开党委闹革命”“矛头向上就是大革命”，煽动无政府主义，妄图取消党的领导，以邦代党，篡党夺权，推翻无产阶级专政。另一方面，他们无视党纪国法，挥舞各种大棒，不许干部和群众说话，对他们的倒行逆施稍有不满或提出批评意见的人，乱“扣帽子”，乱“打棍子”，甚至横加迫害，置之死地而后快。在他们严密控制或严重破坏的地区，地富反坏乘机反攻倒算，新生资产阶级分子称王称霸，阶级敌人嚣张一时，人民群众和革命干部不仅失去了正当的民主权利，甚至连人身安全都得不到应有保障。今天在五届人大通过的新宪法中，针对“四人帮”的干扰和破坏，增加了坚持社会主义民主原则的条文，恢复了党的民主集中制，这是人民政治生活中的一件大事。我们必须遵照中央的指示，按照新宪法的规定，既要与破坏民主生活、侵害民主权利的行为作斗争，又要与资产阶级派性和无政府主义作斗争，进一步深入、揭批“四人帮”，肃清他们的流毒影响，密切团结广大人民群众，把各方面的积极因素调动起来，为实现四个现代化的宏伟目标努力奋斗。

（原载于《云南日报》，1987年4月5日）

学习马克思的革命精神和科学态度

——纪念马克思逝世一百周年

今年是无产阶级的革命导师、人类伟大的思想家马克思逝世一百周年。

马克思一生的伟大功绩，在于他和恩格斯一起创立了马克思主义，给人类指出了一条通向共产主义理想社会的光明道路。

列宁说："马克思的学说所以万能，就是因为它正确。"① 马克思的学说所以正确，是由于它是科学。科学是客观规律的反映，是对客观实际深入研究的结果，是对事物内在的本质联系及其客观必然性正确的概括和总结。马克思曾说："最好把真理比做燧石——它受到的敲打越厉害，发射出来的光辉就越灿烂。"② 马克思主义就是这样，它是经得起实践检验的颠扑不破的真理。

马克思主义是无产阶级的宇宙观，是无产阶级观察社会历史命运及其发展方向的伟大的认识工具。"只有马克思的哲学唯物主义，才给无产阶级指明了摆脱精神奴役的出路，一切被压迫阶级一直受着这种精神奴役的痛苦。只有马克思的经济学说才阐明了无产阶级在整个资本主义制度中的真正地位。"③

为了创立马克思主义，给共产主义理想奠定科学的理论基础，马克思以无比严谨的科学态度，孜孜不倦，锲而不舍，贡献了自己毕生的精力。

马克思认为，在对任何问题作出正确的结论之前，都必须掌握有关这

---

① 《列宁全集》第19卷，人民出版社1963年版，第1页。

② 《马克思恩格斯全集》第1卷，人民出版社1956年版，第69页。

③ 《列宁全集》第19卷，人民出版社1963年版，第8页。

个问题的全部材料。为了写作《资本论》，他曾经阅读了1500多种书，他研究了哲学、经济、经济思想史、资本主义各国工业发展史、地租理论、农业化学、会计学、实用工艺学等等。列宁说过："马克思主义这一革命的无产阶级思想体系赢得了世界历史性的意义，是因为它并没有抛弃资产阶级时代最宝贵的成就，相反地吸收和改造了两千多年来人类思想文化中一切有价值的东西。"① 马克思主义是共产主义全部人类知识中产生出来的典范。

马克思不仅广泛阅读政治、经济、哲学、历史和各种科学著作，而且广泛阅读各种文学名著。他有很高的文学修养，他的著作不仅思想深刻，而且文字优美，字里行间都闪烁着文学的光华。

马克思工作十分认真，常常为了证明一个不重要的事实也要特地到大英博物馆去核对原著，因此即使反对马克思的人，也不能证明他有一点疏忽，不能指出他的理论是建立在经不起严格考核的事实的基础上。凡是人类社会所创造的一切，他都用批判的态度加以审查，任何一点也没有忽略过去。凡是人类思想所建立的一切，他都重新探讨过、批判过，根据工人运动的实践一一检验过。"于是就得出了那些被资产阶级狭隘性所限制或被资产阶级偏见束缚住的人所不能得出的结论。"②

马克思不承认世界上有什么天生的天才，他说："天才就是勤奋。"他为无产阶级争取八小时工作制斗争了几十年，但他自己却每天用加倍的时间来工作。马克思从1849年流亡伦敦后，差不多有20年的时间，几乎每天都要按时到大英博物馆图书部去工作。他每天大约九点到那里，一直工作到下午七点才回家，晚餐后又一直要在家里工作到深夜。马克思用人类的知识丰富自己的头脑，但却从不自满，他说："任何时候我也不会满足，越是多读书，就越是深刻地感到不满足，越感到自己知识贫乏。"

马克思一方面深入广泛地进行理论研究，另一方面积极参加现实的革命斗争，不断总结实践经验，把理论和革命实际结合起来。他起初和恩格斯一起，创立了共产主义通讯委员会，后来又共同建立了世界上第一个无产阶级政党——共产主义者同盟，并领导同盟参加了欧洲1848年的民主

① 《列宁全集》第31卷，人民出版社1958年版，第282页。

② 同上书，第253页。

革命。1860年马克思又参加创立和领导了第一国际，和当时国际工人运动中的各种资产阶级、小资产阶级的机会主义思潮进行了斗争，用正确的理论把国际工人运动联合为一个整体，奠定了国际无产阶级争取社会主义斗争的基础。

由于马克思积极参加革命活动，他30岁左右便先后被德、法、比三国政府四次下令驱逐出境，而且被比、德政府拘留、审讯。后来马克思不得不退出德国国籍，他把自己称作“世界公民”。从1850年开始，差不多20年的时间，马克思几乎每天都在为吃饭问题发愁，他的3个孩子都在19世纪50年代因生病无钱医治先后死去。马克思面对各种不幸和打击，没有在革命道路上后退一步。正如李卜克内西回忆马克思时说：“即令地球坍陷毁灭了，他也不会被阻止而不前进的。”当时，各种各样的敌人经常咒骂他、诬蔑他、诽谤他，但他总是毫不在意地把他们当作蛛丝一样轻轻抹去，只在万不得已时才给予答复。他常说：“走自己的路，让别人去说吧！”

马克思一生的最后几年，几乎是在病痛中度过的，但他却仍然每天坚持工作，努力写作《资本论》第二卷和第三卷的手稿，在给齐·迈耶尔的一封信中，他说：“因为我一直在坟墓的边缘徘徊，因此我不得不利用我还能工作的每时每刻来完成我的著作。为了它，我已经牺牲了我的健康、幸福和家庭。”① 由于长期的紧张工作和贫困的物质生活，他的健康受到极严重的损害。1883年3月14日，马克思终于安详地睡在他的安乐椅上与世长辞了。

恩格斯在马克思的墓前讲话中指出，马克思一生有两大发现：他创立了历史唯物主义，发现了人类历史发展的一般规律；他创立了剩余价值学说，发现了资本主义生产方式运动的特殊规律。由于马克思的这两大发现，社会主义才会从空想发展成为科学。而先前，无论资产阶级思想家、小资产阶级空想社会主义者还是早期的工人运动，都是在黑暗中摸索的。

马克思离开我们已经一百年了，但是他的学说、他的革命精神和科学态度，却永远放射着不朽的光辉。

（原载于《云南大学报》，1983年3月17日）

---

① 《马克思恩格斯书信选集》，人民出版社1962年版，第197页。

建设民主政治是社会主义社会的本质要求

经济基础的性质决定上层建筑的性质，社会主义以公有制为主体的经济基础，决定了社会主义的国家政权必须是民主的即人民当家作主的政权。因此，建设民主政治是社会主义社会的本质要求。但是新中国成立以后，由于国内外的复杂环境及党和国家领导人主观认识方面的因素，在相当长的一段时期内，对民主政治建设重视不够，这是长期以来“左”倾错误产生的主要原因，也是“文革”得以发动的主要条件。1978 年党的十一届三中全会在提出全党工作重心转移的同时，就着重指出了加强社会主义民主和法制建设的任务。党的十一届四中全会通过的叶剑英同志在庆祝中华人民共和国成立 30 周年大会上的讲话，进一步提出了建设高度社会主义民主的问题。十一届六中全会以决议的形式肯定了民主政治建设是党的根本目标的根本任务，并且作出了更加明确的规定，体现了全党在这个问题上认识的提高和统一。党的十二次全国代表大会再次将民主政治建设作为新时期的根本任务之一确定下来。十三大提出了社会主义初级阶段的理论以及党在社会主义初级阶段的路线，把民主作为以经济建设为中心，坚持四项基本原则，坚持改革开放，自力更生，艰苦创业前提下的奋斗目标之一。江泽民同志在党的十四大的报告中，则把“积极推进政治体制改革，使社会主义民主和法制建设有一个较大的发展”作为党在 90 年代改革和建设的主要任务之一。

民主政治建设作为社会主义初级阶段的奋斗目标，有其重要的理论和实践意义：

第一，建设民主政治是充分发挥和调动人民群众建设社会主义积极性的需要。

民主作为上层建筑，归根结底是为经济基础服务的，民主为社会主义经济基础服务的首要表现就是只有建设完善的民主政治才能充分调动广大人民群众建设社会主义物质文明和精神文明的积极性。只有让人民群众感觉到自己享有参与国家民主管理的权利，感觉到自己的自由、平等和各项公民权利受到保障，感觉到社会主义国家的政治运行与自己的利益密切而不可分割，人民群众的主人翁精神和首创精神才会焕发出来，人民群众才会以主人翁的姿态来对待社会主义建设事业，人民群众对待社会主义事业才会有高度的主动性、自觉性和社会责任心。列宁说：“生气勃勃的创造性的社会主义是由人民群众自己创立的。”① 社会主义的现代化建设归根结底是要依靠人民群众的努力才能胜利完成的。只有建设民主政治，才能使人民群众无穷无尽的智慧和力量充分焕发出来。

第二，民主政治建设是根治腐败贪污、官僚主义，巩固社会主义制度的需要。

人民群众以主人翁的精神对各级政府的民主监督是最有效的监督，是防止贪污腐败和根治官僚主义最可靠的途径。1945 年 7 月民主人士黄炎培访问延安时与毛泽东关于如何跳出历史发展周期率的谈话，至今发人深省。只有不断完善社会主义的民主制度，让人民群众广泛地关心国家大事，广泛参与国家政权的管理和监督，才能有效地约束国家机关及其工作人员，才能有效地防止贪污腐败和以权谋私，官僚主义才有可能被克服，同时也才能有效地防止国家干部由社会公仆变为社会主人，保证国家机器的各个环节健全而有效率地运转。

第三，建设民主政治是树立社会主义国家政权的高度权威、保证社会主义社会长期稳定的需要。

在中国这样一个广土众民的大国，为了保持社会主义制度的巩固，维护各民族的团结和国家的统一，保障社会主义经济建设和精神文明建设的顺利进行，必须使党和国家政权保持高度的权威性，这是社会稳定的需要，是长治久安的需要。但权威靠什么来树立？靠什么来维护？历史的经验告诉人们，产生权威的方式可以是多种多样的，有暴力的，有强制的，

① 《列宁全集》第 20 卷，人民出版社 1958 年版，第 269 页。

但最持久最可靠并真正具有权威的政权只有通过民主政治才能树立。而通过民主政治建设树立社会主义国家的政治权威是社会主义制度的本质要求。社会主义的民主政治建设是在党的领导下进行的，只有党的领导才有力量推进社会主义的民主政治建设，而只有民主政治建设的进一步发展才能提高和维护党的威信。

政治权力并不能等同于政治权威，社会主义的政治权威是以人民大众的广泛认同和自觉接受为基础的。恩格斯说：“权威是指把别人的意志强加于我们；另一方面，权威又是以服从为前提的。”① 又说：“一方面是一定的权威，不管它是怎样造成的，另一方面是一定的服从，这两者，不管社会组织怎样，在产品的生产和流通赖以进行的物质条件下，都是我们必须的。”② 在社会主义社会，集中统一的指挥应当建立在人民群众高度自觉服从的基础上。要做到这一点，就必须切实保障人民当家作主的权利，使他们感到自己是国家的真正主人，从而自觉遵守和维护社会主义的法纪。而且只有建立在民主基础上的、人民大众认可的权威，才是最可靠最有力量的权威，才是人民群众自觉服从的权威，才是能保证社会主义社会长治久安的权威。

第四，建设民主政治是保证民主集中制真正贯彻、实现决策科学化的需要。

科学的决策必须建立在民主集中制基础上，决策的科学化必须以政治的民主化为基础。只有民主政治才能使民主集中制得以真正建立，只有贯彻民主集中制的决策才能真正反映广大人民群众的利益、愿望和要求，才能集思广益，及时获得准确、充分的信息，也才能激发人民的主动性，发挥集体智慧的力量和作用。

第五，建设民主政治是建立和加强社会主义法制的需要。

社会主义民主是社会主义法制的基础和内容。社会主义民主无论是作为社会主义国家的根本制度、政权组织形式和活动方式，还是作为人民的政治生活准则或公民的权利义务，都必须由国家权力机关制定成为人人必

① 《马克思恩格斯选集》第2卷，人民出版社1972年版，第551页。

② 同上书，第553页。

须遵守的法律，即上升为国家的意志，并由各级政府坚决执行，民主政治才能获得体现和保障，也才能成为牢固而不可动摇的政治制度。

没有社会主义的民主政治，便不可能有社会主义的法制；人民如果不是在事实上成为国家的主人，不是在实际上参与对国家政权的监督和管理，也就不可能把自己的意志上升为国家法律，也就无所谓社会主义法制。列宁说："如果没有政权，无论什么法律，无论什么选出的机关都等于零。"[①] 法制体现广大劳动人民的意志和根本利益，是进行社会主义革命和建设的有力武器，它的力量来自人民。社会主义法制的建立和加强，法制措施的有效贯彻和实施，都必须依靠人民群众的力量。只有建立民主政治，充分调动人民群众的积极性和主动性，人民群众以主人翁的态度来对待国家，维护法制，社会主义的法制才可能真正有法必依，执法必严，违法必究。与此同时，社会主义法制也才能成为社会主义民主的体现和保障。

作为民主政治的上层建筑是建立在一个国家特定的经济基础和特定的社会历史文化环境之内的，这种特定的社会经济基础和特定的社会历史文化环境形成了一定的政治模式赖以存在的政治生态，因此，研究我省民主政治建设必须考虑我国和我省的政治生态，必须从我国和我省的特定的经济条件及政治文化背景出发，实事求是，逐步完善，否则就会导致混乱，破坏稳定，给社会主义的现代化建设造成损失。

在我国政治生态的各种因素中首先必须注意的就是我国是一个社会主义国家，社会主义制度是我国人民的历史选择，是在中国人民数十年前赴后继、流血牺牲、英勇斗争取得伟大胜利的基础上建立起来的。新中国成立后40多年的历史已经证明它具有强大的生命力和优越性。因此，民主政治建设必须坚持社会主义方向，不能搞全盘西化，不能把西方的政治模式照搬到中国来。

其次，我国还处于社会主义初级阶段，一个12亿人口的经济相对落后的大国，处于相当复杂的国际和国内的环境中，特殊历史条件下的阶级斗争还在一定范围内存在，因此必须坚持工人阶级领导的、以工农联盟为

① 《列宁全集》第11卷，人民出版社1959年版，第98页。

核心的人民民主专政。同时还应注意到人民民主专政内部的广泛的政治联盟。工人阶级不仅同农民结成了阶级联盟，而且同全体社会主义劳动者和拥护国家统一的爱国者建立了最广泛的政治联盟。必须坚持和完善在民主革命时期便已经形成的中国共产党领导下的多党合作与政治协商制度。同时，人民代表大会制度是我国人民在中国共产党领导下，在总结民主革命时期政权建设经验的基础上创造出来的。我国的人民代表大会制度，是以人民代表大会为政权组织形式，以民主集中制为组织原则，由人民选举代表组成国家权力机关，是符合我国国情，体现社会主义民主和社会主义制度优越性的政权组织形式，我国在进行民主政治建设过程中，必须坚持和进一步完善人民代表大会制度。

我国是一个多民族的大国，人民民主专政的国家政权是在近百年的半殖民地半封建社会的基础上建立起来的。几千年来的某些政治传统、政治习俗，对我国的政治制度不能不产生某些消极影响；经济文化的落后和公民素质的相对低下，不能不对民主政治建设的进程产生制约。为了迅速改变中国贫穷落后的面貌，集中精力进行社会主义现代化建设，稳定的国内政治环境是现代化建设完成的决定性因素。我国、我省的民主政治建设进程，都必须考虑这一因素，必须以有利于国内政治安定和经济发展为前提。

在数十年的革命斗争和社会主义建设进程中，中国共产党的思想、理论和政策主张得到了普遍的社会认同，中国共产党吸收了绝大多数的优秀分子作为自己的成员，只有中国共产党才有威信、有凝聚力、有能力领导和团结全国各族人民进行社会主义的经济建设和社会主义的民主政治建设。在社会主义民主政治建设的过程中，任何削弱或否定中国共产党领导的做法，只会使中国社会陷于混乱和分裂。

社会和国家的性质决定着民主政治的性质，经济发展的程度和人口素质制约着民主政治建设的速度和层次。马克思说："权利永远不能超出社会经济结构以及由经济结构制约的社会文化的发展。"① 民主政治是上层建筑，它是由经济发展的状况所决定、制约的。因此，民主政治建设是有条

① 《马克思恩格斯选集》第3卷，人民出版社1972年版，第12页。

件的，不是无条件的。在一个经济文化发展相对落后的国家或地区，民主政治建设必须有一个创造条件、逐步实践、逐步完善的过程。一蹴而就、急于求成是脱离实际的，它只能造成混乱，不能建成真正高度发展的社会主义民主政治。

总的说来，社会主义民主政治的建设是一项长期而艰巨复杂的工作，必须遵循马克思主义关于民主政治建设的理论，特别是邓小平同志关于建设有中国特色的民主政治的理论，结合我国、我省的实际，实事求是，脚踏实地做工作，逐步完善人民代表制度和政治协商制度，加强民族工作和企事业基层的民主建设，这样才能完成中央提出的关于建设民主政治的任务和要求，进一步促进社会主义经济建设的发展，并和全国人民一道，把我国建设成为一个民主、文明、繁荣、富强的社会主义国家。

（原载于《民主政治建设研究》，云南大学出版社 1995 年版）

“一国两制”伟大构想对马克思主义的坚持和发展

邓小平同志的“一国两制”的伟大构想，是在坚持马克思主义辩证唯物主义和历史唯物主义的基础上，从中华民族的长远利益和当前的客观实际出发，在新形势下对马克思主义的坚持和发展。

一、“一国两制”是运用无产阶级政党的策略原则解决国家统一问题的光辉范例

早在《共产党宣言》中，马克思和恩格斯便已在实际上确立了无产阶级政党的策略原则，即：第一，目前利益与长远利益相结合，局部利益与整体利益相结合，原则的坚定性与策略的灵活性相结合；第二，马克思主义的原理必须与各国实际相结合；第三，在高举国际主义战斗旗帜的同时，必须团结一切可以团结的力量，联合国际国内一切民主进步的政党，结成广泛的国际国内统一战线。后来恩格斯又在《宣言》的德文版和英文版的序言中精确地概括了构成《宣言》核心的基本原理，即历史唯物主义的基本思想。并且指出：“这些基本原理的实际运用，正如《宣言》中所说的，随时随地都要以当时的条件为转移。”邓小平同志“一国两制”的伟大构想，正是运用上述策略原则，既照顾历史实际，又适应当前现实；既考虑目前，又着眼未来；既考虑港、澳、台的实际情况和地区特点，又考虑全国的整体状况；既考虑我国内部的各种关系，又考虑我国与其他国家的关系，是用和平方式解决国家统一问题的光辉范例。“一国两制”的

实质，是从国家民族的长远利益和整体利益出发，统一祖国、发展祖国、繁荣祖国、振兴祖国。

二、“一国两制”是对马克思主义国家学说的伟大发展

党的十一届三中全会后，根据邓小平建设有中国特色社会主义理论，经全国人民代表大会批准，先后成功地创办了深圳、珠海、厦门、汕头、海南5个经济特区，并开放了天津、大连等14个沿海城市，把长江三角洲、珠江三角洲、闽南三角洲开辟为沿海开放地带，形成多层次、多渠道、全方位开放的格局。“一国两制”实际上就是特区这一模式的进一步发展。根据“一国两制”原则，港、澳回归祖国后，自身是一个特别行政区，是在中华人民共和国主权管辖范围内的一个地方政府。考虑到港、澳、台的历史和现实状况，并从和平统一的需要出发，在全国人民代表大会和中央人民政府的授权下，这些特别行政区内的现行社会、经济制度不变，生活方式不变，法律基本不变。特别行政区享有行政管理权、立法权、独立的司法权和终审权。特别行政区保持财政独立。这样，在人民共和国的政体形式下，允许存在不同社会经济制度的特别行政区，从而突破了国家结构的传统模式，是在国家结构和模式上的一种新的创造，是对马克思主义国家学说的重大发展。

三、“一国两制”是对马克思主义和平共处理论的伟大发展

十月革命胜利后，列宁根据社会主义与资本主义并存的历史实际，超越社会制度和意识形态的对比状况，提出了要和平共处的理论，目的是利用和平共处的有利时机，加速发展社会主义。“一国两制”的伟大构想，也正是基于和平共处的理论创立的。既然与资本主义各国可以和平共处，

为什么与国内部分仍存在资本主义社会经济制度的地区就不能和平共处？因此，邓小平同志高瞻远瞩，放眼世界，展望未来，从港、澳、台地区的人民都是炎黄子孙，反对分裂，拥护和平统一、繁荣昌盛这一祖国人民的共同心愿出发，提出了"一国两制"，通过"一国两制"实现和平统一，使社会主义的主体部分和港、澳、台之间，在统一之后，能进一步促进市场、资金、技术、人才、管理经验的交流，相辅相成，互通有无，相得益彰，共同振兴中华。

四、"一国两制"是对马克思主义统一战线理论的坚持和发展

马克思和恩格斯早已指出，无产阶级不但要解放自己，而且要解放全人类。因此，无产阶级必须胸怀博大，必须与国际和国内的一切可以团结的力量真诚合作，建立广泛的国际和国内统一战线。与港、澳、台一切爱国进步力量合作，促进祖国的和平统一、共同繁荣，正是马克思主义统一战线理论在当前的具体运用，也是对马克思主义统一战线理论的重大发展。

总之，邓小平同志"一国两制"的构想，是坚持和运用马克思主义，密切联系中国实际，为实现祖国和平统一而提出的科学的、切实可行的、符合当前实际和国际国内形势的重大决策，这一重大决策是集中全党智慧，经过长期缜密思考的产物，是坚持和发展马克思主义的范例。香港顺利回归，结束百年耻辱，既是"一国两制"这一伟大构想的胜利，也是马克思主义的又一伟大胜利。

（原载于《云南日报》，1997年7月5日）

关于社会主义阶段性的再认识

党的十一届六中全会关于新中国成立以来若干历史问题的决议，在总结32年经验的基础上，明确提出了当前我国仍处于社会主义社会的初级阶段的观点。决议指出："只有社会主义才能救中国。这是中国各族人民从一百多年的切身体验中得出的不可动摇的结论，也是建国三十二年来最基本的历史经验。尽管我们的社会主义制度还是处于初级的阶段，但是毫无疑问，我国已经建立了社会主义制度，进入了社会主义社会。"这是符合我国当前社会实际的科学论断，是对科学社会主义理论的重要发展。

在无产阶级夺取政权后，必须经过若干发展阶段才能进入共产主义高级阶段，这是马克思主义经典作家的一贯思想。但是究竟要经过哪些具体阶段呢？

在《共产党宣言》中，马克思和恩格斯提到无产阶级在夺取政权后，要经过一个剥夺资本家、发展生产力和逐步消灭阶级差别的阶段，才能进入共产主义社会。1875年马克思在《哥达纲领批判》中明确提出，无产阶级在夺取政权后要有一个过渡时期，并把共产主义区分为"第一阶段"和"高级阶段"。

十月革命前夕，列宁在《马克思主义论国家》的笔记和《国家与革命》一书中，基本按照马克思的意见，把从资本主义向共产主义的发展概括为三个阶段，即过渡时期、共产主义社会的第一阶段和共产主义社会的高级阶段，同时明确地把共产主义社会的第一阶段称之为社会主义社会。

十月革命后，列宁根据社会主义的实践经验，先后使用过"初级式的社会主义""发达的社会主义"和"完全的社会主义"等概念，1919年他在《关于星期六义务劳动》一文中指出："我们在剥夺地主资本家以后，只获得了建设初级形式的社会主义的可能性。”① 1920 年又指出：“怎样想象出一个发达的社会主义社会，这也不困难。这个任务也已经解决了。但是，怎样具体地从旧的、习惯了的、大家都熟悉的资本主义过渡到新的、还没有长出来的、还没有稳固基础的社会主义，却是一个最困难的任务。”② 同时列宁在 1918 年和 1921 年多次谈到过“完全的社会主义”，并说：“完全的社会主义社会即共产主义”③，“因为社会主义就是消灭阶级，而既然存在着工人和农民，也就存在着不同的阶级，因而也就不能完全的社会主义”④。列宁在《共产主义运动中的“左派”幼稚病》一书中，还把共产主义划分为低级、中级和高级阶段。从列宁的论述中至少可以看出：①他主张把从过渡时期到共产主义的发展划分为若干阶段；②在过渡时期结束后，只能进入一种初级形式的社会主义社会；③完全的社会主义社会即消灭了阶级差别的共产主义社会，需要经过长期的发展才能实现。

由于列宁在十月革命后生活的时间较短，缺乏足够的社会主义实践，来不及对这一重大问题进行较充分的阐述。人们一直认为过渡时期结束后，便进入了完全意义上的社会主义社会，社会主义的任务是为直接向共产主义过渡创造条件，因此必须立即着手把多种经济改变为单一的全民所有制经济，消灭商品经济，取消按劳分配，消灭工农差别。我们党 1956 年后长期犯“左”的错误，便与这一问题的认识有着密切联系。

十一届三中全会以后，党中央在“拨乱反正”的过程中，全面正确地总结新中国成立以来的历史经验，作出了当前我国处于社会主义社会初级阶段的正确论断，反映了我们党对社会主义发展规律认识的深化。党的十二大的政治报告、十二届三中全会《关于经济体制改革的决定》和十二届六中全会《关于社会主义精神文明建设指导方针的决议》，对社会主义社会初级阶段的特征、总体布局及两个文明建设的任务要求作了较为全面的阐述。通过对中央文件的学习，我认为社会主义社会初级阶段有以下特点：

（1）已经建立了一定规模的社会生产力，但和世界发达国家相比，生

① 《列宁选集》第 4 卷，人民出版社 1972 年版，第 142 页。
② 《列宁全集》第 30 卷，人民出版社 1957 年版，第 299 页。
③ 《列宁全集》第 32 卷，人民出版社 1958 年版，第 258 页。
④ 同上。

产力的发展水平仍较低，在相当长的时期内必须把发展生产力、实现现代化作为社会主义建设的中心任务。

（2）根据生产关系一定要适合于生产力发展水平规律的要求，社会主义初级阶段，在社会主义经济为主体经济的前提下，必须容许各种经济的存在和发展，不能急于追求所有制的全民化和单一化。

（3）社会主义社会的初级阶段应是一个商品经济获得充分发展的时期，必须建立自觉应用价值规律的计划体系和价格体系，在以计划经济为主的同时，充分发挥市场调节的作用，促进商品经济的繁荣，以加速社会主义经济建设并满足人民日益增长的物质文化需要。

（4）由于生产力水平较低，按劳分配的原则还没有全面地体现，按劳分配的各种形式和制度还不够健全和完善，因此在相当长的时间内还必须把健全和完善按劳分配制度作为经济体制改革的一项重要内容。

（5）在社会主义社会的初级阶段，共产主义的思想道德还没有在人们的各种关系和社会生活的各个领域中充分发展起来，人们的科学文化水平还比较低。必须把社会主义精神文明建设放到战略地位的高度，在建设物质文明的同时，努力建设社会主义的精神文明，适应社会主义现代化建设的需要，培养有理想、有道德、有文化、有纪律的社会主义公民，提高整个民族的思想道德和科学文化素质。

（6）在社会主义初级阶段，剥削阶级作为一个完整的阶级已经被消灭了，阶级斗争已经不是国内的主要矛盾，但阶级斗争仍在一定范围内存在，必须继续坚持人民民主专政。

总的来说，在社会主义社会的初级阶段，社会主义的发展还处于不完全、不发达的状态，因此社会主义的优越性还没有能够充分展现出来。但是我们坚信，随着社会主义的向前发展，它必将日益闪现出耀眼的光彩，它必将以自身伟大的成就证明它是一个合理的、理想的、具有强大生命力的社会形态。

正确划分社会主义社会的发展阶段，认识各个发展阶段的特点和任务，对社会主义的建设和改革具有重大意义。让我们通过讨论把这一重大问题认识得更全面、更清楚。

（原载于《云南日报》，1987 年 5 月 28 日）

谈教学质量与教师素质

一

胡锦涛总书记和温家宝总理在谈到大学的改革和发展时多次指出：大学必须努力提高教学质量。教学质量是大学教育改革的核心，是社会衡量一个大学层次和水平的主要标尺，在一定意义上可以说教学质量是一个大学的生命。

不可否认，环境和建筑对学校的教学、对师生的教学和学习情绪有一定的影响，因此大学需要有一个宁静、清新、和谐的教学环境，这是保证教学质量的一定的物质条件。随着改革开放和社会经济的发展，应当说在这方面已经有了极大的改善。我校呈贡新校区，已经具备了现代化教学的设施和规模，这样好的建筑和如此宽敞的校园即使在欧美国家也不多见。将来绿化工程完成以后，环境会更加优美。但决定一个学校发展和前途的，归根结底不是大楼的高矮，不是占地面积的多少，而是教学和科研的质量，是培养人才的质量，是教师队伍的水平和素质，是学校的学习风气和学术氛围。这些又决定着学校的层次和声誉，决定着生源的质量。因此，一所好的学校，自然会形成一种良性循环。曾经担任过清华大学校长的梅贻琦先生说过："大学者，大师之谓也，非大楼之谓也。"

大学需要大师，需要优秀的教师团队，所以师资队伍的培养和建设始终都应该是学校领导和学院领导常抓不懈的环节。

二

内因是根据，外因是条件。教师素质的提高，主要是通过教师本身的努力，学校条件再好，自己不努力，素质也无法提高。

教师从古至今都是一种受到社会高度重视和尊敬的职业，作为传道、授业、解惑的教师，是社会和文明的传承者，应当有一种高度的敬业精神，应当有一种高度的责任感和使命感，应当有春蚕蜡炬的决心，悉心努力，思无旁骛，专心致志，用自己毕生的精力搞好教学，搞好专业研究。

教师这种职业和其他谋利的职业有很大不同，教师始终都应当安于清贫，成天想着如何去赚钱谋利的教师做不了一个好教师。诸葛亮《诫子书》说："夫君子之学，静以修身，俭以养德，非淡泊无以明志，非宁静无以致远。夫学须静也，才须学也，非学无以广才，非志无以成学。"诸葛亮的话，虽然是对他的孩子说的，但我总觉得，作为教师，我们终生都应当把它当作座右铭。教师应当立志、节俭、宁静、淡泊。

对一个教师来说，时间特别宝贵，因为知识的积累需要时间。认真读书、备课、思考、做学问需要时间，不可能一蹴而就，必须日习不辍，积年累月，5 年、10 年、15 年，乃至 20 年才能显示得出效果来。当教师的人无所谓节假日，尽管学校有寒暑假，但那正是可以安心坐下来专心致志读书、做学问、备课、搞科研的最好时间。当教师的人生活必须简单，一心扑在学问上，像海绵一样，不断吸收，不断升华。当教师的人，生活虽然清贫简单，但内心却非常充实、非常富有，这也是教师这种职业优越于其他某些职业的地方。一个好的老师，培养出许多的学生，受到学生的尊敬、爱戴，还有什么比这更幸福更快乐的事呢？

爱因斯坦说，探索真理和求知是人类最高贵的品质之一。但人的生命有限，精力有限，认知能力有限，时间有限，光阴荏苒，转瞬即逝，以有限的生命和精力，无法掌握无限的知识。庄子早已说过："吾生也有涯，而知也无涯，以有涯随无涯，殆矣。"所以应当像墨子说的那样，要精究专一，无务多业。青年教师应当精通自己的专业，像鲁迅说的那样："观察了又观察，研究了又研究，精益求精，哪怕是最平凡的事物也能创造出它的生命力来。”当然，博与精是矛盾的两个方面，互相补充，相辅相成，但精，即精通自己的专业始终都是重点，是中心。

三

作为学校和院系领导，应当努力营造一种学术氛围。学生努力学习，教师努力搞好教学搞好科研，大家谈论、思考、研究的总是这些问题。但我觉得，首先要鼓励教师上好第一节课，学校领导和院系领导要抽点时间去听老师上课，现在的领导，冗事繁杂，送往迎来，特别忙碌，但每个月去听一两节课，一学期也可以听五到十节课了，只要坚持，对教师上课的情况就能逐步地做到心中有数。对上课好的老师要鼓励、要表扬，讲课特别好的老师，还可以组织其他的老师去听课、去学习。记得20世纪60年代，直到“文革”，李广田担任校长，他经常到教室来听课；高治国做书记，也经常去听，并组织教学观摩、教学交流。这是提高教学质量的极好办法。那时，文科的青年教师晚上还要学习古汉语和外语，请中文系和外语系的老师来教，十分认真，无一例外，不得无故缺席，期末考试不合格的还要补学。

在科研方面，学校多年来一直比较重视，采取各种有效措施（特别是职称评定和较高的物质奖励），已经取得骄人成绩。但质量问题是任何时候都不能放松的，科研要“有所发现、有所发明、有所创造、有所前进”，要经得起时间的检验，要有影响力，不能急功近利，要十年磨一剑。要像韩愈说的那样：“无诱于势利，无望其速成，养其根而俟其实，加其膏而希其光。”这些年来，由于科研有了一定成绩，学科建设也取得了长足进步。但学位点多了，招收的研究生自然也多了，培养质量的问题也就令人担忧。导师毕竟时间精力都是有限的，要培养和指导许多的研究生，我想是十分困难的。而且“师高弟子强”，导师的水平关系到培养的质量，这是一个两难问题，恐怕需要较长时间才能解决。

“学为人师，行为世范”。在学生的心目中，教师就是他们的样板，所以教师在讲课、治学、为人、处事甚至个人家庭生活方面都要注意。教书育人不是一句空话，教师上课，总要结合社会实际、个人阅历讲一些为人处世之道，总应该给学生灌输正确的人生观。自己身正，方能正人，如果教师在思想品德上不注意修养，不注意升华，那你怎么去面对学生？怎么能去育人？所以教师需要经常检点自己，经常“三省吾身”。

大学不仅仅是向学生灌输知识，大学的文化氛围、文明氛围、学术氛围，教师的师德、师风，无时无刻不在感染学生，在潜移默化中铸就学生的人生观和世界观，一所好的大学，一个好的老师，总是使学生终生受益，令学生终生难忘。一个教师，三尺讲台，面对无数怀有真诚求欲望的学子，其责任是何等重大！

（原载于《云南大学报》，2012 年 10 月 15 日）

后　记

这本文集是我近半个世纪以来教学研究的部分成果，其中一些文章是对学界特别是政治学界所关注的问题的思考，有的是对某些西方思想理论的介绍，有的是学习心得，曾先后在各种报纸刊物发表。现在“云南文库”把这些几十年来断续写作的散乱冗杂的论文和文章汇为文选，我十分感谢。

治学严谨，说道容易，做起来是很难的。文章特别是论文的写作必须遵循有所发现、有所发明、有所进步的原则，我一贯努力遵循这一原则，不抄袭、不苟同。一得之功、一孔之见，不足以逞能，可它毕竟是自己的东西。人的思想和眼界无法超越时代和社会环境的局限，因此，随着时间的推移和社会的变化，有些文章和观点也许已经陈旧，但它也是一种成果，一种能反映当时社会和学界思潮的研究成果。

最后，还要衷心感谢云南大学出版社编辑人员为本书出版付出的辛勤劳动。

马啸原

后 记

图书在版编目（CIP）数据

马啸原学术文选／马啸原著．—昆明：云南大学出版社，2014
（云南文库·学术名家文丛）
ISBN 978－7－5482－1667－4

Ⅰ．①马…　Ⅱ．①马…　Ⅲ．①哲学—文集　Ⅳ．①B0－53

中国版本图书馆CIP数据核字（2013）第202074号

出 品 人：周永坤
统筹编辑：柴　伟　陈　曦
责任编辑：段义珍
责任校对：蒋丽杰
封面设计：郑　治

书　名	马啸原学术文选
作　者	马啸原　著
出　版	云南大学出版社　云南人民出版社
发　行	云南大学出版社　云南人民出版社
社　址	昆明市翠湖北路2号云南大学英华园内
邮　编	650091
网　址	www. ynup. com
E-mail	market@ ynup. com
开　本	787mm×1092mm　1/16
印　张	17. 25
字　数	274千
版　次	2014年11月第1版第1次印刷
印　刷	昆明卓林包装印刷有限公司
书　号	ISBN 978－7－5482－1667－4
定　价	52. 00元